高等职业教育"互联网+"新形态教材

统计基础
项目化教程

姜　燕　赵广岩　主　编
孟祥磊　于清江　副主编
　　　张艺泷　参　编

电子工业出版社
Publishing House of Electronics Industry
北京·BEIJING

内容简介

本教材结合课程体系内容划分了 4 个模块，与理论教学同步进行 7 个项目教学，在每个项目中设置项目情境、情境分析、工作任务、知识引入、拓展阅读、任务实施、思考与练习等内容。通过任务驱动，深入浅出地介绍统计基础知识，为后续课程的学习有针对性地选取教学内容。本教材在编写中，将思政元素融入统计教材，注重提升学生的思想政治素养，强化社会责任，激发爱国情怀，实现既教书又育人的整体教学目标。

本教材定位明确、理论适中、操作性强，既可作为高职院校、中等职业学校财经类和管理类各专业统计课程的教学用书，也可作为企事业单位财经、管理类人员及社会从业人员的参考用书。

未经许可，不得以任何方式复制或抄袭本书之部分或全部内容。
版权所有，侵权必究。

图书在版编目（CIP）数据

统计基础项目化教程 / 姜燕，赵广岩主编 . —北京：电子工业出版社，2021.10
ISBN 978-7-121-42036-8

Ⅰ.①统… Ⅱ.①姜…②赵… Ⅲ.①统计学—教材 Ⅳ.①C8

中国版本图书馆 CIP 数据核字（2021）第 188722 号

责任编辑：贾瑞敏
印　　刷：固安县铭成印刷有限公司
装　　订：固安县铭成印刷有限公司
出版发行：电子工业出版社
　　　　　北京市海淀区万寿路 173 信箱　邮编　100036
开　　本：787×1 092　1/16　印张：12.75　字数：326.4 千字
版　　次：2021 年 10 月第 1 版
印　　次：2025 年 1 月第 5 次印刷
定　　价：45.00 元

凡所购买电子工业出版社图书有缺损问题，请向购买书店调换。若书店售缺，请与本社发行部联系，联系及邮购电话：（010）88254888，88258888。
质量投诉请发邮件至 zlts@phei.com.cn，盗版侵权举报请发邮件至 dbqq@phei.com.cn。
本书咨询联系方式：邮箱 fservice@vip.163.com；QQ 群 427695338；微信 DZFW18310186571。

前言

本教材针对职业教育对象的特点,以实际工作单位为例,用具体技能训练项目作为引领,模拟企业具体的统计工作业务。在编写过程中,遵循"掌握知识、注重应用、强化操作、培养技能"的原则,强化技能训练;编写过程中将思政元素融入教材,展示国家经济建设取得的伟大成就,全面推动习近平新时代中国特色社会主义思想进教材、进课堂、进学生头脑,铸魂育人,激发学生的爱国情怀,让知识传授与价值引领同频共振,使学生在学习专业技能的同时,不断提升政治素养,实现育人育才的双目标。

本教材通过任务驱动组织教学内容,将所学内容转化为可操作的任务,帮助学生消化理解相关重要的知识点,培养学生的动手操作能力和团队协作能力。教材内容力求概念准确、重点突出、深入浅出、通俗易懂、可操作性强。教材中列举了大量的统计例题,侧重于统计方法在实际工作领域中的具体操作和应用,以帮助学生较好地理解教材内容,满足高职高专学生在未来的工作岗位对统计知识的应用。

教材模块或项目后附有项目小结和思考与练习,帮助学生快速归纳理解本模块或项目所学内容,既有助于学生较好地消化理解统计基础的原理与方法,也有助于教师在教学组织过程中有效地根据课程内容选择相应的训练题目,达到锻炼学生巩固知识的目的。教材中还穿插了拓展阅读资料,为学生进行项目操作和拓展相关知识领域的学习提供了参考资料。

本教材由吉林电子信息职业技术学院姜燕、金华职业技术学院赵广岩担任主编;吉林电子信息职业技术学院孟祥磊、于清江担任副主编;吉林电子信息职业技术学院张艺泷参与了编写工作。在编写过程中,参考了有关统计方面的专著和教材,在此表示感谢。

另外,结合项目化教学的要求,教材中介绍了项目化课程的操作和考评方法,仅供教师在项目化教学实施过程中参考,由于编者自身水平有限,以及对项目化课程改革的经验不足,难免存在疏漏与不妥之处,敬请有关专家、学者及读者不吝赐教,以便进一步改进与完善。作者电子邮箱:yzhjy2007@163.com。

姜 燕

目 录

模块一　了解统计，理清概念　1

知识引入　认识统计　/1
　　任务一　了解统计机构和统计人员　/2
　　任务二　理解统计和统计学　/7
　　任务三　熟悉统计学中的几个基本概念　/9
模块小结　/13
拓展阅读　/13
思考与练习　/14

模块二　梳理数据，描述状态　17

项目一　设计 A 公司职工基本信息调查问卷　/17
　　项目情境　/17
　　情境分析　/18
　　工作任务　/18
　　知识引入　统计调查　/18
　　　任务一　认识统计数据的来源　/19
　　　任务二　熟悉统计调查的方式与方法　/20
　　　任务三　设计统计调查方案　/27
　　项目小结　/30
　　拓展阅读　/30
　　任务实施　/31
　　思考与练习　/33

项目二　设计 A 公司职工基本信息统计图表　/35
　　项目情境　/35
　　情境分析　/35
　　工作任务　/36
　　知识引入　统计整理　/36
　　　任务一　认识统计整理　/37
　　　任务二　学会统计分组　/40
　　　任务三　编制分布数列　/41
　　　任务四　设计统计表、统计图　/46
　　项目小结　/52
　　拓展阅读　/53
　　任务实施　/54
　　思考与练习　/56

项目三　描述 A 公司职工平均薪酬的代表性　/58
　　项目情境　/58
　　情境分析　/58
　　工作任务　/59
　　知识引入　综合指标　/59
　　　任务一　认识总量指标　/60
　　　任务二　计算相对指标　/63
　　　任务三　计算平均指标　/69
　　　任务四　计算变异度指标　/83
　　项目小结　/89
　　拓展阅读　/90
　　任务实施　/91
　　思考与练习　/92

模块三　诊断数据，分析变动　97

项目四　A公司生产经营状况的动态分析　/97

项目情境　/97
情境分析　/98
工作任务　/98
知识引入　动态数列　/98
　　任务一　认识动态数列　/99
　　任务二　计算动态数列比较指标　/101
　　任务三　计算动态数列平均指标　/106
　　任务四　长期趋势分析　/115
　　任务五　季节变动分析　/120
项目小结　/125
拓展阅读　/125
任务实施　/126
思考与练习　/128

项目五　A公司产品总成本变动的指数分析　/132

项目情境　/132
情境分析　/133
工作任务　/133
知识引入　统计指数　/133
　　任务一　认识统计指数　/134
　　任务二　编制综合指数　/136
　　任务三　编制平均指数　/139
　　任务四　指数体系及因素分析　/141
项目小结　/149
拓展阅读　/150
任务实施　/150
思考与练习　/152

模块四　剖析数据，把握动向　155

项目六　A公司产品净重的抽样测定　/155

项目情境　/155
情境分析　/156
工作任务　/156
知识引入　抽样推断　/157
　　任务一　认识抽样推断　/158
　　任务二　计算抽样误差　/161
　　任务三　抽样估计　/166
　　任务四　确定必要样本容量　/168
项目小结　/171
拓展阅读　/172
任务实施　/172
思考与练习　/174

项目七　A公司产量和单位成本之间的相关与回归关系测定　/177

项目情境　/177
情境分析　/177
工作任务　/178
知识引入　相关与回归　/178
　　任务一　认识相关关系　/179
　　任务二　判断相关关系　/182
　　任务三　一元线性回归分析　/184
　　任务四　计算估计标准误差　/188
项目小结　/190
拓展阅读　/190
任务实施　/191
思考与练习　/193

附录　标准正态概率双侧临界值概率表　/197

模块一

了解统计，理清概念

知识引入

认 识 统 计

知识目标

◇ 我国的统计机构，统计专业职务和统计专业技术资格。
◇ 统计工作岗位、统计工作岗位职责。
◇ 统计与统计学的含义。
◇ 统计学中的几个基本概念。

能力目标

◇ 理解统计与统计学的含义。
◇ 掌握统计工作的几个阶段。
◇ 理解统计学中的几个基本概念。
◇ 能根据统计任务确定总体与个体、标志与指标。

思政元素

新中国——统计博览

1978 年 3 645 亿元 GDP

内容结构

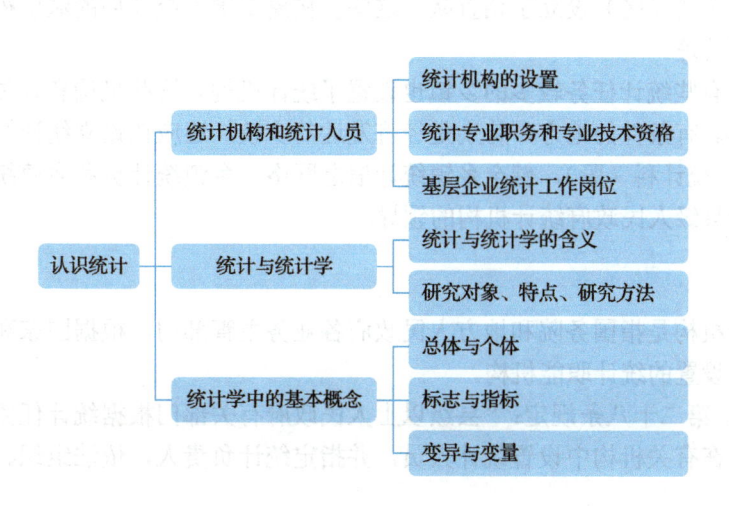

```
                            ┌── 统计机构的设置
            ┌ 统计机构和统计人员 ─┼── 统计专业职务和专业技术资格
            │                   └── 基层企业统计工作岗位
            │
认识统计 ───┼ 统计与统计学 ──────┬── 统计与统计学的含义
            │                   └── 研究对象、特点、研究方法
            │
            │                   ┌── 总体与个体
            └ 统计学中的基本概念 ┼── 标志与指标
                                └── 变异与变量
```

任务一　了解统计机构和统计人员

一、统计机构的设置

《中华人民共和国统计法》（以下简称《统计法》）第三条规定："国家建立集中统一的统计系统，实行统一领导、分级负责的统计管理体制。"政府统计系统由政府综合统计系统和部门统计系统组成。

国务院设立国家统计局，负责组织领导和协调全国的统计工作。各级人民政府、各部门和企业事业组织，根据统计任务的需要，设置统计机构、统计人员。

统计机构是指从事统计调查、统计数据加工整理、统计分析预测、统计信息咨询和统计协调管理等活动的组织。我国《统计法》规定设立的统计机构分为两种：

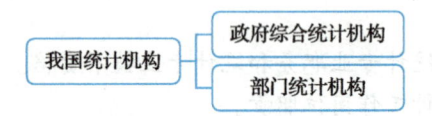

我国统计机构 → 政府综合统计机构
　　　　　　 → 部门统计机构

（一）政府综合统计机构

政府综合统计机构是指国务院和地方各级人民政府独立设置的统计机构，包括国务院设立的国家统计局和县级以上地方各级人民政府设立的统计机构。例如，国家统计局，各省、自治区、直辖市人民政府统计局，县、市、区统计局均属于政府综合统计机构，受本级人民政府和上级人民政府统计机构的双重领导，在统计业务上以上级人民政府统计机构的领导为主。此外，国家统计局还在 31 个省、自治区、直辖市设立了调查总队，在所有地级市和 887 个县（区）设立了调查队。这些机构属于国家统计局的派出机构，由国家统计局实行垂直管理。

实践中，有些统计任务较多的乡镇也设置了统计机构。这些机构和人员是政府综合统计机构的延伸。有条件的地方，特别是经济发达的乡镇，还应该设立统计机构，建立乡镇统计站（室）、统计科（股），健全乡镇统计信息网络。乡镇统计员和乡镇统计信息网络在统计业务上受县级人民政府统计机构的领导。

（二）部门统计机构

部门统计机构是指国务院和地方人民政府各业务主管部门，根据国家和部门统计任务的需要而专门设置的统计职能机构。

《统计法》第二十八条规定："县级以上人民政府有关部门根据统计任务的需要设立统计机构，或者在有关机构中设置统计人员，并指定统计负责人，依法组织、管理本部门职责范围内的统计工作，实施统计调查，在统计业务上受本级人民政府统计机构的指导。"

各级政府业务主管部门大体可以分为两类：一类是专业性业务主管部门，是政府分别管理和指导专门产业（事业）的行政职能部门，如农业、采矿业、制造业、建筑业、交通运输、仓储和邮政业、教育事业、卫生事业、文化事业等部门；另一类是综合性业务主管部门，是政府分管某方面事务的行政职能部门，如人事、劳动、计划、财政、银行、科技等部门。相应的部门统计机构也分为这两类。

《统计法》规定各部门应当设置统计机构、配备统计人员，以完成统计任务。由于部门统计是一项行政职能，所以部门统计机构一般作为行政职能机构单独设置，或者设在部门内的某个行政职能机构中，不宜作为事业单位加以设置。

统计机构、统计人员应当依法履行职责，如实搜集、报送统计资料，不得伪造、篡改统计资料，不得以任何方式要求任何单位和个人提供不真实的统计资料，不得有其他违反《统计法》规定的行为。

统计人员应当坚持实事求是，恪守职业道德，对其负责搜集、审核、录入的统计资料与统计调查对象报送的统计资料的一致性负责。统计人员进行统计调查时，有权就与统计有关的问题询问有关人员，要求其如实提供有关情况、资料并改正不真实、不准确的资料。

《中华人民共和国统计法》第九条规定："统计机构和统计人员对在统计工作中知悉的国家秘密、商业秘密和个人信息，应当予以保密。"《中华人民共和国统计法》第四十条规定："统计机构、统计人员泄露国家秘密的，依法追究法律责任。"

二、统计专业职务与统计专业技术资格

（一）统计专业职务

统计专业职务是从事统计工作的一种资格，是衡量统计人员专业技术水平和工作能力的主要标志。

统计专业职务分为高级统计师、统计师、助理统计师、统计员。其中，高级统计师为高级专业职务；统计师为中级专业职务；助理统计师和统计员为初级专业职务。担任各级专业职务的人员，除必须有较高的政治素质和良好的统计职业道德外，还必须在理论知识、业务技术水平和实际工作能力等方面具备相应的任职基本条件。

（二）统计专业技术资格

统计专业技术资格是担任统计专业职务的任职资格，是担任相应统计职务的前提条件。

任职资格　　　　　技术职称
统计专业技术资格　⇨　统计专业职务

1. 参加统计专业技术初级、中级资格考试的人员应具备的条件

① 遵守国家法律法规，认真执行统计工作各项规章制度，无违法违纪行为。

②热爱统计工作，能够履行岗位职责，完成本职工作任务，遵守职业道德。
③报名参加统计专业技术初级资格考试的人员除具备①、②条外，还必须具备以下条件之一。
- 高中毕业以上学历。
- 大专院校应届毕业生在提供学生证和学校出具的应届毕业证明后，可报考统计专业技术初级资格考试。

④报名参加统计专业技术中级资格考试的人员除具备①、②条外，还必须具备下列条件之一。
- 大学专科毕业后从事专业工作满 6 年或大学本科毕业后从事专业工作满 4 年。
- 获第二学士学位后或研究生班结业后从事专业工作满 2 年。
- 获硕士学位后从事专业工作满 1 年或获博士学位。
- 高中、中等专业学校毕业从事统计工作满 15 年并担任统计初级职务或取得统计专业技术初级资格证书满 4 年，可报名参加统计专业技术中级资格考试（现在国家机关工作和从国家机关调入企事业单位工作未参加专业技术职务评聘的，对是否担任统计专业初级职务不做要求。已评聘非统计系列初级专业技术职务的在岗从事统计工作人员，可视同获得初级统计专业技术职务人员）。

2．参加高级统计师资格考评结合考试的人员应具备的条件

遵守国家法律法规，严格执行统计工作各项规章制度，热爱统计业务工作，具有良好的职业道德和统计职业操守，并符合下列一项条件。
①博士研究生学历（博士学位），取得统计师资格后，从事本专业技术工作 2 年以上。
②硕士研究生学历（硕士学位），取得统计师资格后，从事本专业技术工作 3 年以上。
③大学本科学历（学士学位），取得统计师资格后，从事本专业技术工作 4 年以上；或者取得统计师资格 4 年以上，且在大、中型企业的综合统计岗位上担任主管职务 2 年以上。
④获得非统计学或者相近专业上述学历、学位，担任统计师专业职务或取得中级资格后，其从事统计专业工作的年限相应增加 1 年。

三、基层企业统计工作岗位

基层企业统计工作是一项非常重要的工作，担负着为国家提供基础性统计数据的任务。基层企业应当设置统计工作岗位，但具体是配备专职还是兼职统计人员，可以由基层企业根据本单位经济业务发展的实际情况及统计工作的任务量确定。

（一）统计工作岗位的分类

统计工作是对现象的数量方面进行搜集、整理和分析工作的总称，是一种社会调查研究活动。根据企业生产经营实际情况，基层企业统计工作岗位主要有综合统计、财务统计、物资统计、采购统计、销售统计、技术统计、能源统计等，具体统计岗位还要结合本企业职能部门的结构来设立。

（二）统计工作岗位职责

① 严格执行《统计法》《会计法》及企业的各种规章制度。

② 每日做好企业、车间、班组生产运行数据的统计工作，归纳整理原始记录、企业内部报表，做好日常的基础性工作。

③ 及时反映企业生产经营运行状况，准确核算企业日常生产消耗情况，确保资料齐全、数据准确、信息灵通、不出差错。

④ 月末根据日报汇总做出月报统计报表，并根据月报报表审核企业、车间所报数据的真实性、准确性，完成具体指定的数据统计分析工作。

⑤ 根据统计局等政府部门要求，填制并及时向上级报送统计报表。

⑥ 建立和健全统计台账制度，做好统计资料的保密和归档工作。

⑦ 协调管理统计信息系统，维护和更新统计数据平台。

⑧ 定期出具统计分析报告，完善和改进统计分析方法，当好领导参谋。

（三）统计岗位说明书

下面以财务统计岗位为例进行说明。

财务统计员岗位说明书

一、基本资料　　　　　　　　　　　　　　　　　　　　　　　　　　资料编号：财006

1. 职务名称：统计员	2. 所属部门：财务部门	3. 直接上级：财务部门经理
4. 直接下级：无	5. 工资等级：	6. 定员人数：
7. 可轮换岗位：	8. 工作性质：	9. 工作待遇：

二、工作内容

1．工作概要

　　主要负责公司的日常销售业务统计，日常财务数据统计分析，各类销售业绩报表的编制，进、销、存计算机系统数据录入及管理，为公司决策提供数据依据。

2．工作职责

编号	工作内容及职责	权限
1	每日登记销售日记账，进货日记账，商品进、销、存日记账	负责
2	每周编制销售人员业绩统计表，各业务部门业绩统计表	负责
3	按会计人员转来的工作联系单开具增值税发票	负责
4	每月登录增值税进、销项税额汇总表	负责
5	编制业绩统计图表、固定供货商进货统计表	负责
6	负责公司业绩报告的统计工作	负责
7	公司总会计师交办的其他各项工作	执行
8	其他	执行

3．工作关系

所施监督	一般情况下不实施对他人的监督与控制		
所受监督	在日常工作分派及接受指导方面，接受部门主管的指示和监督		
合作关系	与公司有业务来往的各职能部门在数据提供、使用、更新等方面进行合作		
外部关系	一般情况下，本岗位不直接与外部机构或人员有工作联系		
职位关系	可直接升迁的职位	财务经理	
	可相互转换的职位	会计、出纳、信用管理	
岗位工作权限	对工作改进具有提交审议权，在规定的权限内自行处理有关工作，遇重要的事情须请示部门经理		

三、任职资格

所需学历及专业	最低学历	专业	其他说明
	大专或同等学力	统计、会计	其他专业同等学力也可
岗位技能要求	1．具备会计、出纳、统计等相关专业理论知识 2．具备会计、统计岗位的专业基本技能 3．熟悉内审工作 4．熟练应用计算机办公软件、电子表格绘图，精通 Excel 5．熟悉财务 ERP 软件流程 6．有一定的数据处理能力和统计分析能力 7．能编写统计、财务报告		
所需经验	一年以上相关工作经验，有会计、统计或经济管理初级以上专业职称		
素质要求	1．为人正直，作风正派，有团队合作精神 2．具备细心、耐心、责任心 3．善于协调、沟通	个性特征	1．性格沉稳、办事认真 2．身体健康 3．无特殊性别与年龄要求

四、工作场所

岗位工作时间	工作环境和条件	工作均衡性
在公司制度规定的正常上班时间内工作	室内	比较忙碌，经常加班加点

五、考核标准

1．工作绩效
①工作质量；②工作数量
2．工作态度
3．工作能力
4．专业知识
5．责任心

6．发展潜力
7．企业文化
8．协调合作
9．品德言行
10．成本意识

六、备注

任务二 理解统计和统计学

在日常工作与生活中，我们经常接触到"统计"一词，在信息社会高速发展的今天，统计学已经广泛地应用于自然科学和社会科学的众多领域，几乎所有的学科都要研究和分析数据，都需要运用统计分析方法。统计学与其他学科领域有着或多或少的联系，统计方法在各学科领域的研究中都发挥着重要作用。

一、统计与统计学的含义

"统计"一词从不同的角度可以有不同的理解，主要包含了3种含义，即统计工作、统计资料和统计学。

① 统计工作即统计实践，是指搜集、整理、分析统计数据资料的工作过程。这一工作过程包括4个基本阶段：统计设计、统计调查、统计整理和统计分析。

② 统计资料是通过统计工作所取得的各项数据及与之相联系的其他资料的总称，是我们进行研究和分析的重要依据，是统计工作的成果。统计资料的形式是多种多样的，具体表现为统计表、统计图、统计手册、统计年鉴、统计资料汇编和统计分析报告等。

③ 统计学即统计科学，是一门关于搜集、整理、分析统计数据的科学。

3种含义中统计工作是核心含义。三者之间的联系主要表现在：

第一，统计工作和统计资料的关系是统计活动与统计成果的关系。对统计资料的需求支配着统计工作的展开，统计工作开展的如何又直接影响着统计资料的数量与质量。

第二，统计工作和统计学的关系是统计实践与统计理论的关系。统计学是统计工作的经验总结和理论概括，是指导统计工作的原理、原则和方法。

第三，统计工作是先于统计学而发展起来的。统计工作是随着人类社会活动的需要而产生和发展起来的，已有几千年的历史，而统计学的出现只有几百年的历史。

二、统计学的研究对象、特点与研究方法

（一）统计学的研究对象、研究特点

统计学的研究对象是现象总体的数量特征和数量关系，即通过现象在时间、地点、条件下的数量表现、数量关系及数量界限来揭示其规律性。由于统计学和统计工作是理论与实践的关系，因此二者的研究对象是一致的。统计学的研究对象具有如下研究特点。

1. 数量性

统计学的首要特点是数量性，这是统计学研究的最基本的特点，是在质与量的联系中研究现象的数量方面，即现象的规模、水平、结构、速度、比例关系和普遍程度等。

2. 总体性

总体性也称大量性。统计学研究现象是从个体入手的，其目的在于通过对个体的研究，过渡到对总体数量特征的认识。统计学只有对现象从总体上进行研究，才能消除偶然性、避免片面性，从而达到对现象的正确认识。

3. 具体性

统计学研究的是具体事物的数量方面，而不是抽象的量，这是统计学与数学的一个重要区别。数学在研究客观世界的空间形式和数量关系时，具有高度的抽象性，可以撇开所研究客体的具体内容；统计学所研究的量都是客观现象在具体时间、具体地点、具体条件下的具体数量的表现，而不是抽象的量。

4. 数据的随机性

统计学不仅是利用一些方法、数字、概念来表现和反映总体事实，更重要的是要从中探索总体事实的内在数量规律性。而数据的随机性是无法避免的，主要有两个方面，一是由偶然性带来的。由于所研究的对象数量可能很大，所以不可能或没有必要对它们全部加以观察，而只能取一部分来加以研究，力求能较全面地反映事实。由于只是抽取其中一部分，所以就难免有偶然性。另一方面是不确定性带来的。实际上总是有一些因素无法控制或不便控制，使得指标数据具有不确定性。

5. 范围的广泛性

统计学的研究领域既包括社会经济领域，又包括自然科学领域；既包括生产力，又包括生产关系；既有经济基础，又有上层建筑。此外，还要从社会经济与自然技术条件的联系中，研究自然技术条件对社会经济现象总体的影响。

（二）统计学的研究方法

1. 大量观察法

这是统计活动过程中搜集数据资料阶段（即统计调查阶段）的基本方法。大量观察法的数理依据是大数定律，可以抵消个体受偶然因素的影响作用不同而在数量上存有差异，因此只有对足够多数的个体进行观察，观察值的综合结果才会趋向稳定，建立在大量观察法基础上的数据资料才会给出一般的结论。统计学的各种调查方法都属于大量观察法。

2. 统计分组法

由于所研究现象本身的复杂性、差异性及多层次性，因此需要我们对所研究现象进行分组或分类研究，以期在同质的基础上探求不同组或类之间的差异性。统计分组在整个统计活动过程中都占有重要地位，在统计调查阶段可通过统计分组法来搜集不同类的资料，并可使抽样调查的样本代表性得以提高（即分层抽样方式）；在统计整理阶段可以通过统计分组法使各种数据资料得到分门别类的加工处理和储存，并为编制分布数列提供基础；在统计分析阶段则可以通过统计分组法来划分现象类型、研究总体内在结构、比较不同类或组之间的差异和分析不同变量之间的相关关系。

3. 综合指标法

统计研究现象的数量方面的特征是通过统计综合指标来反映的。所谓综合指标，是指从总体上反映所研究现象数量特征和数量关系的范畴及其数值。常见的综合指标有总量指标、相对指标、平均指标等。如何最真实客观地记录、描述和反映所研究现象的数量特征和数量关系，是统计指标理论研究的一大课题。

4. 统计模型法

在以统计指标来反映所研究现象的数量特征的同时，还经常需要对相关现象之间的数量变动关系进行定量研究，以了解某一现象数量变动和另一（些）现象数量变动之间的关系及变动的影响程度。研究这种数量变动关系的方法就叫作统计模型法。

5. 统计推断法

在统计认识活动中，所观察的往往只是所研究现象总体中的一部分单位，掌握的只是具有随机性的样本观测数据，由样本观测数据来推断总体数量特征，这种推断总体的方法就叫统计推断法。统计推断法已在统计研究的许多领域得到应用，在实践中这是一种有效又经济的方法，其应用范围很广泛、发展很快，已成为现代统计学的基本方法。

上述各种方法之间是相互联系、互相配合的，共同组成了统计学方法体系。

任务三　熟悉统计学中的几个基本概念

统计学中的概念很多，这里只介绍几个最基本、最常用的概念。这些概念很重要，必须准确理解它们的含义，以利于后面各模块的学习。

一、总体、个体

（一）总体

总体又称统计总体，是指客观存在的、在某种共性基础上由许多个别事物所构成的整体。例如，某地区的工业企业数为 27 家，那么这 27 家工业企业就构成一个总体，它由各个个别的工业企业组成，每个工业企业的经济职能是相同的（同一性质），即都是进行工业生产活动的基本单位。

1. 总体的特点

总体具有同质性、大量性和差异性 3 个基本特征或 3 个条件。这 3 个条件缺一不可，必须同时具备，才能形成统计总体。同质性是形成总体的一个必要条件，也是总体的一个重要特征。

2. 总体的类型

根据总体大量性的特点，总体可分为有限总体和无限总体。

① 有限总体是指由有限个单位构成的整体。例如，我国人口数量、企业全体职工等。

无限总体指由无限多个单位组成的总体。例如，流水线上生产出的零件数、森林中的植物种类等。

② 对于有限总体，既可以采用全面调查，又可以采用非全面调查了解总体的情况。而对于无限总体，只能采用非全面调查，据以推断总体。

（二）个体

个体又称总体单位，构成总体的每一个个别事物被称为个体。

例如，某地区 27 家工业企业中，每一家工业企业都是这个总体中的个体。又如，疫情期间调查财经学院学生的身体健康状况，财经学院的每一名学生就是个体。

总体和个体，反映的是统计认识对象的基本概念。根据研究的目的不同，总体单位可以是个体的人、家庭户、产品、设备、企业等。

总体和个体并不是固定不变的，根据研究的目的不同是可以变换的。例如，我们研究某地区 27 家工业企业，则这 27 家工业企业就是总体，每一家工业企业是这个总体中的个体；如果我们把研究领域缩小为其中一家工业企业，则这家工业企业就是总体。

二、标志与指标

（一）标志

1. 标志的定义

标志是说明总体单位特征的名称。

每个总体单位都有表现自己的一些特征。例如，以某工业企业所有职工为总体，每一位职工即个体，每位职工的性别、民族、文化程度、年龄、工龄、工资等都是标志。又如，调查某地区工业企业状况，则该地区某一个工业企业是个体，每个工业企业的经济类型、职工人数、设备数量、产值等都是标志。它们都从不同的方面反映个体即总体单位的特征。

2. 标志的分类

标志按其性质不同，分为品质标志和数量标志。

① 品质标志表示总体单位质的属性，不能用数值表示，只能用文字表示。例如，每位职工的性别、民族、文化程度等。这里应注意的是手机号、出生日期等虽然是用数值表示，但不具有量的特征，因而看成是品质标志。如果以地区每一个工业企业为个体，则每个工业企业的经济类型、隶属关系、行业类别等就是品质标志。

② 数量标志表示事物量的特征，只能用数值表示。例如，每位职工的年龄、工龄、工资等；每个企业的职工人数、资产总额、工业总产值等。

标志按其表现情况不同，分为不变标志和可变标志。

有些标志的表现是相同的，如班级所有学生的专业名称、入学年份等标志表现都相同，属于不变标志；而年龄、身高、成绩等表现有差异，属于可变标志。

3. 标志的表现

标志都有具体表现，其具体表现就是在标志名称之后所表明的属性或数值。

例如，性别是男，民族是汉族，年龄是 29 岁、工龄为 3 年等。其中，"男""汉族"是品质标志的具体表现；"29 岁""3 年"是数量标志的具体表现。

（二）指标

1. 指标的定义

指标又称综合指标，是说明总体数量特征的名称和具体数值的，是统计学所有常用概念中最核心的概念。

例如，在地区工业统计调查中，地区所有的工业企业构成总体，地区所有工业企业总数、地区职工总数、地区工资总额、地区平均工资、地区利润总额等就是指标，从不同的方面综合反映了地区工业总体的经营状况这一数量特征。而每一个企业的职工人数、工资总额、平均工资、利润总额等是数量标志，概念不要混淆。

2. 指标的构成

一个完整的统计指标由两部分构成，即指标名称和具体数值。

例如，2020 年全国粮食总产量 13 390 亿斤，比 2019 年增加 113 亿斤，增长 0.9%。

由于社会经济现象中的事物都是具体的，都是在一定的时间、地点、条件下发生的，因此一个完整的统计指标除了包括指标名称和具体数值两个基本要素外，还包括时间范围、空间范围、计量单位和计算方法，共 6 个要素。

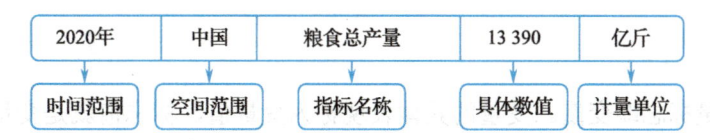

2020年	中国	粮食总产量	13 390	亿斤
时间范围	空间范围	指标名称	具体数值	计量单位

3. 指标的分类

（1）按说明总体内容或指标的性质不同

按说明总体内容或指标的性质不同，指标可划分为数量指标和质量指标。

① 数量指标也称外延指标，是反映总体范围、总体规模、总体水平的统计指标。例如，人口数、企业数、投资总额、工资总额、商品销售额等。数量指标具有实物单位或货币计量单位，表现为绝对数的形式，其数值大小随着总体范围的变化而变化。

② 质量指标也称内涵指标，是反映总体内部结构、比例及相互数量关系的指标。例如，性别比例、人口年龄结构、平均工资、销售利润率等。质量指标通常表现为相对数或平均数的形式，其数值大小与总体范围的大小没有直接关系。

（2）按指标的作用和表现形式不同

按指标的作用和表现形式不同，指标可划分为总量指标、相对指标和平均指标。

这些既是统计学中常用的指标，也是非常重要的分类，具体内容将在项目三详细介绍。

（三）标志与指标的关系

1. 两者的主要区别

① 标志是说明个体特征的，而指标是说明总体特征的。

② 标志既可用文字表示，也可用数值表示，而指标只能用数值表示。

2. 两者的主要联系

① 许多统计指标的数值是由个体的数量标志汇总得到的。例如，一个煤炭工业局（公司）的煤炭总产量，是由所属各煤炭工业企业的产量汇总出来的。

② 数量标志和指标之间存在着一定的转换关系。由于研究的目的不同，所以当原来的总体转换成个体时，相应的原来的统计指标就转换成数量标志，指标数值也就变成了标志值；反之亦然。例如，当把某煤炭工业企业作为总体研究时，其煤炭产量、职工人数、工资总额等都是统计指标；当研究煤炭行业时，该煤炭工业企业就是个体，其煤炭产量、职工人数、工资总额等就成了数量标志。同样，也存在相反的转换。

三、变异与变量

（一）变异

变异即差异，统计上把可变标志的属性或特征由一种状态转化为另一种状态的现象，称为变异。变异是统计的前提，没有变异，统计就失去了存在的必要。

变异有属性变异和数量变异之分。属性变异如性别标志，表现为男、女；数量变异如年龄标志，表现为 27 岁、30 岁等。

（二）变量

1. 变量的定义

可变的数量标志即变量。变量的具体表现称为变量值，标志值就是变量值。

例如，调查某企业员工情况，则全体员工是总体，员工年龄、工资、工龄等是数量标志，即变量；25 岁、27 岁、……，工资为 1 600 元、2 000 元、……，既是变量值，也是标志值。

2. 变量的分类

（1）按其取值是否连续

按其取值是否连续，变量可划分为连续型变量和离散型变量。

① 连续型变量的取值是连续不断的，相邻两值之间可做无限分割，可取无限数值，如身高、体重、粮食产量、利润等。连续变量的数值是通过测量或计算方法取得的，既可以是小数，也可以是整数。

② 离散型变量的取值都是以整数断开的，如职工人数、机器台数、生猪存栏头数等，只能用计数方法取得，不可能有小数（但不排除在计算过程中会出现小数）。

（2）按是否受因素影响

按是否受因素影响，变量可划分为确定性变量和随机变量。

确定性变量是指能事先确定下来的变量，如中头等奖的人数；随机变量是指受各种因素影响，其数值可随机形成、有多种可能性数值，且事先无法确定的变量，如中奖号码。统计在事前研究的大多是随机变量，如下个月的产量、利润等都是随机变量；统计在事后研究的大多是确定性变量，如上个月的产量、利润等都是确定性变量。

模块一　了解统计，理清概念

模块小结

本模块是统计基础学习的开篇模块，主要介绍了统计机构和统计人员，统计与统计学、统计学中的几个基本概念等内容。

①《统计法》规定设立的统计机构分为两种：政府综合统计机构和部门统计机构。

②统计专业职务是从事统计工作的一种资格，分为高级统计师、统计师、助理统计师、统计员。

③"统计"一词包括统计工作、统计资料和统计学3种含义。统计学即统计科学，是一门关于搜集、整理、分析统计数据的科学。统计工作过程包括统计设计、统计调查、统计整理和统计分析4个阶段。

④统计学的研究对象是大量现象总体的数量方面，特点有数量性、总体性、具体性和数据的随机性；统计学的研究方法包括大量观察法、统计分组法、综合指标法、统计模型法和统计推断法等。

⑤总体是客观存在的、具有某种共同性质的个别事物构成的整体。总体的特点包括同质性、大量性和差异性。

⑥总体单位又称为个体，是构成总体的每一个个别事物。

⑦标志是说明总体单位特征的名称。标志按其性质不同，可分为品质标志和数量标志。

⑧指标是说明总体数量特征的概念。指标按说明总体内容不同，分为数量指标和质量指标；按指标的作用和表现形式不同，分为总量指标、相对指标和平均指标。一个完整的统计指标除了包括指标名称和具体数值两个基本要素外，还包括时间范围、空间范围、计量单位和计算方法，共6个要素。

⑨变异即差异。可变的数量标志即变量。变量的具体表现称为变量值。变量按其取值是否连续，可分为连续型变量和离散型变量；按是否受因素影响，变量可分为确定性变量和随机变量。

拓展阅读

统计学的历史与今天

统计学是一门既古老又崭新的科学，它已有300年的历史，走过了人类历史的农业经济时代、工业经济时代，又走进了正在到来的知识经济时代。今天，它拥有了更多、更新的统计方法和手段，有了更多的研究对象和更广泛的应用领域，显示出更加重要的作用和更广阔的发展前景。

一、17—19世纪——统计学的创立和发展

德国的斯勒兹曾说过："统计是动态的历史，历史是静态的统计。"可见统计学的产生与发展是与生产的发展、社会的进步紧密相联的。

（一）统计学的创立时期

统计学的萌芽产生在欧洲。17世纪中叶至18世纪中叶是统计学的创立时期。在这一时期，统计学理论初步形成了一定的学术派别，主要有国势学派和政治算术学派。

（二）统计学的发展时期

18世纪末至19世纪末是统计学的发展时期。在该时期，各种学派的学术观点已经形成，主要有两个学派，即数理统计学派和社会统计学派。

二、20世纪——迅速发展的统计学

在20世纪以前，统计学的领域主要是人口统计、生命统计、社会统计和经济统计。

随着社会、经济和科学技术的发展，统计的范畴已覆盖了社会生活的一切领域，几乎无所不包，成为通用的方法论科学。它被广泛用于研究社会和自然界的各个方面，并发展成为有着许多分支学科的科学。

三、今天的统计学

在科学技术飞速发展的今天，统计学广泛吸收和融合相关学科的新理论，不断开发应用新技术和新方法，深化和丰富了统计学传统领域的理论与方法，并拓展了新的领域。

第一，对系统性及系统复杂性的认识为统计学的未来发展开发了新的思路。

第二，定性与定量相结合的综合集成法将为统计分析方法的发展提供新的思想。

第三，统计科学与其他科学渗透将为统计学的应用开辟新的领域。今天已经有一些先驱者开始将控制论、信息论、系统论及图论、混沌理论、模糊理论等方法和理论引入统计学，这些新的理论和方法的渗透必将给统计学的发展带来深远的影响。

统计学产生于应用，在应用过程中发展壮大。随着经济社会的发展、各学科相互融合趋势的发展和计算机技术的迅速发展，统计学的应用领域、统计理论与分析方法也将不断发展，在所有领域展现出它的生命力和重要作用。

思考与练习

一、填空题

1. 统计一词包括3种含义：＿＿＿＿＿＿、＿＿＿＿＿＿和＿＿＿＿＿＿。

2. ＿＿＿＿＿＿是客观存在的、在某种共性基础上由许多个别事物所构成的整体。而＿＿＿＿＿＿是构成总体的每一个个别事物，它是组成总体的基本单位。

3. ＿＿＿＿＿＿是说明总体单位特征的名称。按其性质不同，可分为＿＿＿＿＿＿和＿＿＿＿＿＿。

4. 某地所有工业企业为一个总体，每一个工业企业是＿＿＿＿＿＿，每个工业企业的产值、产量、职工人数、利润总额是不相同的，所以把它们称为＿＿＿＿＿＿，而每一个工业企业的经济职能是相同的，则把它称为＿＿＿＿＿＿。

5. 标志反映＿＿＿＿＿＿的属性和特征，而指标则反映＿＿＿＿＿＿的数量特征和范畴。

6. 对学校的学生状况进行调查：

（1）学校的所有学生是＿＿＿＿＿＿。学校的每一位学生是＿＿＿＿＿＿。

（2）学生平均年龄、英语四级通过率是＿＿＿＿＿＿。

（3）性别、民族是＿＿＿＿＿＿，年龄、体重是＿＿＿＿＿＿。

（4）身份证号是＿＿＿＿＿＿，学生人数是＿＿＿＿＿＿。

模块一　了解统计，理清概念

二、判断题

1. 总体和个体随着统计研究的目的不同可以互相转换。（　　）
2. 人的年龄是数量指标。（　　）
3. "女性"是品质标志值。（　　）
4. 数量标志值是由许多统计指标的数值汇总而来的。（　　）
5. 标志不能用数值表示，而指标都是用数值表示的。（　　）
6. 统计指标有能用数值表示的数量指标和不能用数值表示的质量指标。（　　）
7. 产品等级（Ⅰ、Ⅱ、Ⅲ级）是数量标志。（　　）
8. 指标是说明个体数量特征的名称。（　　）
9. "籍贯"是品质标志的标志值。（　　）
10. 某一职工的文化程度在标志的分类上属于品质标志，职工的平均工资在指标的分类上属于质量指标。（　　）

三、单项选择题

1. 以产品等级来衡量某种产品质量优劣，则产品等级是（　　）。
   A. 数量标志　　B. 品质标志　　C. 数量指标　　D. 质量指标
2. 某市全部工业企业作为总体，每个工业企业为个体，则每个工业企业的全年销售额为（　　）。
   A. 数量标志　　B. 品质标志　　C. 数量指标　　D. 质量指标
3. 对某城市工业企业未安装设备进行普查，其总体单位是（　　）。
   A. 工业企业全部未安装设备　　B. 工业企业每一台未安装设备
   C. 每个工业企业的未安装设备　　D. 每一个工业企业
4. 下列各项指标中，（　　）是数量指标。
   A. 全国人口数　　B. 人口的性别构成　　C. 人口密度　　D. 平均亩产量
5. 某车间5名工人的日产量分别为20件、21件、18件、24件、19件，这5个数值是（　　）。
   A. 指标　　B. 标志　　C. 变量　　D. 标志值

四、多项选择题

1. 下列变量中属于离散型变量的有（　　）。
   A. 粮食产量　　B. 植树株数　　C. 机器台数
   D. 人均年收入　　E. 职工人数
2. 指标是说明总体数量特征的，标志是说明个体特征的，所以（　　）。
   A. 标志和指标是固定不变的　　B. 标志和指标是可以转换的
   C. 标志有品质标志和数量标志　　D. 指标有数量指标和质量指标
   E. 指标都是用数值表示的
3. 下列各项中属于数量指标的有（　　）。
   A. 某县年末人口总数为50万人　　B. 某企业6月份职工出勤率为95%
   C. 王兰体重51千克　　D. 农业粮食产量
   E. 能源利用效果

4. 对全镇教师进行调查（　　）。
   A. 全镇所有教师组成总体
   B. 所有教师的全年工资总额是指标
   C. 每一个教师是个体
   D. 所有教师的平均收入是标志
   E. 每一个教师的工资是指标
5. 下列各项中，属于统计指标的有（　　）。
   A. 2020年全国人均国内生产总值
   B. 某台机床使用年限
   C. 某市年供水量
   D. 某地区原煤生产量
   E. 某学员平均成绩

五、简答或简述题

1. 《统计法》规定设立的统计机构有哪几种？
2. 统计学的研究对象和特点是什么？
3. "统计"一词有几种含义？哪一个是核心含义？
4. 统计学中常用的基本概念有哪些？哪个是核心概念？
5. 标志和指标有哪些区别与联系？

六、操作题（请列出各题中的总体、个体、标志和指标）

1. 调查某工业企业职工情况。
2. 调查某工业企业生产设备使用情况。

模块二

梳理数据，描述状态

项目一　　设计 A 公司职工基本信息调查问卷

项目情境

　　XX 钢铁有限责任公司（简称 A 公司），位于美丽的北国江城 XX 市，处于长吉图开发开放先导区的核心地带，是集研发、生产、经营于一体的制造型企业，是集焦化、炼铁、炼钢、热轧、冷轧、镀锌、彩涂于一体的综合型钢铁加工企业，拥有员工 6 300 人，现已具备年产 450 万吨钢的配套生产能力。

　　公司自投产以来，快速推进品种钢开发，现已开发出汽车结构用钢、冷成型用钢、无取向电工钢、管线用钢、焊接气瓶用钢、结构用钢、耐候钢、热轧花纹板、热轧开平板等系列产品，产品主要销往国内华东、华南、华北、东北市场，远销韩国、巴基斯坦、菲律宾、越南、阿联酋等国家，获得用户广泛好评。

　　公司依据工作的难度和复杂度及任职资格要求，在各部门设置专业类岗位，以发挥其专业幕僚之功能，具体细分为专业技术、专业管理两类。专业技术主要是承担某一专业技术职责和工作任务的岗位系列组合，包括生产、工程、技术质量、设备、安全、能源、

IT、仪电等相关的专业；专业管理主要是承担某一职能管理、协调管理工作任务，不直接产生经济效益，包括企划、人力资源、财务、统计、行政、营销、采购、审计等，主要工作性质为本业务领域内的管理体系规划、研究分析、解决问题、协调沟通，为主管提供专业幕僚服务。

情境分析

　　A公司根据生产经营需要设置相应的工作岗位，并形成多样化的发展通道，营造有利于员工成长和才能发挥的工作氛围。近几年公司新招入许多刚走入企业的大学生和一些有专业技能的特殊人才，为了进一步掌握员工的基本信息，充分发挥员工的潜能，激发员工的工作热情，更好地开发人才可用资源，对员工的基本情况开展统计调查活动。

工作任务

　　设计一份描述公司职工基本信息的调查问卷。

知识引入

统计调查

思政元素

人口普查——"十年一剑"

知识目标

◇ 了解统计数据的来源。
◇ 掌握统计调查的种类。
◇ 了解统计调查的方式。
◇ 掌握统计调查方案、调查问卷。

能力目标

◇ 能理解统计调查的意义。
◇ 能根据实际情况选择和应用恰当的统计调查方式。
◇ 能根据统计任务要求进行简单统计调查方案的设计。
◇ 能根据统计任务要求设计调查问卷。

模块二　梳理数据，描述状态

内容结构

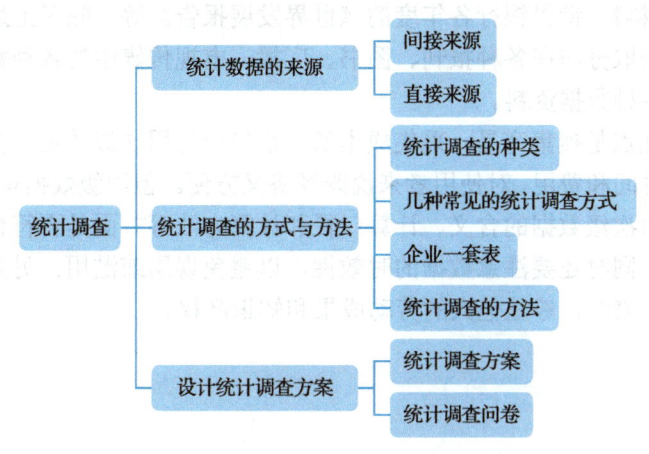

```
                          ┌─ 统计数据的来源 ─┬─ 间接来源
                          │                  └─ 直接来源
                          │
                          │                  ┌─ 统计调查的种类
                          │                  ├─ 几种常见的统计调查方式
            统计调查 ─────┼─ 统计调查的方式与方法 ─┤
                          │                  ├─ 企业一套表
                          │                  └─ 统计调查的方法
                          │
                          └─ 设计统计调查方案 ─┬─ 统计调查方案
                                              └─ 统计调查问卷
```

统计数据是统计分析的基础，数据收集是统计研究的重要内容之一。当我们研究的问题确定以后，就要考虑研究所需要的数据，从哪儿得到数据？向谁进行调查？怎么调查？……这些工作就是本模块要讲述的问题。本项目的具体内容包括统计数据的来源、统计调查的方式与方法、设计统计调查方案和统计调查问卷等。

任务一　认识统计数据的来源

　　统计数据是统计工作活动过程中所取得的反映国民经济和现象的数字资料及与之相联系的其他资料的总称。
　　统计数据主要来源于两种渠道：一是来源于别人调查或试验的数据，这是统计数据的间接来源，称为第二手或间接的统计数据；二是来源于直接的调查或试验获得的原始数据，这是统计数据的直接来源，称为第一手或直接的统计数据。

一、间接来源（次级资料）

　　次级资料（第二手数据）是由他人搜集和整理得到的统计数据，很多情况下我们不必再重新做一次调查或试验。这种来自他人调查整理基础上的数据我们称为数据的间接来源。统计数据资料的间接来源主要来自于：
　　①国家和地方的统计部门。
　　②各种报刊媒介、国内外公开出版的或公开报道的各种出版物。
　　③各种经济信息中心、信息咨询机构、专业调查机构。
　　④各种会议，如博览会、展销会、专业性、学术性的研讨会。
　　⑤互联网、图书馆上查阅的各种信息等。
　　公开的出版物有《中国统计年鉴》《中国统计摘要》和各种专业统计年鉴，以及各省、市、地区的统计年鉴等。提供世界各国社会和经济数据的出版物也有许多，如《世界经济年鉴》、《国外经济统计资料》、世界银行各年度的《世界发展报告》等。除了上述公开出版的统计数据外，还可以获取分布在各种报刊、图书、广播、电视传媒中的各种数据资料，以及从网上获取所需的各种数据资料。

次级数据的优点是搜集容易、采集成本低，恰当地运用次级数据，在实际工作中往往能够节约大量的时间和费用，对使用者来说既经济又方便。但次级数据也有很大的局限性，即使用时应当注意次级数据的含义、计算口径和计算方法等方面是否符合需要，应当对其进行分析和评估，同时还要注意数据的时效性，以避免误用或滥用。另外，引用次级数据时还应该注明数据来源，尊重他人的劳动成果和知识产权。

二、直接来源（原始资料）

统计数据直接来源的最基本形式就是统计调查或进行科学试验活动，通过这种方式取得的资料称为原始资料或一手资料。

在研究过程中，主要通过统计调查的方式获取数据。例如，家庭收支状况调查、某旅游景点游客人数、下岗工人再就业情况等。试验法是直接获得统计数据的又一重要来源。试验法不仅是一种搜集数据的方式，也是一种重要的研究方式。例如，在一所中学进行某一项教学方法的改革试验，应选择学习基础和各方面比较接近的两个班级，而不应该选择一个重点班、一个普通班进行。

我们把通过调查方法获得的数据称为调查数据；把通过试验方法得到的数据称为试验数据。不论是调查还是试验，所搜集的数据都是原始数据，都是统计数据最基本的来源。

任务二　熟悉统计调查的方式与方法

一、统计调查的种类

统计调查作为一种调查研究活动，其基本任务是搜集反映总体各单位个体特征的原始信息。搜集的这些信息是总体各单位有关标志的具体表现，是需要整理和系统化的原始资料，或者经过初步整理，仍需要进一步系统化的次级资料。统计调查是统计工作的基础环节，是统计整理、分析的前提，是决策的依据。

统计调查担负着为整个统计工作提供基础资料的任务，因而在统计调查过程中必须做到准确、及时、系统、完整、经济和尊重隐私6个基本要求。

统计调查就是按照预定的目的和任务，运用科学的调查方法，有组织、有计划、系统地向客观实际搜集统计资料的工作过程。但由于社会经济现象多种多样、纷繁复杂，调查的目的也各不相同，因此选择合适的调查方式与方法是统计调查的首要问题。

（一）按调查对象包括的范围划分

按调查对象包括的范围划分，统计调查分为全面调查和非全面调查：对总体中的所有个体进行的调查是全面调查，如普查和全面统计报表，都属于全面调查；只对总体中的一部分个体进行调查是非全面调查，包括非全面统计报表、重点调查、典型调查、抽样调查等。非全面调查是全面调查的补充，可以用较少的时间、人力、物力和财力搜集较多的内容，在不适合或不可能用全面调查了解情况时，可以用非全面调查的资料来推算或说明总体基本情况。

非全面调查依据被调查单位的选择是否按随机原则分为概率抽样和非概率抽样。

（二）按调查登记的时间是否连续划分

按调查登记的时间是否连续划分，统计调查分为连续调查和不连续调查。

① 连续调查又称经常性调查，是随着被研究现象的变化，连续不断地进行的调查登记。例如，产品产量、原材料消耗等，其数值变动频繁，需要连续登记，然后汇总。

② 不连续调查又称一次性调查，是间隔一定的时期进行的调查，既可以定期进行，也可以不定期进行。不连续调查一般是针对某一具体问题而组织的，如人口普查、经济普查等。

（三）按调查的组织形式划分

按调查的组织形式划分，统计调查分为统计报表和专门调查。

① 统计报表是按一定的表式和要求，自上而下地布置、自下而上地提供统计资料的一种调查组织方式。这是我国统计系统和各部门为取得国民经济基本统计资料而采用的一种主要调查方式。统计报表的绝大部分采取定期统计报表的形式实施，但也有非定期统计报表。统计报表这种调查形式在我国已经成为一种报告制度，如工业统计报表制度、农业统计报表制度、服务业统计报表制度等。

② 专门调查是为研究某个专门问题而专门组织的一次性调查，具体包括普查、重点调查、典型调查、抽样调查等方法。

二、几种常见的统计调查方式

我国常用的统计调查方式主要有普查、概率抽样调查、重点调查、典型调查和统计报表制度。

（一）普查

1. 普查的定义

普查是专门组织的一次性的全面调查。

普查需要对总体中的所有个体进行调查，调查一定时点上或时期内现象的总量，是用来调查某些不能够或不适宜用定期全面统计报表搜集资料的一种全面调查方式。

例如，人口普查、经济普查、农业普查。人口是一个国家最重要的战略资源，对于一些重要的国情国力，只有通过普查才能搜集到更加全面、准确的数据资料，以作为国家制定方针政策和经济与社会发展规划的依据。

我国已建立了周期性的普查制度：人口普查和农业普查每10年进行一次，尾数逢0的年度进行人口普查，逢6的年度进行农业普查；逢3和8的年度进行经济普查；逢5的年度进行全国1%人口抽样调查。

"七普"是中国在2020年开展的第七次全国人口普查，是在中国特色社会主义进入新时代开展的重大国情国力调查。第七次全国人口普查采取电子化方式开展普查登记，同时倡导普查对象采用自主填报的方式，鼓励大家使用手机等移动终端自行申报个人和家庭信息。

普查对象是在中华人民共和国境内的自然人及在中华人民共和国境外但未定居的中国公民，不包括在中华人民共和国境内短期停留的境外人员。普查主要调查人口和住户的基本情况，包括姓名、公民身份号码、性别、年龄、民族、受教育程度、行业等内容。

2. 普查的特点

普查有3个特点：第一，是全面调查；第二，是一次性调查；第三，工作量大、投入多。普查比其他任何一种调查方式更能掌握大量、详细、全面的统计资料，因此进行普查时应遵循以下几点原则。

第一，规定统一的标准时间。避免因调查时间不一致而发生重复或遗漏现象。标准时间是指调查登记时资料所属的时间，也是调查依据的时间，如第七次人口普查的标准时点是2020年11月1日零时。

第二，规定统一的调查期限。调查登记起始后，要求尽可能在最短的时间内登记完成，以提高资料的准确性和时效性。例如，第七次全国人口普查的调查期限从2020年11月1日至11月15日，完成普查短表、死亡人口调查表、港澳台居民和外籍人员普查表的填报；从2020年11月16日至11月30日进行长表登记，以普查员使用电子采集设备入户询问、当场填报的登记方式进行，不得采取自主填报（长表调查户由国务院人口普查办公室在短表完成登记后，抽10%的用户填报）。

第三，规定统一的调查项目。调查项目内容、口径、计算方法等一经确定，不准任意更改，以免影响数据的汇总。同一种普查，每次的项目和指标应力求一致，以便更好地进行历次调查资料的对比分析，观察某种现象变化发展的情况。同时，也要根据实际情况适当增加新的普查内容。

（二）概率抽样调查

1. 概率抽样调查的定义

概率抽样调查又称随机抽样调查，简称概率抽样，是按照随机原则从总体中抽取一部分单位作为样本进行观察研究，以抽样样本的指标去推算总体指标的一种非全面调查。

2. 概率抽样调查的特点

概率抽样调查与非概率抽样调查比较，有以下3个特点。

第一，随机性。按随机原则抽选样本，在总体中每一个单位被抽取的机会是均等的，因此能够保证被抽中的单位在总体中的均匀分布，不致出现倾向性误差，代表性强。

第二，推断性。通过抽样调查，取得部分单位的实际资料，计算出样本指标，在一定的概率保证条件下对总体进行估计推断。

第三，误差性。利用样本数据推断总体数据必然会产生误差，但可以用一定的概率来保证将误差控制在规定的范围之内，使得推断结果具有一定的可信程度。

3. 概率抽样调查的抽样方法

概率抽样调查按抽样的组织形式划分，有以下几种主要方法。

① 简单随机抽样。简单随机抽样又称纯随机抽样（SPS 抽样），是从总体中不加任何分组、划类、排队等，完全随机地抽取调查单位。其特点是：每个样本单位被抽中的概率相等，样本的每个单位完全独立，彼此之间无一定的关联性和排斥性。简单随机抽样是其他各种抽样方法的基础，通常只有在总体单位之间差异程度较小和数目较少时，才采用这种方法。

② 等距抽样。等距抽样又称机械抽样或系统抽样（SYS 抽样），是将总体各单位按一定标志或者次序排列成为图形或一览表式（也就是通常所说的排队），然后按相等的距离或间隔抽取样本单位。其特点是：抽出的单位在总体中是均匀分布的，而且抽取的样本可少于简单随机抽样。等距抽样既可以用与调查项目相关的标志排队，也可以用与调查项目无关的标志排队。等距抽样是实际工作中应用较多的方法，目前我国城乡居民收支等调查，都是采用这种方法。

③ 类型抽样。类型抽样又称分层抽样（STR 抽样），是将总体单位按其属性特征分成若干类型或层，然后在类型或层中随机抽取样本单位。其特点是：由于通过分类或层，增大了各类型中单位之间的共同性，所以容易抽出具有代表性的调查样本。该方法适用于总体情况复杂、各单位之间差异较大、单位较多的情况。

④ 整群抽样。整群抽样又称集团抽样，是从总体中成群成组地抽取调查单位，而不是一个一个地抽取调查样本。其特点是：调查单位比较集中，调查工作的组织和进行比较方便。由于调查单位在总体中的分布不均匀，准确性要差些，因此在群间差异性不大或不适宜单个抽选调查样本的情况下，可以采用这种方式。

（三）重点调查

1. 重点调查、重点单位的定义

重点调查是一种非全面调查，属于非概率抽样，是在所要调查的全部单位中选择一部分重点单位进行的一种非全面调查。重点单位是指标志量占总体标志总量绝大比重的单位。

2. 重点调查的特点

第一，重点调查是非全面调查。

第二，重点调查的单位数少，调查项目多。

组织重点调查的关键问题是选择重点单位。在选取重点单位时，不要受主观因素的影响。一般来说，要注意选取那些管理比较健全、业务力量较强、统计工作基础较好的单位作为重点单位，具有省时、省力的特点。另外，要求重点单位应尽可能少，而其标志值在总体中所占的比重应尽可能大，以保证有足够的代表性。例如，要了解我国出口商品总额的基本情况，以美国、欧盟、日本、东盟、韩国几个大的贸易伙伴为重点进行调查即可。

第三，重点调查主要用来了解总体发展的基本情况，不能精确推断总体的总量。

当调查的任务只要求掌握总体基本情况，而部分单位又能较集中反映所研究的问题时，进行重点调查是比较适合的，可以节约人力、物力和时间。例如，通过调查我国山西、陕西、内蒙古、河南、新疆等主要产煤省、区，就可了解全国的煤炭生产数量。

3. 重点调查的组织形式

重点调查是为了了解现象总体的基本情况，其组织形式有两种：一种是专门组织的一次性的非全面重点调查；另一种是利用定期统计报表经常性地对一些重点单位进行调查，以便及时取得必要的资料，如国家统计局近年来积极推进的企业一套表联网直报制度。

（四）典型调查

1. 典型调查的概念

典型调查也是一种非全面调查，属于非概率抽样，是根据调查的目的与要求，在对被调查对象进行全面分析的基础上，有意识地选择若干具有典型意义的或有代表性的单位进行的调查。

典型既可以是单个的，也可以是整群的，还可以是一次性的。许多社会经济问题，都可通过典型调查获得一般性的基本结论。典型调查能否取得良好效果，关键在于正确选择典型单位。所谓典型单位，是指在同一事物中能最充分、最突出地体现总体共性的代表单位。选择典型单位时应注意，要在对调查对象总体进行全面分析，对可供选择单位进行反复对比的基础上选择代表性较强的单位。

2. 典型调查的方式

（1）"划类选典"式的典型调查

如果调查的目的是为了近似估算总体指标，总体各单位之间的差异又较大，涉及的问题较复杂，则应按一定标志将总体划分为几个类型，从各类型中按比例大小选取典型单位进行调查，即所谓"划类选典"式的典型调查。

（2）"解剖麻雀"式的典型调查

如果调查的目的是研究成功的经验或失败的教训，或者是研究新生事物，则可以选择少数典型单位进行深入细致的调查研究，即所谓"解剖麻雀"式的典型调查。例如，为了研究大中型国有企业改革成功的经验和失败的教训，从全部大中型国有企业中选出若干先进的典型和失败的典型，分别进行调查比较。

3. 典型调查的特点

第一，典型调查是非全面调查。

第二，典型调查中的调查单位是有意识地选取的。这就要求被选取的单位在总体中应具有代表性。

第三，典型调查是一种深入细致的调查。典型调查对具体问题可以进行深入细致的分析，补充全面调查的不足。对一些不适宜采用全面调查而又需要深入研究的具体问题，可以通过典型调查，对少数典型单位进行细致的调查分析，认识事物的本质特征。

第四，典型调查在一定条件下可以推断总体。只有在下述情况下，典型调查才可以粗略地推断总体的指标数值：一是总体中个体的差异很小，每个个体都有一定的代表性；

二是虽然个体之间差异很大，但通过"划类选典"式的典型调查，可以根据各类典型单位的数据资料及各类型的单位数在总体单位数中所占比重推算总体的指标数值。然而，典型单位不是按随机原则抽取的，所以这种推断无法计算其误差，推断结果只是一个粗略的近似值。

（五）统计报表制度

1. 统计报表的概念

统计报表是我国统计调查工作的一种重要组织形式，是依照国家统一规定的表式、报表内容、报送时间和报送程序，自下而上逐级提供统计资料的一种调查方式。

统计报表主要用于全面调查，也可以进行非全面调查。它所包括的范围比较全面，调查项目比较系统，分组也比较完善，指标的内容和调查周期相对稳定。我国目前有关国计民生的重要统计数据绝大多数是依统计报表取得的。

执行统计报表制度是各地区、各部门、各单位必须向国家履行的一种义务。《中华人民共和国统计法》第七条规定："国家机关、企业事业单位和其他组织以及个体工商户和个人等统计调查对象，必须依照本法和国家有关规定，真实、准确、完整、及时地提供统计调查所需的资料，不得提供不真实或者不完整的统计资料，不得迟报、拒报统计资料"。

2. 统计报表制度的内容

① 报表目录。报表目录是指报送的报表名称、填报单位、统计范围、报送时间和报送程序等事项说明的一览表。

② 报表表式。报表表式是指统计报表的具体格式。不同的统计报表都明确规定了具体的表名、表号、期限、填报单位、报出日期、报送方式、指标项目、填报人、单位负责人签章等。

③ 填表说明。填表说明是指在填报统计报表时应注意的有关事项，包括报表的实施范围、分类目录、指标解释等。

3. 统计报表的种类

① 统计报表按其报表内容和实施范围不同，分为国家统计报表、部门统计报表和地方统计报表。

② 统计报表按其填报单位的性质不同，分为基层统计报表和综合统计报表。基层统计报表是指由基层企事业单位填报的，反映其生产经营活动情况的报表，是国民经济基本统计资料的基础；综合统计报表是指由各地统计部门和上级主管部门根据基层统计报表逐级汇总、综合填报的报表。

③ 统计报表按报送周期长短不同，分为日报、旬报、月报、季报、半年报和年报。

4. 统计报表的资料来源

① 原始记录。原始记录是按统计、会计和业务核算的要求，通过一定的表格形式，对基层单位的生产与经营活动所做的最初的、直接的文字或数字记载，是基层单位生产经营活动的第一手资料。

② 统计台账。统计台账是根据统计报表和经营管理的需要而设置的，按时间顺序进行登记、汇总或积累资料的账册。在企业中，厂部、车间、班组应分别设置统计台账，厂

部各职能部门也应设置相应的专业统计台账。

③ 单位内部报表。单位内部报表是单位依据原始记录和统计台账，经过汇总后编制的为满足本单位各级领导和业务部门组织生产、管理单位与填制国家统计报表需要的报表。单位内部报表只在本单位内部实行，是编制基本统计报表和专业统计报表的基础。

建立健全原始记录、统计台账、单位内部报表，是保证统计报表质量的基础，必须切切实实做好。

由于各种统计调查方式均有不同的特点、局限性，因此各有其适用范围。在实际工作中，应按照以周期性普查为基础，以经常性抽样调查为主体，以必要的统计报表、重点调查、典型调查、综合分析等为补充的统计调查方法体系，针对不同的调查对象、调查目的和任务，灵活运用多种调查方式，才能准确、及时、全面、系统地提供统计资料。

三、企业一套表

企业一套表是一种以企业为基本统计单元，将需要采集的统计调查内容集中设置并统一布置和收集的统计报表制度。它主要根据调查对象所从事的国民经济行业活动进行设计，内容包括调查对象的基本情况、主营业务及附属活动。现行企业一套表制度规定，统计报表填报单位为法人单位。

企业一套表按照资源整合、统筹规划、协同运作的一体化理念，整合传统专业统计，消除交叉重复，充分依托统一的数据采集处理软件和联网直报系统，实现统计生产方式的根本变革，即由分散设计转变为统一设计、由分散布置转变为统一布置、由自行确定调查单位转变为统一确定和管理调查单位、由间接采集层层上报转变为直接采集同步共享。

四、统计调查方法

统计调查方法就是收集原始资料的具体方法，调查方法是否合理直接影响到统计资料的真实性。统计调查的方法很多，实际运用时主要有询问法、直接观察法、报告法、邮寄访问法、电话访问法和互联网访问法。

① 询问法又称直接调查法，是指调查者以询问的方式直接与被调查者进行面对面的接触的调查方法。对被调查者进行直接询问的方式有多种，如入户调查、随机采访、座谈会等。

② 直接观察法是指调查人员亲临现场直接观察和记录，以获取信息资料的方法。采用直接观察法，观察者往往需要借助各种现代化的仪器和手段，如照相机、录音机、录像机等来辅助观察。直接观察法由于是在被调查人员不知情的情况下进行的，因此经常能够获得比较真实的信息资料，如对环境保护方面的调查等。

③ 报告法又称报表法，是指报告单位以各种原始记录和核算资料为依据，向有关单位提供统计资料的方法，如统计报表。目前在我国，只要求规模在规定标准以上的企业执行统计报表制度；对于规模在规定标准以下的企业及个体经营经济单位，则采用抽样调查的方法，仅对抽到样本的单位按照国家统一制定的统计报表制度来搜集原始数据。

模块二　梳理数据，描述状态

任务三　设计统计调查方案

一、统计调查方案

统计调查是一项涉及面广、程序步骤多、要求严格的科学工作。一项全国性的统计调查，往往需要动员成千上万的人协调工作才能完成。为了顺利完成统计调查任务，在统计调查之前需要设计一个统计调查方案，使统计调查工作有计划、有组织地进行。一个完整的统计调查方案应该包括以下基本内容。

（一）调查目的

调查目的是指明确为什么要进行调查、调查要解决什么问题、通过调查要取得什么样的资料、取得这些资料有什么用途等。制定任何一个统计调查方案首先应解决的问题就是调查目的，有了明确的目的，才可以确定在什么范围内向谁调查、调查什么。调查的目的决定了调查的内容和范围，否则就会使调查工作陷入盲区。

衡量一个调查方案是否科学的标准，主要就是看方案的设计是否体现出了调查目的的要求、是否符合客观实际。

（二）调查对象、调查单位和报告单位

有了明确的调查目的，就可以确定调查对象和调查单位。

① 调查对象是调查现象的总体，由调查目的所决定，是由性质相同的许多调查单位所组成的。统计总体在统计调查阶段称作调查对象，不能把调查对象理解为被调查的个体。

② 调查单位是所要调查的总体中的个体，是调查对象的组成要素，即调查对象所包含的具体单位，是所要登记标志的承担者。总体单位在统计调查阶段称作调查单位，不要把调查单位理解为从事调查工作的工作部门或单位。

在调查方案中，有时还要规定统计资料的填报单位。填报单位也称报告单位，是指填写调查内容、提交调查资料的单位。填报单位一般在行政上、经济上是具有一定独立性的单位，而调查单位既可以是人、企事业单位，也可以是物，二者有时一致，有时不一致。

例如，进行工业企业普查时，调查单位是每一个工业企业，填报单位也是每一个工业企业，这时调查单位与填报单位是一致的；而进行工业企业设备普查时，调查单位是每一台工业企业设备，而填报单位则是每一个工业企业，这时调查单位与填报单位是不一致的。

（三）调查项目和调查表

调查项目是指对调查单位所要调查的内容，是调查单位所承担的基本标志。例如，在人口普查中的调查项目有姓名、性别、年龄、民族、文化程度、职业、户编号、户别、本

户应登记人数、本户住房建筑面积、本户住房间数、户口性质、是否识字等。

在确定调查项目时应注意以下几点。

① 调查项目的内容要少而精，所选项目应满足调查目的的需要并且能确实取得资料。

② 调查项目的含义要明确、具体，切忌模棱两可。

③ 调查项目的设置要考虑彼此间相互联系及同类调查的纵向衔接。

将所确定的调查项目排列在一定的表格内，就形成了调查表。调查表是调查方案的核心部分。调查表由表头、表体和表脚 3 部分组成：表头在调查表的上方，标明调查表的名称、填报单位的名称等；表体是调查表的主体部分，由表格、调查项目等组成；表脚在调查表的下方，包括调查人员或填报人员签名、审核人员签名、填报日期等。

调查表的形式有单一表和一览表两种：单一表是在一张调查表上只登记一个调查单位的资料，但可以容纳较多的调查内容，且便于分类和整理；一览表是在一张调查表上可以登记很多调查单位的资料，但无法容纳较多的调查内容。

（四）调查时间和调查期限

调查时间是指调查资料所属的时间。如果所要调查的是时期现象，则调查时间就是资料所反映的起讫日期；如果调查的是时点现象，则调查时间就是规定的统一标准时间。在统计调查中，应明确规定调查时间，以满足统计调查的准确性要求。

例如，第七次全国人口普查的标准时点是 2020 年 11 月 1 日零时，不论何时入户，普查指标填报的所有内容都是住户在 11 月 1 日零时的状态。

调查期限是指进行调查工作的起止时间，包括搜集资料和报送资料整个工作所需的时间。在统计调查中，应根据任务量的大小及人力、物力、财力等情况尽可能缩短调查期限，以满足统计调查的及时性要求。

例如，第七次全国人口普查短表调查登记期限是 11 月 1 日至 11 月 15 日；长表调查登记期限是 11 月 16 日至 11 月 30 日。

（五）调查的组织和实施

为保证调查工作的顺利进行，在调查方案中还应该有一个周密的组织实施计划。其主要内容包括：调查工作的领导机构和办事机构、调查人员的组织和业务培训、调查资料报送方法；调查前的准备工作，包括宣传教育、调查经费的预算和开支方法、工作进度安排、调查方案的传达布置、试点及其他工作等。

二、统计调查问卷

（一）调查问卷的概念

调查问卷又称调查表、询问表或民意调查，是以问题的形式系统地记载调查内容的一种印件，广泛运用于民意调查和现代市场调查中，是研究民意的一种测定手段，是搜集资料的最重要工具。问卷可以是表格式、卡片式或簿记式。完美的问卷必须具备两个功能，即能将问题传达给被问的人和使被问者乐于回答。

（二）调查问卷的结构

调查问卷一般由卷头、卷体、卷尾 3 部分组成。

① 卷头即开头部分，有问候语、填写说明、问卷编号。问卷编号主要用于识别问卷，便于校对检查。

② 卷体是问卷的核心部分，包括调查的全部问题。

③ 卷尾主要是有关被调查者的一些背景资料，可使研究者根据背景资料对被调查者进行分类比较分析。还可在此处再次向被调查者致谢等。

（三）问题回答的形式

1．开放式问题

开放式问题在提出问题时不提供任何答案，由被调查者自由填写。这种调查问卷，主要用于希望了解的内容比较详细的情形，应答者可以用自己的语言自由地发表意见。

例如，您工作多久了、您从事什么职业、您认为金融危机对我国的经济有何影响等。

2．封闭式问题

封闭式问题又称有结构的问答题，与开放式问题相反，封闭式问题在提出问题的同时，规定了一组可供选择的答案和固定的回答格式，主要用于了解被调查者的基本意向。这是现代问卷调查中采用的主要形式。

例如，您购买家用汽车了吗？A．已购置　B．没有购置

再如，您是否有定期出去聚餐的习惯或请朋友吃饭的行为？如果有，则平均每月用于这方面的支出为多少？A．50 元以下　B．50～100 元　C．100～150 元　D．150～200 元　E．200 元以上

问卷设计好以后，一般采用访问、邮寄、发放等方法得到调查结果。

（四）问卷设计应注意的问题

① 有明确的主题。问题目的明确，重点突出。

② 问卷的开场白。要以亲切的口吻询问，措词应言简意明、亲切诚恳，使被调查者自愿与之合作，认真填好问卷。

③ 问题的字眼（语言）。问卷的语言要口语化，符合人们交谈的习惯；语气要亲切，避免书面化和文人腔调；问卷中的用语应符合应答者的理解能力和认识能力，避免使用专业术语；对敏感性问题要采取一定的技巧，使其具有合理性和可答性，并避免主观性和暗示性，以免答案失真。

4．问题的选择及顺序

容易回答的问题放前面，较难回答的问题放稍后，困窘性问题放后面，个人资料的事实性问题放卷尾。按时间顺序、类别顺序等合理排列。

5．控制问卷的长度

回答问卷的时间控制在 20 分钟左右。

项目小结

本项目共有3个任务，主要介绍了以下内容：一是统计数据的来源；二是搜集统计数据的方式和方法；三是统计调查的实施，包括统计调查方案的制定和调查问卷的设计。

① 统计数据主要来源于两种渠道：一是来源于直接的调查或试验获得的原始数据，这是统计数据的直接来源，称为第一手或直接的统计数据；二是来源于别人调查或试验的数据，这是统计数据的间接来源，称为第二手或间接的统计数据（次级资料）。

② 统计调查就是搜集统计资料的工作过程，包括对原始资料和次级资料的搜集。调查过程要求准确、及时、系统、完整、经济和尊重隐私。

③ 统计调查根据调查对象的范围、调查登记时间是否连续、调查的组织形式不同分为不同的种类。

④ 几种常用的统计调查方式：普查、抽样调查、重点调查、典型调查和统计报表制度。

⑤ 企业一套表是一种以企业为基本统计单元，将需要采集的统计调查内容集中设置并统一布置和搜集的统计报表制度。填报单位为法人单位。

⑥ 各项统计调查实施之前，都要设计周密的调查方案。其主要内容有：确定调查目的；确定调查对象、调查单位和报告单位；确定调查项目和调查表；确定调查时间和调查期限；确定调查的组织实施计划。

⑦ 调查问卷又称调查表、询问表或民意调查，是以问题的形式系统地记载调查内容的一种印件。调查问卷广泛运用于民意调查和现代市场调查中。问卷可以是表格式、卡片式或簿记式。

拓展阅读

手机市场调查问卷

智能手机是现今手机市场的普遍配备，智能手机市场也是国内和国外各大手机品牌制造商所青睐的。为了瞄准这一消费市场，了解相关市场环境，以期对这一市场的发展前景做出初步预测，请您在被选选项上打钩。

1. 您的性别：
   □ 男　□ 女
2. 您的年龄：
   □ 20岁以下　□ 20～30岁　□ 30～40岁　□ 40～50岁　□ 50～60岁
   □ 60岁以上
3. 您的职业：_____
4. 您的月收入：（若是学生，此项不填）
   □ 3 000元以下　□ 3 000～4 000元　□ 4 000～5 000元
   □ 5 000～6 000元　□ 6 000元以上
5. 当您选购手机时，您会选：（可多选）
   □ 苹果　□ 华为　□ 三星　□ OPPO　□ 小米　□ 其他

模块二　梳理数据，描述状态

6. 您选择手机最看重的因素是：
　　□价格便宜　　□性能好　　□款式好看　　□质量好　　□其他
7. 您对手机比较注重：（多选）
　　□质量　□价格　□服务　□功能　□外观　□配置　□品牌　□其他
8. 您的理想购机价位是：
　　□1 000～2 000元　□2 000～3 000元　□3 000～4 000元　□4 000～5 000元
　　□5 000元以上
9. 您一般多久更换一次手机：
　　□半年　□一年　□二年　□新款上市就换　□坏了就换　□从来不换
10. 您更换手机的原因主要是：
　　□外观款式好　□功能多　□紧跟新款　□身份地位的象征　□其他
11. 您一般到什么地方购买手机：
　　□专卖店　□移动联通公司　□淘宝　□京东　□二手市场
12. 您希望手机的存储容量是：
　　□16 GB　□32 GB　□64 GB　□128 GB　□256 GB
13. 您希望手机的像素是：
　　□1 000万　□1 200万　□1 400万　□1 600万　□2 000万
14. 您了解的智能手机的广告最吸引您的是：
　　□代言明星　□故事情节　□画面和音乐效果　□其他
15. 您在哪里得到最新手机的相关消息：
　　□报纸杂志　□广告电视媒体　□网络　□亲朋好友的介绍　□其他
16. 您购买手机主要用来：
　　□学习　□与家人朋友联络　□玩游戏　□看影视节目　□做微商　□其他
17. 您认为国产手机在哪些方面应当有所改进：
　　□价格　□外形　□售后服务　□质量　□品牌形象
18. 国产手机和进口手机二选一，您会选：
　　□国产品牌手机　　□进口品牌手机
19. 您认为国产品牌手机落后于进口品牌手机吗？
　　□落后　□超过　□差不多　□不清楚
20. 您认为手机售后服务存在的问题有哪些？

任务实施

项目一　设计Ａ公司职工基本信息调查问卷

（一）领取并填写项目实施资料

领取项目一任务工作单（见附表）

（二）操作步骤

步骤1　仔细阅读"项目情境""情境分析"，领会"工作任务"。

步骤 2　认真学习教材中"知识引入"的内容。
步骤 3　查阅图书馆、资料室等处的相关学习资源。
步骤 4　参考教材"拓展阅读"中《手机市场调查问卷》范文形式。
步骤 5　参考网络资源：中国统计信息网 http://www.cnstats.org/；中国教育统计网 http://www.stats.edu.cn/。
步骤 6　以小组为单位，共同完成一份公司职工基本信息调查问卷。既可自行完成，也可另选与统计调查内容有关的其他题目。

（三）任务汇报

任务完成后，各小组提交一份调查问卷，选出一名代表用 PPT 汇报发言并展示。
汇报发言的主要内容是：
1．介绍调查工作的程序及安排。
2．展示调查问卷设计的内容。

（四）学生互评

其他小组根据汇报展示情况提出自己的想法和建议、展开讨论并进行互评。建议从以下几方面去评价。
1．调查问卷中设计的问题是否满足公司对职工基本信息搜集的要求。
2．调查问卷中设计的问题选项是否完整、符合问题选项要求。
3．版面安排是否规范。
4．Word、Excel、PPT 等相关计算机基础技能的应用是否熟练。

（五）教师点评及其他

教师对调查问卷的完整性、实用性、标准性、科学性，问题的表述，知识应用的程度，Word、Excel、PPT 等基础技能的应用熟练程度等进行点评，并提出修改建议。

附表　任务工作单

项目一		班级		小组	
		姓名		日期	
		电话		评分	
成果描述 （如字数、是否下厂实践、走访企业或人员等）					
成果形式 （电子文档、PPT、其他）					
操作中涉及的相关知识点 （以前、现在，可以跨专业）					
完成任务时间 （天数）					
完成任务需要的人力资源 （团队人员名称、个人或其他人员）					

模块二　梳理数据，描述状态

(续表)

完成任务需要的物力资源	
学生建议 （或感受）	
教师点评	

思考与练习

一、填空题

1．常用的统计调查方式主要有：普查、_____、典型调查、_____和统计报表。

2．典型调查有两类，一是_____、二是_____。

3．统计调查按调查对象的范围不同可分为：_____和_____。

4．确定调查对象时，还必须确定两种单位，即_____和_____。

5．重点调查是在调查对象中选择一部分_____而进行的一种_____调查。

二、判断题

1．重点调查是在调查对象中选择一部分样本进行的一种全面调查。　　　　（　）

2．报告单位是指负责报告调查内容的单位，报告单位与调查单位有时一致，有时不一致，这要根据调查任务来确定。　　　　（　）

3．普查是经常组织的一次性全面调查。　　　　（　）

4．工业设备调查中，调查单位与填报单位是一致的。　　　　（　）

5．重点调查可以准确地推算总体。　　　　（　）

三、单项选择题

1．某地区为了掌握该地区水泥生产的质量情况，拟对占该地区水泥总产量80%的5个大型水泥厂的生产情况进行调查。这种调查方式是（　　）。

　　A．普查　　　　B．典型调查　　　　C．抽样调查　　　　D．重点调查

2．某地进行国有商业企业经营情况调查，则调查对象是（　　）。

　　A．该地所有商业企业　　　　B．该地所有国有商业企业

　　C．该地每一国有商业企业　　　　D．该地每一商业企业

3．通过调查大庆、胜利、辽河等油田了解我国石油生产的基本情况。这种调查方式是（　　）。

　　A．典型调查　　　　B．重点调查　　　　C．抽样调查　　　　D．普查

4．某市进行工业企业生产设备普查，要求在7月1日～10日调查完毕。这一时间规定是（　　）。

　　A．调查时间　　　　B．调查期限　　　　C．标准时间　　　　D．登记期限

5. 调查某市工业企业职工的工种、年龄、文化程度等情况（　　）。
　　A. 填报单位是每个职工
　　B. 调查单位是每个企业
　　C. 调查单位和填报单位都是企业
　　D. 调查单位是每个职工，填报单位是每个企业

四、多项选择题

1. 某地对集市毛衣个体户的偷税漏税情况进行调查，1月5日抽选5%样本检查，5月1日抽选10%样本检查。这种调查是（　　）。
　　A. 非全面调查　　　B. 一次性调查　　　C. 不定期性调查
　　D. 定期性调查　　　E. 经常性调查

2. 某市对全部工业企业生产设备的使用情况进行普查，则每一台设备是（　　）。
　　A. 调查单位　　　B. 调查对象　　　C. 总体单位
　　D. 填报单位　　　E. 报告单位

3. 下列各种调查中，调查单位与填报单位一致的是（　　）。
　　A. 企业设备调查　　　B. 人口普查　　　C. 工业企业普查
　　D. 商业企业调查　　　E. 商品价格水平调查

4. 调查问卷的结构由（　　）构成。
　　A. 卷头　　B. 表头　　C. 卷体　　D. 调查对象　　E. 卷尾

5. 全国工业企业普查中（　　）。
　　A. 全国工业企业数是调查对象　　　B. 全国每个工业企业是调查单位
　　C. 全国每个工业企业是填表单位　　　D. 工业企业的所有制关系是变量
　　E. 每个工业企业的职工人数是调查项目

五、简答或简述题

1. 什么是统计调查？常用的调查方式有哪些？
2. 一份完整的统计调查方案包括哪些内容？
3. 如何区分重点调查和典型调查？
4. 指出下列调查应该采取什么调查方式。
（1）调查市场上某种食品含量是否符合国家标准。
（2）调查某地区化工企业"三废"排放情况。
（3）调查一个村子所有家庭的年收入。
（4）调查人们对保护环境的意识。
（5）某城市的空气质量。
（6）了解全国钢铁行业产品生产情况。
（7）市场监管局对市场上的口罩价格、口罩质量进行调查。

模块二　梳理数据，描述状态

项目二　设计A公司职工基本信息统计图表

项目情境

A公司以"只争第一，点滴做起"为企业精神，以"诚信、规则、创新、高效、共赢"为企业价值观，以"尊重人、培养人、激励人、成就人"为用人理念，创立了独具特色的企业文化。坚持"用一流人才、给一流待遇、创一流企业"，2020年员工年平均收入比2019年同比提高20%。为了实现企业发展与员工发展相和谐，公司每年投入培训资金200多万元，制订并启动全员提升、培训计划，与东北大学联合开办学历教育班，员工的综合能力得到快速提升。

公司拥有博士3人、硕士28人、大学毕业生1 800余人、工程技术人员525人、专业技术管理人员412人、技术工程师365人，具有高级职称人员78人、中级职称人员295人、初级职称人员421人。高学历占企业员工人数的26%以上，大大增强了企业的核心竞争力，为地方经济建设和地区社会稳定发展做出了突出贡献。

情境分析

公司依据工作的难度和复杂度及任职资格要求，在各部门设置专业类岗位，以发挥其专业幕僚之功能。具体细分为专业技术、专业管理两类：专业技术主要是承担某一专业技术职责和工作任务的岗位系列组合，包括生产、工程、技术质量、设备、安全、能源、IT、仪电等相关的专业；专业管理主要是承担某一职能管理、协调管理工作任务，不直接产生经济效益，包括企划、人力资源、财务、统计、行政、营销、采购、审计等，主要工作性质为本业务领域内管理体系规划、研究分析，解决问题并协调沟通，为主管提供专业幕僚服务。

统计基础项目化教程

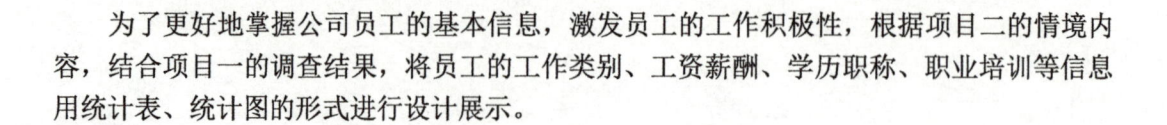

为了更好地掌握公司员工的基本信息，激发员工的工作积极性，根据项目二的情境内容，结合项目一的调查结果，将员工的工作类别、工资薪酬、学历职称、职业培训等信息用统计表、统计图的形式进行设计展示。

工作任务

设计职工基本信息统计表、统计图。

知识引入

统计整理

知识目标
◇ 了解统计整理在统计活动中的作用。
◇ 了解统计整理的内容。
◇ 掌握统计分组的原理。
◇ 掌握分布数列的编制方法。
◇ 掌握统计表、统计图的种类及作用。

能力目标
◇ 能对原始数据进行科学分组。
◇ 能依据分组资料编制分布数列。
◇ 能利用分布数列编制统计表，绘制统计图。

思政元素
钱袋子鼓起来——好日子火起来

内容结构

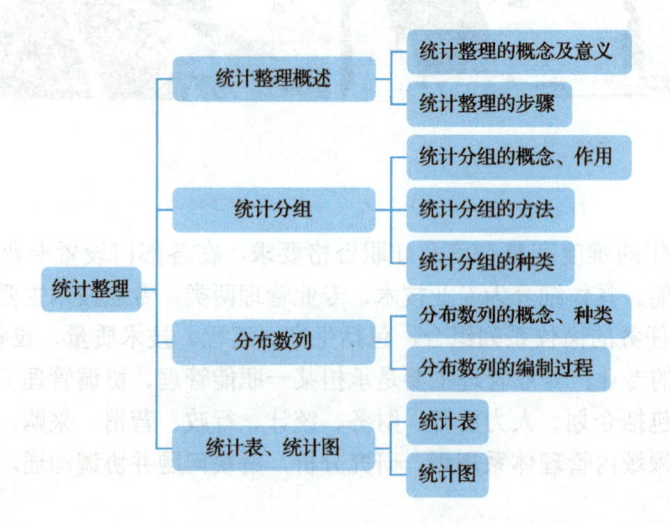

```
                         ┌── 统计整理概述 ──┬── 统计整理的概念及意义
                         │                 └── 统计整理的步骤
                         │
                         ├── 统计分组 ─────┬── 统计分组的概念、作用
          统计整理 ──────┤                 ├── 统计分组的方法
                         │                 └── 统计分组的种类
                         │
                         ├── 分布数列 ─────┬── 分布数列的概念、种类
                         │                 └── 分布数列的编制过程
                         │
                         └── 统计表、统计图 ┬── 统计表
                                           └── 统计图
```

A 公司 2021 年 6 月辅助生产车间 50 名工人生产甲产品数量资料如下（单位：件）。

350	410	470	530	720	320	460	530	600	430
400	430	580	570	690	370	460	520	420	480
460	550	620	420	380	470	460	450	380	460
490	450	430	490	520	560	380	540	400	500
560	430	560	440	480	460	530	470	630	490

从上述数据中，你能很快发现数据有什么特征吗？该资料给你怎样的感觉？

在拿到一份零散、杂乱的统计调查资料后，你应该怎样对这些资料进行加工整理呢？

通过统计调查我们得到许多原始数据，但这些原始数据是反映个体特征的，需要对这些零散的、不系统的原始数据进行加工整理，使之系统化、条理化，最终通过统计表和统计图的形式展示出来。统计数据的整理包括数据审核、数据分组、汇总、整理后编制统计表、绘制统计图等内容。

任务一　认识统计整理

一、统计整理的概念及意义

（一）概念

统计整理是人们对现象从个体到总体、从个别到一般的认识过程的过渡阶段，是根据统计研究的目的，将统计调查所取得的原始资料进行科学的分组与汇总，使其系统化、条理化，成为能够反映总体特征及其发展变化情况的综合性统计资料的工作过程。

（二）意义

1. 统计整理是整个统计工作和研究过程的中间环节，起着承前启后的作用

统计整理是统计调查的继续、统计分析的前提。统计调查环节所搜集到的是原始资料，只有通过科学的审核、分类、汇总等整理工作，才能使统计在认识社会的过程中实现由个别到全体、由特殊到一般、由现象到本质、由感性到理性的转化，才能从整体上反映出事物的数量特征。

2. 统计整理是积累历史资料的必要手段

统计研究中经常要进行动态分析，这就需要有长期累积的历史资料。而根据积累资料的要求，对已有的统计资料进行筛选，以及按历史的口径对现有的统计资料重新调整、分类和汇总等，都必须通过统计整理工作来完成。

二、统计整理的步骤

统计整理是一项细致的工作，其工作步骤一般包括以下内容。

（一）统计数据的审核

1．数据审核

为保证调查结论的准确、完整，在汇总前对统计调查取得的原始数据，要进行准确性和完整性审核。审核各调查项目填写的内容是否准确，可采用逻辑检查和计算检查两种方法，检查数据是否真实地反映了客观实际情况，有无不切实际或不符合逻辑的地方，并从常识上判断其合理性，检查数据是否有错误、计算是否正确等。

2．数据预处理

对审核过程中发现的错误，应根据不同情况分别进行处理。

① 对肯定性的差错，要及时进行更正，并通知原报单位。

② 对可疑但又不能肯定的差错，要及时查询，可要求原报单位进行复查。

③ 对严重的错误，应发还重新填报，并查明错误原因，有违法行为应依法严肃处理。

④ 对无法予以纠正或不符合要求又无法弥补的统计数据要进行筛选，将某些不符合要求的数据或有明显错误的数据予以剔除，将符合某种特定条件的数据筛选出来。

如果发现问题不及时纠正，或者未经审核直接将原始数据资料汇总，则资料中的各种差错、遗漏、错误、重复等就会被掩盖，影响整个统计工作的质量。

（二）统计数据的分组

对预处理后的原始数据，应根据研究的目的选择分组标志，进行分组归类。

统计分组是统计整理工作的关键环节，只有正确的分组才能整理出有研究价值的数据资料。选择正确的分组标志，确定符合实际情况的组限或各组名称对资料进行加工整理，才能准确描述现象的属性特征或数量特征并进行数量分析。

以 A 公司辅助生产车间生产情况为例，分组情况如表 2.1 所示。

表 2.1　2021 年 6 月 A 公司辅助生产车间工人生产甲产品资料

甲产品数量 / 件	
350 件以下	
350～400	
400～450	
450～500	
500～550	
550～600	
600 件以上	

（三）汇总和计算

汇总是统计整理工作的中心内容。统计资料的汇总技术有手工汇总和计算机汇总；汇总的组织形式有逐级汇总、集中汇总和综合汇总。

1. 逐级汇总

逐级汇总是按统计整理方案的统一要求，在一定的管理系统中，自下而上地将统计资料进行汇总并逐级上报。我国定期统计报表一般都是逐级汇总。这种汇总方式的优点是：在满足上级需要的同时，也能满足地方各部门的需要；缺点是：汇总的中间环节多、耗费时间长，因而发生差错的可能性较大。

2. 集中汇总

集中汇总就是把所有的原始资料集中到组织调查的最高机关或指定的机关同时进行汇总。这种汇总方式的优点是：可以省去中间环节，缩短整理汇总的时间，便于统一部署，有利于计算机技术的采用；缺点是：汇总工作量大，对原始数据资料的审核与更正难度大。

3. 综合汇总

综合汇总是把逐级汇总和集中汇总结合起来的一种汇总形式。例如，把地方各部门需要的资料进行逐级汇总，而对全国范围的总数据则集中到国家统计部门汇总。这种汇总形式既可满足各级、各地对统计资料的需要，又有利于节省时间。

（四）编制统计表、绘制统计图

统计表和统计图既是统计整理的结果，也是统计分析报告的主要内容。

将汇总的内容和进一步计算的指标，编制成统计表或绘制成统计图，使现象的总体数量特征更加突出，可以形象、直观地表明数据的分布状态与发展变化的趋势，如表2.2和图2.1所示。

表2.2　2021年6月份A公司辅助生产车间工人生产产品数量资料

甲产品数量/件	人数/人	人数比重/%
350件以下	1	2.00
350～400	5	10.00
400～450	10	20.00
450～500	16	32.00
500～550	7	14.00
550～600	6	12.00
600件以上	5	10.00
合　计	50	100.00

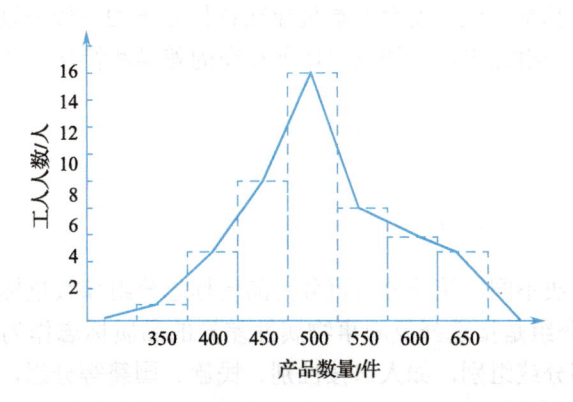

图2.1　2021年6月份A公司辅助生产车间工人生产产品数量资料

任务二　学会统计分组

一、统计分组的概念、作用

在统计资料的整理工作中,一项重要且复杂的整理工作是对统计资料进行科学的分组。统计分组是一切统计研究的基础,应用于统计工作的全过程,是统计研究的基本方法之一。

统计分组是统计整理工作的关键环节,是将总体按照一个或几个标志区分为几个不同的部分(组)。统计分组实际上是对总体进行"分"与"合"的过程:"分"是将总体划分为几个不同的组成部分;"合"是将性质相近的个体合并在一起。例如,公司员工按学历标志进行分组,分为博士及以上、硕士、本科、专科、高中、初中及以下几个组,员工按学历的差异分到不同的组,即为"分";把具有相同学历的员工并入同一个组,即为"合"。统计分组的基本原则是:组内同质性、组间差异性。

通过分组,将性质相同的各单位结合在一起,将性质差异的各单位分开,凸显现象的规律、划分现象的类型,从而反映现象内部各部分之间存在的差异及结构,揭示现象之间的依存关系。

二、统计分组的方法

统计分组的关键在于选择分组标志和划分各组界限。

分组标志是对总体进行分组时所遵循的标准或依据。例如,员工按照性别分组,则"性别"就是分组标志。划分各组界限,就是在分组标志变异的范围内,划定各相邻组间的性质界限和数量界限。

对统计资料研究的角度不同,可以选择不同的标志进行分组。分组标志一旦确定,对现象所分的组别已经基本形成,就会凸显现象在该标志下的性质差别,而掩盖其他标志下的差异。选择正确的分组标志,才能反映现象存在的差异和特征,才能体现分组的作用。

三、统计分组的种类

(一)按分组标志的性质不同

按分组标志的性质不同,统计分组可分为品质标志分组和数量标志分组。

① 按品质标志分组是指选择反映事物属性差异的品质标志作为分组标志,将总体分为性质不同的若干部分或组别,如人口按性别、民族、国籍等分组,企业按所有制类型分组等。有时按品质标志分组涉及的组数较多,且组和组之间的性质不易划分,如人口按职

业分组，在统计工作实践中应用到的分类很多。对重要的品质标志分组编有标准的分类目录，如《工业部门分类目录》《主要商品分类目录》等，统一了分类口径，便于各部门使用。

② 按数量标志分组是指选择反映事物数量差异的数量标志作为分组标志，根据其变异范围划定各组界限，将总体分为不同的若干部分或组别，如人口按年龄、企业按利润分组等。

（二）按分组标志的多少不同

按分组标志的多少不同，统计分组可分为简单分组和复合分组。

① 简单分组是对总体只按一个标志进行的分组。简单分组只说明现象在此标志分组条件下的数量状态和结构特征，如人口按性别或按年龄分组、学生考试按成绩分组等。

② 复合分组是对总体按两个或两个以上的分组标志进行层叠分组。例如，对 A 公司 3 年来分配入厂的大学生按学科性质和学历进行的分组，如表 2.3 所示。

表 2.3　3 年来 A 公司分配入厂的大学生学科性质及学历情况

按学科性质和学历分组	新入公司的大学生人数 / 人
理科	60
研究生	10
本科生	15
专科生	35
文科	25
研究生	5
本科生	16
专科生	4

复合分组要先按主要标志对总体进行第一次分组，然后再按次要标志把已经分好的组又分别划分为若干组，依次对第二次分好的组进行第三次分组，形成层叠式或交叉式分组。复合分组的优点是可以从多方面反映事物的分布状况，更深入、全面地研究总体各方面的内部结构；缺点是随着分组标志的增加，组数会成倍增加，现象的次数分布特征反而不容易反映出来。因此，要适当选择分组标志的个数，对较小的总体不宜进行复合分组。

任务三　编制分布数列

一、分布数列的概念、种类

（一）分布数列的概念

在分组的基础上，将总体中所有个体按组归类排列，形成个体在各组间的分布，统计分布的实质是把总体的全部个体按标志所分的组以相应的频数或频率依次排列起来形成的数列，因此称为分布数列，也称分配数列。分布在各组的单位数叫次数，也称频数；各组单位数与总体单位总数的比率称为频率，也称比重，用"%"表示，各组的频率之和等于1（或100%）。

分布数列由两个要素构成：各组名称、各组次数（或频数）。分布数列可以反映总体中所有个体在各组间的分布状态和分布特征，研究这种分布特征是统计分析的一项重要内容。

（二）分布数列的种类

根据分组标志的性质不同，分布数列可分为品质数列和变量数列，如图2.2所示。

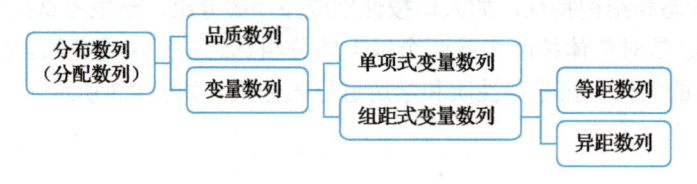

图2.2　分布数列的种类

1. 品质数列

按品质标志分组形成的数列称为品质分布数列，简称品质数列。

例如，2010年我国第六次人口普查，全国人口按性别标志分组，如表2.4所示。

表2.4　2010年我国第六次人口普查的性别分布

性别	人口数/人	比重/%
男性	686 852 572	51.27
女性	652 872 280	48.73
合计	1 339 724 852	100.00

2. 变量数列

按数量标志分组形成的分布数列称为变量分布数列，简称变量数列。根据分组变量在各组取值形式的不同，变量数列可分为单项式变量数列和组距式变量数列。

（1）单项式变量数列

单项式变量数列是以一个变量值作为一组形成的变量数列，有多少不重复的变量值就有多少组，顺序排列。其特点是数量标志的取值不多，一般适用于离散型变量且变量值变动的范围又比较小的情况，组数太多不便于观察数据分布的特征和规律。单项式变量数列如表2.5所示。

（2）组距式变量数列

组距式变量数列是将变量（分组标志）的整个取值范围依次划分为若干个区间，用这些数值区间作为各组的名称，形成组距式变量数列。其特点是数量标志在各组的取值为数值区间，适于连续型变量或变量值变动范围很大的离散型变量使用。组距式变量数列如表2.6所示。

表 2.5　某车间工人生产某产品的产量统计表

按日产量分组 / 件	工人人数 / 人	比重 /%
2	5	7.69
3	16	24.62
4	18	27.69
5	20	30.77
6	6	9.23
合　计	65	100.00

表 2.6　20 个企业产品销售利润率

按产品的销售利润率分组 /%	企业数 / 个	组中值 /%
5～15	4	10
15～25	14	20
25 以上	2	30
合　计	20	—

二、分布数列的编制过程

分布数列的编制分为品质数列的编制和变量数列的编制。由于品质数列的编制比较简单，因此此处我们仅介绍变量数列的编制。

（一）单项式变量数列的编制

例如，如果将 A 公司 2021 年 6 月辅助生产车间 50 名工人生产产量资料编制成单项式变量数列，则编制步骤为：首先将所有变量值按照由小到大或由大到小的顺序排列，然后分别汇总出每一个变量值所对应的工人人数。其结果如表 2.7 所示。

表 2.7　2021 年 6 月 A 公司辅助生产车间工人生产产量资料

月产量 / 件	工人人数 / 人
320	1
350	1
370	1
380	3
400	2
…	…
合　计	50

很显然，表 2.7 不能有效反映工人月产量的数量特征。

采取单项式分组适用于作为分组标志的数量标志的全部观察值集中在为数不多的几个数值之间，且变量值变动的范围又比较小的情况，参见表 2.5。例如，某高校大学生的年龄大多集中在 18～23 岁，这时对该校学生按年龄分组就可采用单项式分组，并可直接以 18、19、20、21、22、23 岁作为各组的名称，编制成按年龄分组的单项式变量数列。

(二)组距式变量数列的编制

组距式变量数列的编制步骤如下。

步骤 1 将原始数据按从小到大的顺序排列。

步骤 2 确定组数和组距。

① 组数、组距与全距的关系。

$$组数=全距/组距 \quad 全距=最大值-最小值$$

组数的多少和组距的大小互为制约,应先确定哪一个,不能做机械规定。组数太少,数据的分布就会过于集中;组数太多,数据的分布就会过于分散。组数的确定应以能够显示数据的分布特征和规律为目的。

② 一般情况下组数可分 5 至 9 组。实际应用时,可根据数据的多少、特点及分析的要求,灵活确定组数。还可以对 n 取常用对数,由公式确定组数:

$$K=1+3.3 \lg n$$

式中,K 为组数;n 为总体单位总数。

③ 为方便计算,组距一般取 5、10、50、100、…。

步骤 3 确定组限。

当组数和组距确定后,需要划分各组的数量界限。

① 组限是指各组两端的端点值。其中,每组的起点数值称为下限;每组的终点数值称为上限。下限和上限表示各组标志值变动的界限。

② 组限最好用整数表示。如果组距为 5、10、15、…、100、…,则每组的组限最好与它们成倍数关系。例如,表 2.8 中的 "350～400" "400～450" 等。

③ 采用 "不重不漏" "上限不在内" 原则。在 "350～400" 这一组中 400 是上限,在 "400～450" 这一组中 400 是下限。根据 "上限不在内" 原则,400 的标志值则应划归到下限组,即 "400～450" 这一组中。

④ 在组距分组时,如果最大值和最小值与其他数据相差悬殊,则为避免出现空白组或个别极端值被漏掉,第一组和最后一组可采用开口组,即 "×× 以下" "×× 以上"。

⑤ 每组组限都齐全,则称为闭口组。最小组下限应低于最小变量值,最大组上限应高于最大变量值,但不应过于悬殊。

步骤 4 计算组中值。

① 闭口组组中值

各组上限与下限的中点称为组中值,即:

$$组中值=(上限+下限)/2。$$

组中值具有一定的假定性,即假定次数在各组内的分布是均匀的,代表了各组内的一般水平。

② 开口组组中值

$$缺下限组的组中值=上限-邻组组距/2$$

$$缺上限组的组中值=下限+邻组组距/2$$

步骤 5 编制组距数列。

根据各组组距是否相等，组距数列又可分为等距数列和异距数列。

各组的组距均相等是等距数列，编制等距数列便于各组单位数与标志值的直接比较；各组组距不相等是异距数列，由于异距数列的每一组数据往往表明某一种性质的现象，所以在意义上可将其分布视同品质数列分布。

根据以上编制步骤，对 A 公司辅助生产车间 50 名工人月生产的零散数据进行分组、汇总。通过计算分析，50 名工人的月产量数据共分 7 组，每组的组距是 50 件，为避免出现空白组，采取开口组的形式。编制的组距式变量数列如表 2.8 所示。

表 2.8　2021 年 6 月 A 公司辅助生产车间工人生产产量资料

月产量/件	组中值/件	人数/人
350 件以下	325	1
350～400	375	5
400～450	425	10
450～500	475	16
500～550	525	7
550～600	575	6
600 件以上	625	5
合　计	—	50

（三）累计分布数列的编制

累计分布数列是将变量数列各组的频数（或频率）逐组累计相加而形成的数列。

累计分布数列可分为向上累计和向下累计两种，从累计分布数列中很容易找到月产量在 500 件以上的人数是多少。在实际工作中，我们也可以计算出工人人数占全车间工人人数的累计比重，如表 2.9 所示。

表 2.9　2021 年 6 月 A 公司辅助生产车间工人生产产量累计分布数列

月生产零件数/件	人数/人	人数频率/%	向上累计		向下累计	
			人数/人	频率/%	人数/人	频率/%
350 件以下	1	2.00	1	2.00	50	100.00
350～400	5	10.00	6	12.00	49	98.00
400～450	10	20.00	16	32.00	44	88.00
450～500	16	32.00	32	64.00	34	68.00
500～550	7	14.00	39	78.00	18	36.00
550～600	6	12.00	45	90.00	11	22.00
600 件以上	5	10.00	50	100.00	5	10.00
合　计	50	100.00	—	—	—	—

任务四　设计统计表、统计图

统计整理的结果主要通过统计表和统计图两种基本形式展示出来：统计表把大量杂乱无章的信息数据整理在一张简明的表格内；统计图则把信息数据直观、生动、形象地展示出来。显然，统计表、统计图比看那些枯燥无规律的数字和文字更让我们清晰易懂、一目了然。正确地使用统计表和统计图是做好统计整理、完成统计分析的基本技能。

一、统计表

统计表是最常用、最规范的统计资料表示方式。把搜集到的统计资料经过汇总整理后，用表格的形式表达出来，就是统计表。

统计表在实际工作中的运用范围极其广泛。其主要作用为：统计表能清晰地表述统计资料的各项内容及数据之间的相互关系，使统计资料条理化、系统化，让人们在阅读时简明易懂、一目了然，从而有利于统计资料的审核、计算和分析并易于积累资料。

（一）统计表的结构

统计表的结构如表 2.10 所示。

表 2.10　A 公司 2021 年一、二季度产品等级构成统计表

产品等级	一季度		二季度	
	产量 / 件	比重 /%	产量 / 件	比重 /%
优等品	3 000	30	5 000	40
一等品	5 000	50	6 250	50
二等品	2 000	20	1 250	10
合　计	10 000	100	12 500	100

（总标题、列标题、指标数值、行标题、主词栏、宾词栏）

1. 统计表的形式

统计表在形式上主要由总标题、行标题、列标题和指标数值 4 部分构成。

① 总标题是统计表的名称，简明扼要地说明统计资料的时间、空间和内容，位于统计表的正上方。

② 行标题通常安排在表的第一列，是各组的名称，既显示总体单位的分组情况，也可以列示资料所属的时间。

③ 列标题一般安排在统计表的第一行，是统计指标的名称，用于显示各栏资料的内容。

如果是时间数列，则行标题和列标题也可以是时间。

④ 每一项指标数值都由行标题和列标题共同构成，说明总体及组成部分的数量特征，是统计表的核心内容。

统计表的下方包括资料来源、指标注释和必要说明等内容。

2．从统计表的内容

统计表的内容由主词栏和宾词栏两部分组成：主词栏显示总体及其分组的名称，通常列在表的左端；宾词栏显示总体的指标名称和指标数值，一般列在表的右端。在有些情况下，为使表格的形式简明、美观，也可以将主词栏和宾词栏互换位置。

（二）统计表的种类

为了更好地发挥统计表的作用，根据主词是否分组和分组的程度不同，将统计表分为简单表、分组表和复合表。

1．简单表

主词未经任何分组的统计表为简单表。简单表既可以用来直接反映总体及各单位的基本特征，又可用于分析经济现象的发展趋势或规律，如表 2.11 和表 2.12 所示。

表 2.11　2010 年第六次全国人口普查主要数据

分　类	人口总数 / 人
大陆 31 个省、自治区、直辖市和现役军人的人口	1 339 724 852
香港特别行政区人口	7 097 600
澳门特别行政区人口	552 300
台湾地区人口	23 162 123

表 2.12　我国各年国内生产总值（GDP）

年　份	国内生产总值 / 亿元	按可比价格计算比上年增长 /%
2016	743 585	6.7
2017	820 754	6.8
2018	919 281	6.6
2019	990 865	6.1
2020	1 015 986	2.3

简单表主要有 3 种：一是按时间顺序排列；二是按自然序号排列；三是按总体各单位名称排列的简单表。

2．分组表

主词按一个标志进行分组的统计表为分组表。

主词既可以按品质标志分组，也可以按数量标志分组，见表 2.8 和表 2.10。利用分组表可以揭示现象不同类型的不同特征、研究总体的内部构成、分析现象之间的依存关系。

3．复合表

主词按两个或两个以上标志进行交叉重叠分组的统计表为复合表，如表 2.13 所示。

在一定分析任务的要求下，复合表可以将更多的标志结合起来，更深入地分析现象的特征和规律。

(三) 统计表的设计

统计表的设计主要是指对宾词的设计。根据统计分析的需要，按宾词设计的不同，统计表的设计分为宾词简单排列、宾词复合排列两种。

1. 宾词简单排列

宾词简单排列就是宾词部分平行排列，如表 2.13 所示。

表 2.13　XX 学院学生按奖学金和性别情况分组

奖学金和性别	人　数	获奖金额	上学年获奖人数	比上学年增减
国家助学金				
男				
女				
政府奖学金				
男				
女				
励志奖学金				
男				
女				
合　计				

2. 宾词复合排列

宾词复合排列就是将宾词部分进行层叠、交叉排列，如表 2.14 所示。

表 2.14　甲、乙公司某年末有关资料　　　　　　　　　　　　　人

按工龄分组/年	甲公司人数				乙公司人数			
	基本生产车间		辅助生产车间		基本生产车间		辅助生产车间	
	男	女	男	女	男	女	男	女
5 年以下	50	30	20	30	30	45	50	70
5～15 年	85	55	40	45	60	75	90	110
15 年以上	65	35	15	30	20	50	30	50
合　计	200	120	75	105	110	170	170	230

这样设计的统计表可以多层次、深入地反映总体的数量特征。但要注意，分组标志如果过多，则宾词栏数就会成倍增加，使得统计表变得过于复杂，反而不利于反映问题。

(四) 统计表的编制原则

统计表的编制原则是：科学、实用、简明、美观。

① 标题设计。统计表的总标题应标明资料所属地区和时间，要简明扼要、一目了然；行、列标题的排列要显示出内容的逻辑关系，反映现象的内在联系。

② 线条要求。统计表的上下基线用粗线；左右两边不封口；各列用细直线分开；各

行之间可以不加线，如果横行过多，则也可以每 5 行加一细线。

③ 表中数字。表中数字应填写整齐，对准位数；相同数字照写，不能用"同上""同下""同左""同右"代替；数字为 0 时，要写上 0；不应填写数字的用"—"表示；无法取得数字的用"…"表示。

④ 纵栏编号。表的栏数较多时，可加编号标明相互关系，主词栏用"甲""乙""丙"等标明，宾词栏用"（1）""（2）""（3）"等注明；合计行通常放在最后，如果只列出其中部分项目，则合计行一般放在前面。

⑤ 计量单位。列标题后面标注各计量单位或 %，指标数据后面不允许带计量单位；计量单位都相同时，将计量单位放在表的右上角。

⑥ 资料来源。为保证统计资料的科学性与严肃性，在统计表的下方应注明资料来源，以便查考；必要时应加以注解或说明，如填表时间、制表人、审核人等。

二、统计图

统计图是统计分析的重要工具，具有直观、鲜明、形象、一目了然等特点，随着计算机的广泛应用，计算机制图更为方便和美观。统计图的种类比较多，常用的有柱形图、条形图、直方图、折线图、饼图、环形图等。

（一）柱形图与条形图

柱形图与条形图是用宽度相同的条形的高度或长短来表示数据变动的图形。柱形图与条形图有单式、复式两种，如图 2.3 和图 2.4 所示。

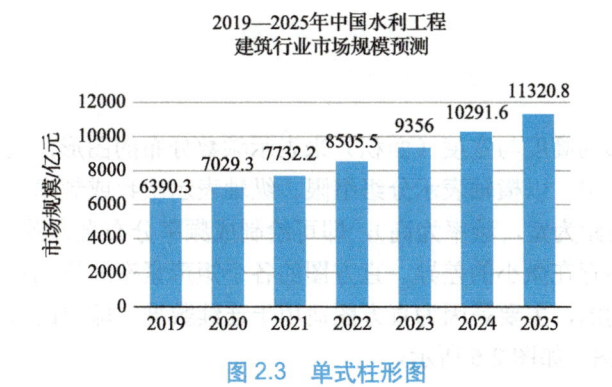

2019—2025年中国水利工程建筑行业市场规模预测

年份	2019	2020	2021	2022	2023	2024	2025
市场规模/亿元	6390.3	7029.3	7732.2	8505.5	9356	10291.6	11320.8

图 2.3　单式柱形图

柱形图与条形图多用于按品质标志分组及按时间先后顺序分组描述的频数或频率的次数分布。条形可以横置或纵置，各分组类别放在纵轴称为条形图，如图 2.5 所示；放在横轴称为柱形图。条形的高度或者长度表示各类数据的频数或频率，既可以表达一个变量的频数或频率，也可以表达两个及两个以上变量关系的交叉表的数据结果。

图 2.4　复式柱形图

图 2.5　条形图

（二）直方图

直方图是用矩形的高度与宽度（面积）来表示频数分布的图形，适用于组距式分布数列。在平面直角坐标中，以横轴表示分组组限、纵轴表示次数或频率，按各组的频率分布确定各个直方形（组距为宽，频率为高），即可绘制成频率分布直方图。

直方图与柱形图存在微小的差异，直方图的各个矩形紧密地排列在一起，而柱形图的各个立柱是分开排列的，主要是因为直方图适用于连续数据，即组距式分布数列。根据表2.8 的资料绘制直方图，如图 2.6 所示。

（三）折线图

折线图可以显示随时间而变化的连续数据，因此非常适用于显示在相等时间间隔下数据的趋势。例如，按月、季度或财政年度描述现象的数据分布，反映同一事物在不同时间上的发展变化情况，如图 2.7 所示。

当对数据所分的组数很多时，组距会越来越小，这时所绘制的折线图就会越来越趋近于圆滑，逐渐形成一条平滑的曲线，即曲线图。如果拥有的数值标签多于 10 个，就应改用散点图，如图 2.8 所示。

模块二　梳理数据，描述状态

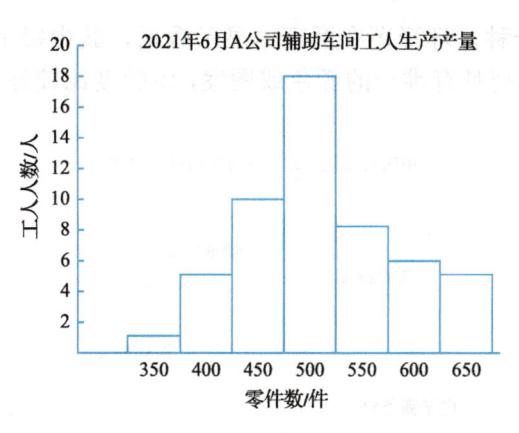

图 2.6　直方图

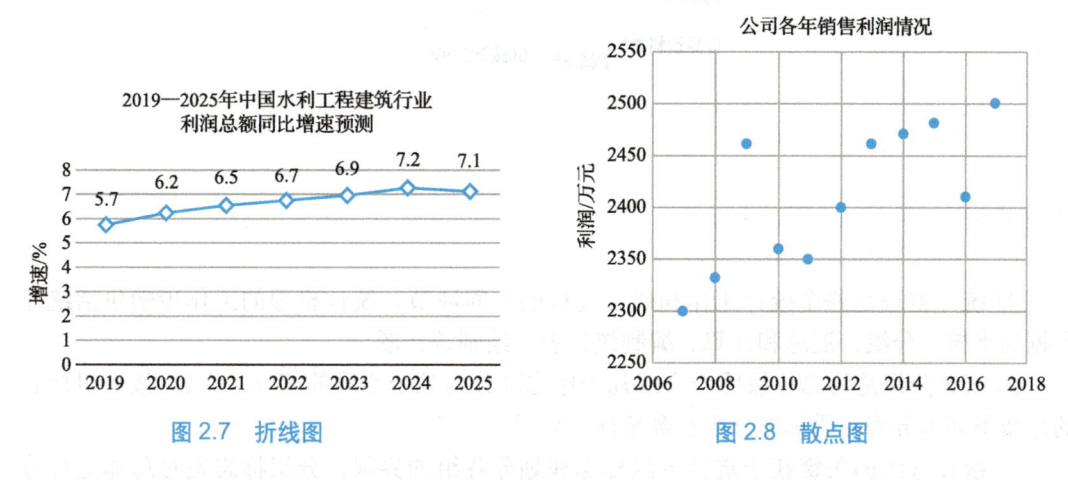

图 2.7　折线图

图 2.8　散点图

（四）饼图与环形图

饼图也称圆形图，它以整个圆形的面积代表一个统计总体，以圆内各扇形面积的大小表示总体内各组成部分所占的比例，对于表现总体内部的结构比例特征十分有效。绘制时，既可以采用平面饼图（见图 2.9），也可以采用三维立体饼图（见图 2.10）。

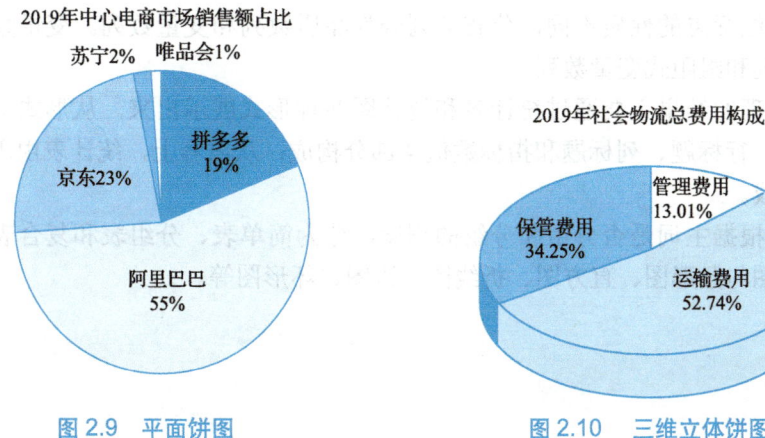

图 2.9　平面饼图

图 2.10　三维立体饼图

51

环形图是饼图的一种。环形图在圆环中显示数据，其中每个圆环代表一个数据系列，图中的每个数据系列具有唯一的颜色或图案，体验度比较好，更加直观，如图 2.11 所示。

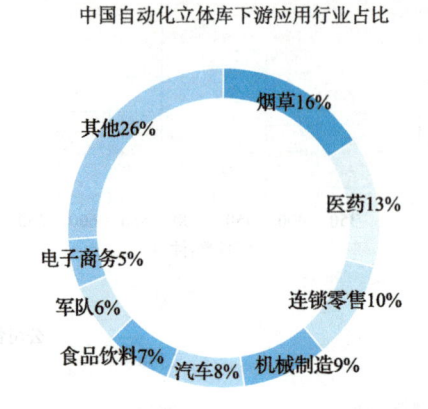

中国自动化立体库下游应用行业占比

烟草16%
其他26%
医药13%
电子商务5%
连锁零售10%
军队6%
食品饮料7% 汽车8% 机械制造9%

图 2.11　环形图

项目小结

① 统计整理是整个统计工作和研究过程的中间环节。统计整理的工作步骤包括统计数据的审核、分组、汇总和计算、编制统计表、绘制统计图。

② 统计分组是将总体按照一个或几个标志区分为几个不同的部分（组）。按分组标志的性质不同可分为品质标志分组和数量标志分组。

③ 统计分组的关键在于选择分组标志和划分各组的界限。分组标志是对总体进行分组时所遵循的标准或依据。

④ 简单分组就是对总体按一个分组标志进行的分组；复合分组是指对总体按两个或两个以上的分组标志进行层叠分组。

⑤ 把总体的全部个体按标志所分的组与相应的频数或频率依次排列起来形成的数列，称为分布数列，也称分配数列。分布数列由两个要素构成：各组名称和次数（或频数）。

⑥ 根据分组标志的性质不同，分布数列分为品质数列和变量数列。变量数列又分为单项式变量数列和组距式变量数列。

⑦ 统计整理的结果主要通过统计表和统计图两种形式展示出来。从形式上，统计表主要由总标题、行标题、列标题和指标数值 4 部分构成；从内容上，统计表由主词栏和宾词栏两部分组成。

⑧ 统计表根据主词是否分组和分组的程度，分为简单表、分组表和复合表；常用的统计图有柱形图与条形图、直方图、折线图、饼图、环形图等。

模块二　梳理数据，描述状态

拓展阅读

2021年中国人工智能芯片行业市场现状与竞争格局

AI芯片是人工智能产业的核心硬件。从广义上说，只要能够运行人工智能算法的芯片都叫作人工智能芯片，但是通常意义上的人工智能芯片是指针对人工智能算法做了特殊加速设计的芯片。

当前，我国人工智能芯片行业正处在生命周期的幼稚期，如图2.12所示。其主要原因是我国人工智能芯片行业起步较晚，整体销售市场正处于快速增长阶段前夕，传统芯片的应用场景逐渐被人工智能专用芯片所取代，市场对于人工智能芯片的需求将随着云/边缘计算、智能手机和物联网产品一同增长，并且在此期间，国内的许多企业纷纷发布了自己的专用AI芯片。

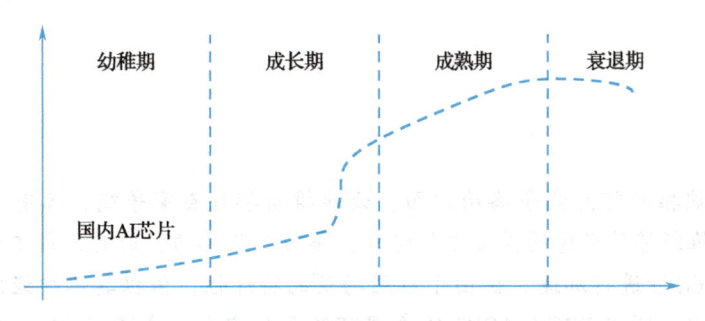

图2.12　我国人工智能芯片行业所处周期

AI芯片市场规模：发展迅猛

近几年，国家高度关注人工智能芯片产业的发展，相继发布一系列产业支持政策。随着国家政策不断加大支持力度，国内人工智能领域领先企业逐步开展人工智能芯片技术研发，如商汤科技和旷视科技。在此背景下，我国人工智能芯片市场规模持续扩大，2020年已经突破70亿元，如图2.13所示。

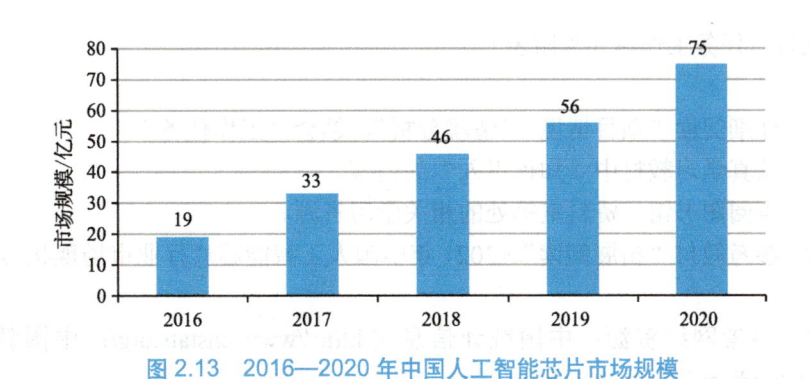

图2.13　2016—2020年中国人工智能芯片市场规模

AI芯片竞争格局：与国外差距较大

尽管国内AI芯片发展快速，但从芯片技术结构分类来看，各个种类的人工智能芯片领域几乎都能看到国外半导体巨头的影子,如表2.15所示。反观国内的人工智能芯片企业,由于它们大部分是新创公司,所以在人工智能芯片领域的渗透率较低。这些企业主要聚集在ASIC和类脑,如寒武纪主打ASIC芯片,而近几年兴起的类脑芯片领域,西井科技有所涉足。

表2.15　全球主要AI芯片类型及企业

应用场景	功能/场景	领导者	挑战者
云端	训练	英伟达	谷歌、英特尔、AMD及初创公司(机会较小)
	推断	英伟达	谷歌、英特尔、AMD、初创公司(机会较大)
终端	智能手机	苹果、三星、华为海思、高通、联发科、展锐	初创公司(IP授权模式方面机会较大)
	安防	华为海思、安霸、英特尔、英伟达	初创公司(机会较小)
	汽车	英特尔、英伟达	初创公司(机会较大)

在全球云端推断芯片竞争格局方面,云端推断芯片百家争鸣,各有千秋。相比于训练芯片,云端推断芯片考虑的因素更加综合:单位功耗算力、时延、成本等。初期云端推断芯片也采用GPU进行加速,但由于应用场景的特殊性,依据具体神经网络算法优化会带来更高的效率,所以FPGA/ASIC的表现可能更加突出。除了Nvidia、Google、Xilinx、Altera(Intel)等传统芯片大厂涉足云端推断芯片以外,Wave Computing、Groq等初创公司也加入了竞争。中国公司里,寒武纪、比特大陆同样积极布局云端推断芯片业务。

任务实施

项目二　设计A公司职工基本信息统计图表

(一)领取并填写项目实施资料

领取项目二任务工作单(见附表)。

(二)操作步骤

步骤1　仔细阅读"项目情境""情境分析",领会"工作任务"。

步骤2　认真学习教材中"知识引入"的内容。

步骤3　查阅图书馆、资料室等处的相关学习资源。

步骤4　参考教材"拓展阅读"《2021年中国人工智能芯片行业市场现状与竞争格局》范文形式。

步骤5　参考网络资源:中国统计信息网 http://www.cnstats.org/;中国教育统计网 http://www.stats.edu.cn/。

步骤6　以小组为单位,共同完成A公司职工基本信息统计图表。既可自行完成,也可另选与统计整理内容有关的其他题目。

（三）任务汇报

任务完成后，各小组提交一份有关职工基本信息的统计表、统计图，选出一名代表用 PPT 汇报发言并展示。

汇报发言的主要内容是：

1．介绍职工基本信息整理的内容及编制情况。

2．展示职工基本信息统计表、统计图的内容。

（四）学生互评

其他小组根据汇报展示情况提出自己的想法和建议、展开讨论并进行互评。建议从以下几方面去评价。

1．设计的统计表、统计图是否满足公司对职工基本信息搜集的要求。

2．统计表的格式是否正确、是否符合统计表的设计要求。

3．统计图图形的选择是否正确、是否直观。

4．应用 Word、Excel、PPT 等相关计算机基础技能的熟练程度。

（五）教师点评及其他

教师对统计表、统计图设计的实用性、标准性、科学性及应用 Word、Excel、PPT 等计算机基础技能的熟练程度等进行点评，并提出修改建议。

附表　任务工作单

项目二				
		班级	小组	
		姓名	日期	
		电话	评分	
成果描述（如字数、是否下厂实践、走访企业或人员等）				
成果形式（电子文档、PPT、其他）				
操作中涉及的相关知识点（以前、现在，可以跨专业）				
完成任务时间／天数				
完成任务需要的人力资源（团队人员名称、个人或其他人员）				
完成任务需要的物力资源				
学生建议（或感受）				
教师点评				

思考与练习

一、填空题

1. 统计分组的关键在于选择 _____ 和 _____。
2. 根据分组的标志不同，统计分组可以有 _____ 分组和 _____ 分组。
3. 组距式变量数列，根据各组的组距是否相等可以分为 _____ 和 _____。
4. 统计资料的表现形式主要有 _____ 和 _____。
5. 从形式上看，统计表主要由 _____、_____、_____、和 _____ 四部分组成；从内容上看，统计表由 _____ 和 _____ 两部分组成。

二、判断题

1. 统计分组的关键问题是确定组距和组数。（ ）
2. 统计表是表达统计数据整理结果的唯一形式。（ ）
3. 复合分组就是选择两个或两个以上的分组标志对同一总体进行的并列分组。（ ）
4. 在划分组限时，相邻组的上下限如果重叠，则与上限相等的标志值应该记入本组。（ ）
5. 统计表的格式一般是"开口"式的，表的左右两端不画纵线。（ ）

三、单项选择题

1. 某连续等距变量数列，其末组为开口组，下限为200，又知其邻组的组中值为170，则末组的组中值为（ ）。
   A. 260　　　　B. 215　　　　C. 230　　　　D. 185
2. 下列分组中按品质标志分组的是（ ）。
   A. 人口按年龄分组　　　　B. 产品按质量优劣分组
   C. 企业按固定资产原值分组　　　　D. 乡镇按工业产值分组
3. 对某地区的全部商业企业按实现的销售额多少进行分组，这种分组属于（ ）。
   A. 变量分组　　　B. 属性分组　　　C. 简单分组　　　D. 复合分组
4. 某企业职工月工资收入最高者为4 260元，最低者为2 700元，据此分为6个组，形成闭口式等距数列，则组距应为（ ）。
   A. 710　　　　B. 260　　　　C. 1 560　　　　D. 3 480
5. 对于按连续型变量分组，如第一组为75以下、第二组为75～85、第三组为85～95、第四组为95以上，则数据（ ）。
   A. 85在第三组　　B. 75在第一组　　C. 95在第三组　　D. 85在第二组

四、多项选择题

1. 统计分组的作用在于（ ）。
   A. 区分现象的类型　　　　B. 反映现象总体的内部结构变化
   C. 比较现象间的一般水平　　D. 分析现象的变换关系
   E. 研究现象之间的数量依存关系
2. 下列分组是属性分组的是（ ）。
   A. 家庭按收入水平分组　　B. 在业人口按文化程度分组
   C. 人口按性别分组　　　　D. 企业按产值多少分组

E. 宾馆按星级分组

3. 统计整理的内容一般有（　　　）。
   A. 对原始数据进行审核　　　　B. 对统计数据进行分组
   C. 对统计数据进行汇总　　　　D. 对统计数据进行编制统计表、统计图
   E. 对统计数据进行分析

4. 某单位 100 名职工按工资额分为 300 以下、300～400、400～500、500～600、600 以上等 5 个组。这一分组（　　　）。
   A. 是等距分组　　　　　　　　B. 分组标志是连续型变量
   C. 末组组中值为 600　　　　　D. 相邻的组限是重叠的
   E. 某职工工资 500 元，应记在"400～500"元组内

5. 将某班学生的统计学考试成绩分为 60 分以下、60～70 分、70～80 分、80～90 分、90—100 分共 5 个组，下列说法正确的是（　　　）。
   A. 某学生的成绩如果是 80 分，则他应归入"70～80 分"这一组
   B. 第一组的假定下限是 50　　　C. 相邻组组限是重叠的
   D. 第三组组中值为 75　　　　　E. 它属于等距分组

五、简答或简述题

1. 什么是统计整理？简述统计整理的步骤。
2. 统计分组的原则是什么？
3. 统计分组的关键是什么？

六、计算题

1. 某车间 40 名工人日生产零件数如下（单位：件）。

960	600	910	470	460	420	410	400	400	390
380	390	560	570	430	480	690	590	570	530
860	760	450	680	700	720	650	630	630	660
830	810	750	680	650	730	540	720	660	860

要求：（1）按照组距 100 件编制分布数列，并计算出各组的组中值。

（2）编制累计分布数列，指出完成 600 件以上的工人人数有多少。

2. 甲乙两个企业某年末有关资料如下表所示。

按工龄分组 /年	甲企业人数/人		乙企业人数/人	
	男	女	男	女
1 年以下	40	42	36	84
1～5 年	184	151	104	133
5 年以上	198	140	42	21
合　计	522	333	182	238

要求：设计一张主词按甲、乙企业分组，宾词做复合分组的统计表，表明甲、乙企业员工总数和不同工龄的男、女人数。

3. 结合自己班级所有学生的性别及城乡居住地区，编制分组表、复合表。

项目三　描述A公司职工平均薪酬的代表性

项目情境

钢铁行业的高速发展在为每个钢铁企业提供发展机遇的同时,也对其提出了更为严峻的挑战。同行业间的竞争日益加剧,而企业间的竞争从根本上说是人才的竞争。人才是现代企业核心竞争力的主要载体,通过高效的人力资源管理来培育人才,通过有效的激励措施留住人才并使其价值最大化是当今钢铁企业应对钢铁行业后高速发展时期挑战的理性决策,是保持、提升企业的核心竞争能力的有效途径,而薪酬激励是最直接、最易出效果的激励方式。

情境分析

为了更好地激发员工的工作积极性,对其现行岗位薪酬情况展开调研,以对其岗位薪酬体系现状进行分析。结合同行业XX钢铁公司(简称B公司)同岗位薪酬水平,对本公司现有岗位薪酬体系进行对比分析、评估,为公司长期发展的岗位薪酬体系优化提供参考性建议。

模块二　梳理数据，描述状态

工作任务

1. 搜集 A 公司职工不同岗位的薪酬数据。
2. 计算 A 公司职工月平均薪酬。
3. 测定 A 公司职工岗位薪酬的变异度指标，并对比评价其代表性高低。

知识引入

综合指标

知识目标

◇ 掌握总量指标、相对指标、平均指标、变异度指标的概念及分类。
◇ 掌握相对指标、平均指标的计算及应用。
◇ 理解变异度指标的计算及应用。

能力目标

◇ 能综合运用总量、相对、平均指标，对现象进行量化计算及描述与分析。
◇ 能应用变异度指标进行评价分析。
◇ 能将基本的统计指标理论转化为实际应用和实践操作。

思政元素
数说新时代

内容结构

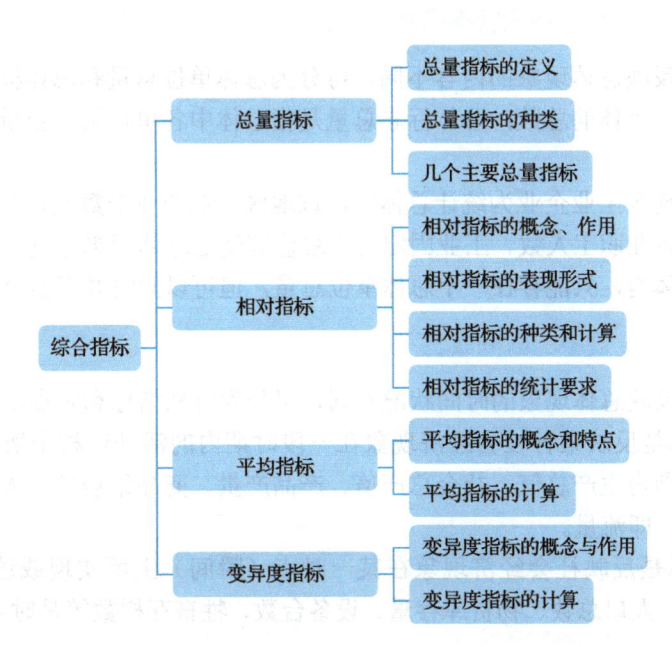

综合指标
- 总量指标
  - 总量指标的定义
  - 总量指标的种类
  - 几个主要总量指标
- 相对指标
  - 相对指标的概念、作用
  - 相对指标的表现形式
  - 相对指标的种类和计算
  - 相对指标的统计要求
- 平均指标
  - 平均指标的概念和特点
  - 平均指标的计算
- 变异度指标
  - 变异度指标的概念与作用
  - 变异度指标的计算

任务一　认识总量指标

一、总量指标的定义

总量指标又称绝对数指标、数量指标，是反映现象在一定时间、空间条件下的总规模、总水平或工作总量的最基本的统计指标。

总量指标是最基本的统计指标，是对统计调查得来的原始资料进行分组和汇总后得到的各项数据的总计，是统计整理的直接结果，在统计分析和研究中起着非常重要的作用。

例如，2020年全年粮食种植面积11 677万公顷，比上年增加70万公顷。其中，稻谷种植面积3 008万公顷，增加38万公顷；小麦种植面积2 338万公顷，减少35万公顷；玉米种植面积4 126万公顷，减少2万公顷；棉花种植面积317万公顷，减少17万公顷。2020年我国粮食总产量为13 390亿斤，比2019年增加113亿斤。

以上这些总量指标及总量间的增加数或减少数，都是反映现象在一定时间、空间条件下的总规模、总水平或工作总量的统计指标。总量间的增加数或减少数，即同性质的总量指标之差仍然是总量指标。

二、总量指标的种类

（一）按反映总体现象的内容不同划分

总量指标按反映总体现象的内容不同，可分为总体单位总量和总体标志总量：总体单位总量是指总体内个体的总数；总体标志总量是指总体中各单位某一数量标志的标志值的总和。

例如，以某地区工业企业为统计总体时，该地区工业企业个数就是总体单位总量；工业总产值、工业企业职工人数、工业固定资产总值等就是总体标志总量。

一个特定总体内，只能存在一个总体单位总量，但可以同时并存多个总体标志总量。

（二）按反映总体现象的时间状况不同划分

总量指标按反映总体现象的时间状况不同，可分为时期指标和时点指标。

① 时期指标是反映某种社会经济现象在一段时期内的活动过程中所取得或实现的累计总量。例如，国内生产总值、社会总产值、产品产量、商品销售额、人口出生数、死亡数等是时期指标，即流量。

② 时点指标是反映社会经济现象在某一时点（瞬间）上所实现或达到的总量指标。例如，耕地面积、人口总数、物资库存量、设备台数、牲畜存栏数等是时点指标，即存量。

时期指标和时点指标都是总量指标是它们的共同点，但又有以下的不同点。

1．是否具有可加性

不同时期的时期指标数值具有可加性，相加后表示更长时期内现象总的发展规模，如将一年内12个月的钢产量相加即为全年的钢产量；同一总体内不同时点的时点指标数值不具有可加性，即相加后有大量重复，没有实际意义。

2．数值大小是否与时期长短有直接关系

时期指标的数值大小与其时期长短有直接关系。一般情况下，同一总体内时期越长，指标数值越大；时期越短，指标数值越小。时点指标的数值大小与其时间间隔（两个不同时点指标之间的时间距离）长短无直接关系。例如，我们无法判断一个企业月末的库存量是否会大于其月初的库存量，因为库存量是一个瞬间总量，影响库存量的因素取决于该时期内不断购进与发出的数量。

3．是否可以连续登记取得

时期指标数值通常通过连续不断地登记取得，是累计的结果；时点指标数值一般是采用间断登记取得的。

三、国民经济分析中的几个主要总量指标

反映我国国民经济运行状况的总量指标有很多，这里主要介绍社会总产品、增加值、国内生产总值、国内生产净值。

（一）社会总产品

社会总产品也称社会总产出，是指以货币单位表现的一个国家或地区在一定时期（如一年）内全部生产活动的总成果，即全部生产活动成果的价值总量。

社会总产品就是物质生产部门生产的和非物质生产部门生产的产品的总和。其产品形式既有实物形态的货物，也有不具有实物形态的各种服务。

① 物质生产部门的总产出是指物质生产部门在一定时期内从事物质生产的总成果，即社会总产值。社会总产值从使用价值角度看，包括生产资料和消费资料两大类；从价值角度看，包括生产过程中消耗掉的生产资料转移价值和劳动者新创造的价值（包括工资、利润、税金和利息等），其价值构成是$C+V+M$。其中，C表示生产过程中被消耗掉并已经转移到产品中去的生产资料价值；V表示劳动者为自己劳动创造的价值；M表示劳动者为社会劳动创造的价值。

② 非物质生产部门的总产出是指非物质生产部门在一定时期内提供的服务总值或劳务总值。金融业、保险业、房地产业等营利性服务部门的劳务总值一般以营业收入为基础计算；教育、国家机关等非营利性服务部门的劳务总值一般按经常性业务活动支出项计算。

（二）增加值

增加值是企、事业单位或部门在一定时期（如一年）内从事各种生产经营活动所取得

的最终成果价值。它是总产出减去中间投入后的余额，从价值构成看，包括全部新创造的价值和物质消耗中的本期固定资产折旧。

（三）国内生产总值

国内生产总值（GDP）是指一个国家（或地区）所有常住单位在一定时期内生产活动的最终成果。

国内生产总值是国民经济核算体系中的一个核心指标，能综合反映国民经济活动的总量，是衡量国民经济发展规模、速度，分析宏观经济结构和经济效益的基本指标，而且还可以广泛用于国际的对比研究。国内生产总值有以下3种计算方法。

1. 生产法

生产法是从生产的角度计算国内生产总值。其计算公式为：

$$国内生产总值 = 各部门增加值之和$$
$$增加值 = 总产出 - 中间消耗$$

2. 收入法

收入法是从分配或收入的角度计算国内生产总值。其计算公式为：

$$国内生产总值 = 固定资产折旧 + 劳动者报酬 + 生产税净额 + 营业盈余$$

式中，固定资产折旧是为补偿生产经营中损耗的固定资产按比例提取的折旧费；劳动者报酬是指对从事生产经营活动的职工及其他从业人员，以现金和实物形式支付的工资、福利费和社会保险费；生产税净额是指企业在生产、销售产品中应向政府缴纳的税金（利前税）减去生产补贴后的余额；营业盈余是指营业利润和其他盈余。

3. 支出法

支出法是从最终使用的角度计算国内生产总值。其计算公式为：

$$国内生产总值 = 总消费 + 总投资 + 净出口$$

总消费包括居民和社会最终消费的物质产品与服务的价值；总投资是一定时期内固定资产投资和库存增加价值的总和；净出口是物质产品和服务出口价值减去进口价值的余额。

（四）国内生产净值

国内生产总值减去其中的固定资产折旧即为国内生产净值，表示一国或地区在一定时期内新创造的全部价值。

四、总量指标的作用和局限性

总量指标的应用十分广泛，其主要作用可归纳为以下3点。

第一，总量指标是对社会经济现象总体认识的起点。这是因为现象的基本状况往往首先表现为总量。对一国的国情、国力或一个地区的基本状况进行了解时，首先要借助总量指标，如总人口、国土总面积、国内生产总值、财政总收入、外贸进出口总额等。

第二，总量指标能够反映社会经济发展规模、国情国力和生产建设成果，是进行宏观调控、制定经济发展政策的重要依据之一。

第三，总量指标是计算相对指标和平均指标的基础。总量指标虽然是综合指标中最重要、最基础的指标，但其自身也存在着局限性，主要表现在不同规模总体进行对比时，总量指标缺乏可比性。总量指标的这种局限性可以用相对指标和平均指标来弥补。

任务二　计算相对指标

一、相对指标的概念和作用

要想全面分析现象，仅仅利用总量指标是不够的，还需要对总体的各组成部分及各部分之间的数量关系进行深入研究，以认识事物的本质和规律，即研究相对指标。相对指标又称相对数，是质量指标的一种形式，是两个相互联系的统计指标数值之比，用以反映现象之间数量联系程度的综合指标。其作用主要表现在以下两个方面。

① 相对指标可以说明现象的内部结构和现象之间的数量联系程度，为人们全面、深入认识现象的不同数量特征及其发展变化状况提供重要依据。

② 相对指标可以使不能直接对比的现象找到可以进行科学对比的基础。

二、相对指标的表现形式

相对指标的表现形式概括地说有两种：复名数和无名数。

（一）复名数

复名数形式主要用于部分强度相对指标，是把构成强度相对指标的分子、分母指标的原有计量单位同时使用。例如，人口密度用"人/平方公里"表示、人均粮食产量用"千克/人"表示等。

（二）无名数

无名数形式是一种抽象化的数值，多以系数、倍数、成数、百分数、千分数表示。

三、相对指标的种类及计算

常用的相对指标可以分为 6 种：计划完成情况相对指标、结构相对指标、比例相对指标、动态相对指标、比较相对指标和强度相对指标。

（一）计划完成程度相对指标

计划完成程度相对指标又称计划完成相对数或计划完成百分比，是实际完成数与计划任务数之比，用来检查、监督计划执行情况的相对指标。其计算公式为：

$$计划完成程度相对指标 = \frac{实际完成数}{计划任务数} \times 100\%$$

计算该指标时，要求分子、分母在指标含义、计算口径、计算方法、计量单位及时间长短和空间范围等方面要保持一致。公式的分子减去分母的差额表明计划执行的绝对效果。

由于计划有短期计划和中长期计划之分，所以计划执行情况的检查也就分为短期计划完成情况的检查和中长期计划完成情况的检查。

1. 短期计划完成情况的检查

（1）对计划执行结果的检查

由于计划任务数的表现形式有绝对数、相对数、平均数 3 种形式，所以计划完成程度相对指标的计算和应用也分为以下几种不同的情况。

例 3-1　公司 2020 年利润计划为 900 万元，实际完成 930 万元，则：

$$计划完成程度 = \frac{930}{900} \times 100\% = 103.33\%$$

超额完成计划相对数 = 103.33% - 100% = 3.33%

超额完成计划绝对数 = 930 - 900 = 30（万元）

例 3-2　公司计划规定某产品成本比上年降低 10%，实际产品成本比上年降低了 14.5%，则：

$$产品成本降低计划完成程度 = \frac{100\% - 14.5\%}{100\% - 10\%} \times 100\%$$

$$= \frac{85.5\%}{90\%} \times 100\% = 95\%$$

超额完成计划相对数 = 95% - 100% = -5%

结果表明该企业超额 5% 完成了成本降低计划。

例 3-3　公司日劳动生产率计划为 500 元/人，实际为 485 元/人，则公司日劳动生产率的计划完成程度为：

$$劳动生产率计划完成程度 = \frac{实际平均水平}{计划平均水平} \times 100\% = \frac{485}{500} \times 100\% = 97\%$$

未完成计划相对数 = 97% - 100% = -3%

结果表明公司日劳动生产率没有完成计划。

应该注意的是，以上例题中所计算出的计划完成程度有的大于 100%，有的小于 100%，是否完成计划怎么判定呢？通常情况下，对计划完成程度指标进行评价，要注意计划指标的性质和要求。将其归纳为以下两点。

① 当计划指标是以最低限额规定时，如产量、产值、销售额、利润等产出性指标，则计划完成程度以等于或大于 100% 为好，大于 100% 的部分表示超额完成计划的部分，

计划完成程度小于 100% 的表示未完成计划。

② 当计划指标是以最高限额规定时，如产品成本、原材料消耗量、流通费用等投入性指标，则计划完成程度以等于或小于 100% 为好，小于 100% 的部分表示超额完成计划的部分，计划完成程度大于 100% 的表示未完成计划。

（2）对计划执行进度的检查

在实际工作中，有时实际完成数所含的时期只是计划期的一部分，这种实际数与计划数的对比称为计划执行进度，一般用于检查计划执行的均衡性。其计算公式为：

$$\text{计划执行进度百分比} = \frac{\text{期初至检查之日累计实际完成数}}{\text{全期计划数}} \times 100\%$$

例 3-4 公司 2021 年 1 月份完成产值为 270 万元、2 月份为 260 万元、3 月份为 300 万元，全年产值计划 3 000 万元，则：

$$\text{截至 3 月份的计划执行进度百分比} = \frac{270+260+300}{3\,000} \times 100\% = 27.67\%$$

2. 中长期计划完成情况的检查

中长期计划一般是指 5 年或 5 年以上的计划。由于计划任务要求和制定方法不同，所以检查方法也不同。

（1）水平法

水平法是指在计划制订中，以计划期末年规定达到的水平为目标时所采用的计算方法，即：

$$\text{计划完成程度} = \frac{\text{计划期末年实际达到的水平}}{\text{计划期末年规定达到的水平}} \times 100\%$$

用水平法检查计划完成情况，只要有连续 1 年时间（连续 12 个月，不论是否在 1 个年度内）的实际水平达到了计划最后一年的水平，就算完成了计划，余下的时间为提前完成计划的时间。

例 3-5 某汽车厂 2016—2020 年的 5 年计划规定，汽车生产量在计划期末年要达到 36 万辆，实际在计划期末年产量已达到 39 万辆，则：

$$\text{计划完成程度} = \frac{39}{36} \times 100\% = 108.33\%$$

计算结果表明，该汽车厂超额 8.3% 完成了 5 年计划。显然 36 万辆汽车不是在 2020 年全年才完成的，如果是在 2019 年 7 月至 2020 年 6 月就达到了，则说明提前半年时间完成了 5 年计划。

（2）累计法

累计法是指在计划制订中，以整个计划期内规定的累计完成数为计划任务时所采用的计算方法，即：

$$\text{计划完成程度} = \frac{\text{计划期内实际的累计完成数}}{\text{计划期内规定的累计完成数}} \times 100\%$$

用累计法检查计划执行情况,只要从计划期开始到某一时期止,实际的累计完成数达到了计划规定的累计完成数,就算完成了计划,余下的时间为提前完成计划的时间。

例 3-6 某县 2016—2020 年间,计划规定的基本建设投资额为 2.8 亿元,5 年内实际完成 3 亿元,则

$$\text{计划完成程度} = \frac{3}{2.8} \times 100\% = 107.14\%$$

计算结果表明,该县超额 7.1% 完成了 5 年基本建设投资额计划。显然,在计划期内实际的累计完成数提前达到了计划要求,则可计算 5 年计划的提前完成时间。例如,例题中该县计划 5 年基本建设投资总额为 2.8 亿元,实际上截至 2020 年的 9 月份已经达到 2.8 亿元,则说明提前 3 个月完成了 5 年计划。

(二)结构相对指标

研究现象的总体,不仅要掌握现象的总量,而且要揭示总体内部的组成状况。将不同时间的结构相对指标进行比较分析,可以反映社会经济现象结构的变化过程及其发展趋势。

结构相对指标又称结构相对数,是将总体中部分数值与总体全部数值对比求得比重或权重,以反映总体内部构成状况的综合指标。它一般用百分数表示。其计算公式为:

$$\text{结构相对指标} = \frac{\text{总体中部分数值}}{\text{总体全部数值}} \times 100\%$$

对总体内部的结构进行数量分析,由于分子是分母的一部分,即对比的基础是同一总体数值,所以分子、分母不能互换位置,且各部分所占比重之和应等于 100% 或 1。

利用结构相对指标,可以研究总体内各组成部分的分配比重及其变化情况,从而深刻认识事物各个部分的特殊性及其在总体中所占的地位;可以反映人力、物力和财力的利益情况,表明工业和商业部门的工作质量。

结构分析在会计报表中有着非常重要的意义。如表 3.1 所示,以 A 公司的销售收入等指标数据为例,计算出各项占销售收入的结构百分比。从各期结构百分比的变动可看出,由于销售成本和费用占销售收入比重逐期增加,所以导致产品销售利润率逐年下降。

表 3.1 A 公司产品销售利润分析表

项目	2017 年		2018 年		2019 年		2020 年	
	金额/万元	占收入的 %	金额/万元	占收入的 %	金额/万元	占收入的 %	金额/万元	占收入的 %
产品销售收入	975	100.00	1 106	100.00	1 208	100.00	1 189	100.00
减:产品销售成本	750	76.92	860	77.76	955	79.06	948	79.73
产品销售费用	9	0.92	10	0.90	14	1.16	19	1.60
产品销售税金	50	5.13	57	5.15	65	5.38	59	4.96
产品销售利润	166	17.03	179	16.18	174	14.40	163	13.71

结构分析对于资产负债表和利润表的分析也是很有用的。企业在正常经营中，各个时期的资产负债表和利润表中各指标一般都应有一个正常的比例关系，即要有一个合理的分布结构。各指标结构百分比的任何异常变化都应引起分析者的注意，并研究变化的原因，判断对今后财务状况和经营成果的影响。

（三）比例相对指标

比例相对指标又称比例相对数，是反映总体中各部分之间数量联系程度、比例关系和协调平衡状况的综合指标。它通常用比例或百分数表示。其计算公式为：

$$比例相对指标 = \frac{总体中某一部分数值}{总体中另一部分数值}$$

例如，2010年进行的第六次全国人口普查资料显示，全国出生人口性别比为1.052，即在出生的婴儿中，男女比例为105.20∶100（以女性为100）。中国不少经济落后地区和农村存在着严重的重男轻女现象，男性人口占比比正常值103～107（女性为100）高出很多。

比例相对指标的分子、分母可以互换位置，但出生性别比使用的是男性在前、女性在后，使用固定形式；当把总体分成许多部分时，比例相对指标可采用连比形式。例如，按产值计算的农、轻、重比例为1∶3.5∶4.1；生产成本中的料、工、费比例为1∶0.5∶0.3，等等。为了清晰地反映各组之间的数量关系，连比的组数不宜太多。

比例相对指标与结构相对指标有密切联系：结构相对指标的分子是分母的一部分，表现为一种包含关系，分子和分母不能互换，用以分析总体各部分组成或结构是否合理；比例相对指标表现为一种并列关系，分子和分母可以互换，用以说明总体各个部分之间的比例关系和协调平衡状况。在实际工作中，两者常常结合应用。

（四）动态相对指标

动态相对指标又称动态相对数、发展速度，是同类现象指标数值在不同时间上的对比，用以表明现象在不同时间上发展变化的程度。它通常用倍数或百分数表示。其计算公式为：

$$动态相对指标 = \frac{报告期水平}{基期水平}$$

一般将作为比较基础的时期称作基期，与基期对比的时期称作报告期或计算期。

例如，A公司2020年产量为680.5万吨，为2019年672万吨的101.26%，说明A公司2020年的产量比2019年增长了1.26%。

关于动态相对指标及其具体应用，将在项目四中做更深入的阐述。

（五）比较相对指标

比较相对指标又称比较相对数，是同一时间、同类指标在不同空间上对比得出的相对数，用以表明同类事物在不同条件下的数量对比关系和差异程度。它通常用倍数或百分数表示。其计算公式为：

$$比较相对指标 = \frac{某空间的某指标值}{同期另一空间同类指标值}$$

在社会经济分析中，经常将各单位（部门、行业、地区等）的某一指标水平与同类指标的平均先进水平或典型水平（如国内先进水平、国际先进水平、国家规定标准等）对比。这样不仅可以对其发展水平做出正确的评价，而且可以揭示出其中存在的差距和潜力，为其进一步发展和提高提出建议。

例 3-7 2020 年二季度 A 公司全员劳动生产率为 8 000 元/人、B 公司为 6 400 元/人，则：

A、B 公司全员劳动生产率比较相对数 $= \dfrac{8\ 000}{6\ 400} = 1.25$ 或 125%

或

A、B 公司全员劳动生产率比较相对数 $= \dfrac{6\ 400}{8\ 000} = 0.8$ 或 80%

以上结果说明，A 公司全员劳动生产率是 B 公司的 1.25 倍（125%），或者说 B 公司的全员劳动生产率相当于 A 公司的 0.8（80%）。

用于比较的指标既可以是总量指标，也可以是相对指标或平均指标。不论采用哪种指标对比，分子、分母在指标类型、计算方法、计量单位、指标所属的时间上都要有可比性。比较相对指标的分子和分母可以互换，便于从不同角度说明同一问题。

（六）强度相对指标

强度相对指标又称强度相对数，是两个有联系，但性质不同的总量指标之比，用以表明现象的强度、密度和普遍程度的相对指标。其计算公式为：

$$强度相对指标 = \dfrac{某一总量指标数值}{另一有联系但性质不同的总量指标数值}$$

强度相对指标能够说明现象的强弱程度，在反映国家经济实力时强度相对指标被广泛应用。常用的反映国家经济实力的强度相对指标主要有人均 GDP、人均主要产品产量等指标；人口密度反映人口和居住地区土地面积之间的关系，说明居住的密集程度。因此，强度相对指标显示了国家或地区某些经济指标与人口的比例关系。

例如，2019 年我国人均 GDP 为 10 121 美元；美国人均 GDP 为 63 809 美元；日本人均 GDP 为 41 314 美元。

一些强度相对指标采用复名数表示，这种复名数由分子和分母指标原有的单位共同构成。例如，人口密度用"人/平方公里"表示；人均国内生产总值用"元/人"表示，等等。但也有一些强度相对数用千分数或百分数表示，如人口自然增长率用千分数表示、流通费用率用百分数表示等。

例 3-8 2019 年我国国内生产总值 990 865 亿元、人口 14 亿、土地面积 960 万平方公里。

人口密度 $= \dfrac{140\ 000}{960} = 146$（人/平方公里）

人均国内生产总值 = $\dfrac{990\,865}{14}$ = 70 776.07（元/人）

有些强度相对指标的分子和分母可以互换位置，形成正指标和逆指标：正指标是指标数值大小与现象的发展程度或密度方向相一致的强度相对指标，其数值越大越好，如平均每千人拥有的零售商业网点个数；逆指标是指标数值大小与现象的发展程度或密度方向相反的强度相对指标，其数值越小越好，如平均每个商业网点所服务的人口数。

四、相对指标的统计要求

在计算和运用相对指标分析问题时，应注意遵守以下原则。

① 必须保持对比指标的可比性。这里的可比性，包括总体范围、指标口径、计算方法、计算价格等方面的一致性。指标之间的可比性是计算相对指标的重要前提。

② 要把相对指标和总量指标结合运用。相对指标往往是两个总量指标对比的结果。它把现象的绝对水平抽象化了，虽然揭示了现象之间的相互联系和对比关系，但不能反映其背后客观存在的现象之间绝对水平的差别。

③ 相对指标应该用于数值较大现象的分析，对数值较小的现象进行分析时不宜勉强计算相对数。

④ 各种相对指标有不同的功能意义，应根据需要结合运用。

⑤ 相对指标基数不同，一般不能直接相加。

任务三　计算平均指标

一、平均指标的概念和特点

（一）平均指标的定义

平均指标又称平均数，既是用来反映总体各单位某一数量标志在一定时间、地点、条件下一般水平的综合指标，也是反映统计分布集中趋势或中心位置的特征值。平均指标显示了一组数据向某一中心值靠拢的程度。总体各单位的同质性和某种标志值在各单位的差异性是计算平均指标的前提条件。

（二）平均指标的特征

① 平均指标是对个体之间数量标志值差异的抽象化，即平均指标消除了个体标志值的数量差异，使那些偶然的、个别的数量因素互相抵销，从而将总体的一般特征或趋势显示出来。

② 平均指标是用一个具体数值代表个体标志值的一般水平，反映了事物变动的集中

趋势。

③ 平均指标的数值不随总体范围的大小而增减。

(三) 平均指标的作用

① 利用平均指标可以对同类现象进行企业、部门、地区、国家之间的比较，以显示其水平的高低。例如，比较不同地区的平均工资。

② 平均指标可以作为论断事物的一种数量标准或参考。例如，评价一个学生成绩的好坏，可以根据其高于或低于该班学生平均成绩来评价。

③ 利用平均指标可以对同一现象在不同时间进行对比，观察总体的变化趋势。

④ 利用平均指标可以进行数量上的推算和估计。例如，在农产量抽样调查中，在用样本平均亩产估计总体平均亩产的基础上，结合播种面积资料，可以估计出农作物的总产量。

二、平均指标的计算

平均指标按照计算方法的不同，分为算术平均数、调和平均数、几何平均数、众数和中位数。前3种是根据总体所有标志值计算的，称为数值平均数；后两种是根据总体标志值所处的位置确定的，称为位置平均数。

(一) 算术平均数

算术平均数（$\bar{x}$）又称均值，是最常用的平均指标，计算公式形式是总体标志总量除以总体单位总量。

$$算术平均数(\bar{x}) = \frac{总体标志总量}{总体单位总量}$$

例 3-9 以 A 公司技术工人为总体，2020 年 6 月技术工人的工资总额为 554 800 元，技术工人总数为 120 人，则 A 公司技术工人月平均工资为：

$$\bar{x} = \frac{554\ 800}{120} = 4\ 623.33\ (元)$$

前面所讲的强度相对指标有一部分也具有平均性，与平均指标是性质不同的指标。算术平均数的分子、分母同属一个总体，并且总体单位与各标志值是一一对应关系，每一个标志值都依附于一个总体单位，如某科考试的平均成绩；强度相对指标的分子、分母属两个不同总体且无总体单位和标志值的一一对应关系，作为分子的总量指标，并不随着作为分母的总量指标的变动而变动，两者在数量上没有依存关系，只是在经济内容上存在客观联系，如人均粮食产量、人均 GDP。

1. 算术平均数的分类

根据掌握的资料和计算的复杂程度不同，分为简单算术平均数和加权算术平均数两种。

（1）简单算术平均数

简单算术平均数适用于由未分组资料计算平均指标。其计算公式为：

$$\bar{x} = \frac{x_1 + x_2 + \cdots + x_n}{n} = \frac{\sum x}{n}$$

式中，$\bar{x}$ 为算术平均数；x 为个体标志值；n 为个体数；$\sum$ 为求和符号。

（2）加权算术平均数

计算加权算术平均数有两种情况：一是依据单项式变量数列计算；二是依据组距式变量数列计算。加权算术平均数适用于已经分组的资料。

在单项式变量数列中，已知各组的变量值（x）和各组的次数（f），且各组的次数又不相等，就要用加权算术平均法计算平均指标。其计算公式为：

$$\bar{x} = \frac{x_1 f_1 + x_2 f_2 + \cdots + x_n f_n}{f_1 + f_2 + \cdots + f_n} = \frac{\sum xf}{\sum f}$$

式中，各组的标志值用 $x_1, x_2, \cdots, x_n$ 表示；各组的次数或权数用 $f_1, f_2, \cdots, f_n$ 表示。

例 3-10 A 公司有 8 个技术级别的生产工人，各级别的工人工资及人数资料如表 3.2 所示。

表 3.2　A 公司工人技术级别工资统计表

技术级别	月工资 x / 元	工人人数 f / 人	工资总额 xf / 元
1	2 600	3	7 800
2	3 000	8	24 000
3	3 500	12	42 000
4	4 000	25	100 000
5	4 500	33	148 500
6	5 500	24	132 000
7	6 500	13	84 500
8	8 000	2	16 000
合　计	—	120	554 800

A 公司各技术级别工人的平均工资为：

$$\bar{x} = \frac{\sum xf}{\sum f} = \frac{554\,800}{120} = 4\,623.333 \text{（元/人）}$$

在实际工作中，有时需要根据组距式变量数列计算平均数。它的计算方法与单项式变量数列基本相同，所不同的是要先计算出各组的组中值，再以组中值作为某一组变量值的代表值来进行计算。

例 3-11 A 公司包装车间有 60 名包装工人，某日包装某种商品的资料如表 3.3 所示。

表 3.3　A 公司包装车间按日包装量分组的统计表

日包装量 / 件	工人人数 f / 人	x 组中值 / 件	xf
30 件以下	4	25	100
30～40	14	35	490
40～50	27	45	1 215
50～60	9	55	495
60 件以上	6	65	390
合计	60	—	2 690

60 名包装工人某日的平均包装量为：

$$\bar{x} = \frac{\sum xf}{\sum f} = \frac{2\,690}{60} \approx 45\,（件）$$

简单算术平均数和加权算术平均数的不同点在于：简单算术平均数只反映一个因素，即变量值的影响；加权算术平均数反映两个因素，即变量值和次数的共同影响。当变量值较大且次数也较多时，平均指标就接近于变量值大的一方；在变量值既定的情况下，次数对平均指标的影响起着权衡轻重的作用。因此，在计算加权算术平均数时，通常把次数称为权数。当各组次数都相同时，次数就失去了权数的作用，这时加权算术平均数与简单算术平均数相等，即当 $f_1 = f_2 = f_3 = \cdots = f_n = A$ 时（A 为常数）：

$$\bar{x} = \frac{x_1 f_1 + x_2 f_2 + \cdots + x_n f_n}{f_1 + f_2 + \cdots + f_n} = \frac{x_1 A + x_2 A + \cdots + x_n A}{nA} = \frac{x_1 + x_2 + \cdots + x_n}{n} = \frac{\sum x}{n}$$

其实，简单算术平均数和加权算术平均数之间并没有根本的区别，简单算术平均数可以看成是加权算术平均数的一种特例。

权数除用各组单位数即频数（次数）形式表示外，还可以用比重即频率形式表示。因此，便有另一种加权算术平均数的计算形式。其计算公式为：

$$\bar{x} = x_1 \cdot \frac{f_1}{\sum f} + x_2 \cdot \frac{f_2}{\sum f} + \cdots + x_n \cdot \frac{f_n}{\sum f} = \sum x \cdot \frac{f}{\sum f}$$

例 3-12　根据表 3.3 资料，可以整理得到表 3.4。

表 3.4　以频率为权数的平均包装量计算表

日包装量 / 件	组中值 x / 件	工人人数 f / 人	$\frac{f}{\sum f}$ /%	$x \cdot \frac{f}{\sum f}$
30 件以下	25	4	6.67	1.67
30～40	35	14	23.33	8.17
40～50	45	27	45.00	20.25
50～60	55	9	15.00	8.25
60 件以上	65	6	10.00	6.50
合计	—	60	100.00	44.84

模块二　梳理数据，描述状态

60 名包装工人的日平均包装量为：

$$\bar{x} = \sum x \cdot \frac{f}{\sum f} \approx 45 \text{（件）}$$

从计算结果可以看出，用频率作为权数和用频数（次数）作为权数的计算结果相同，因为频率的大小与频数（次数）的大小是一致的。因此有：

$$\bar{x} = \frac{\sum xf}{\sum f} = \sum x \cdot \frac{f}{\sum f}$$

计算加权算术平均数有时还会遇到其他权数选择的问题。在分配数列中，次数就是权数，但也有次数作为权数不合适的时候，这主要表现在计算相对数的算术平均数中。

例 3-13　公司所属 15 个企业产值计划完成情况如表 3.5 所示。计算各企业产值计划平均完成程度。

表 3.5　某公司所属 15 个企业产值计划完成情况

计划完成程度 /%	组中值 /%	企业数	计划产值 / 万元
90 ~ 100	95	5	100
100 ~ 110	105	8	800
110 ~ 120	115	2	100
合　计	—	15	1 000

在这里，要计算的是整个 15 个企业的产值计划平均完成程度，那么是用企业数为权数，还是用计划产值为权数呢？企业数虽然是完成产值计划不同程度的各组次数，但并不是理想的权数。因为各企业规模大小不同，所以正确计算产值计划平均完成程度就需要用计划产值作为权数，只有这样才符合相对指标的性质。因为相对数的平均数在本质上还是相对数，所以还应符合实际产值与计划产值的对比这一根本要求。

根据表 3.5 具体计算，如表 3.6 所示。

表 3.6　某公司所属 15 个企业产值计划完成程度

计划完成程度 /%	组中值 x /%	企业数	计划产值 f / 万元	实际产值完成数 xf / 万元
90 ~ 100	95	5	100	95
100 ~ 110	105	8	800	840
110 ~ 120	115	2	100	115
合　计	—	15	1 000	1 050

$$\text{平均计划完成程度} = \frac{\sum xf}{\sum f} = \frac{95\% \times 100 + 105\% \times 800 + 115\% \times 100}{100 + 800 + 100} \times 100\% = 105\%$$

15 个企业的产值计划平均完成程度为 105%。可以看出，相对指标算术平均数的计算结果仍是一个相对指标，表示的是一个总的相对数。

2. 算术平均数的数学性质

这里只介绍算术平均数常用的两个数学性质。

① 各个变量值与其算术平均数的离差之和等于 0，即 $\sum(x-\bar{x})=0$。

② 各个变量值与其算术平均数的离差平方之和等于最小值，即 $\sum(x_i-\bar{x})^2=$ 最小值。

（二）调和平均数

调和平均数（H）是平均指标的另一种表现形式，原始含义是各个变量值倒数的算术平均数的倒数。在实际工作中，由于所获得的数据不同，所以有时不能直接用算术平均数的计算公式来计算，这就需要用调和平均数的形式来计算。

调和平均数分为简单调和平均数和加权调和平均数。为了更好地理解调和平均数的应用场合，看下面的例子。

1. 简单调和平均数

简单调和平均数适用于未分组资料。

例 3-14 市场上某种水果的销售价格有 3 种：每斤 1.2 元、每斤 1.5 元、每斤 2.0 元。而 3 种价格的水果的市场交易量无法知道。现在各买 1 元钱的水果，则平均每斤水果的价格是多少？（假定每种水果的交易量相等）

$$平均价格=\frac{购买金额}{购买数量}=\frac{1+1+1}{\frac{1}{1.2}+\frac{1}{1.5}+\frac{1}{2.0}}=1.5（元/斤）$$

因此，简单调和平均数的基本计算公式为：

$$H=\frac{1+1+\cdots+1}{\frac{1}{x_1}+\frac{1}{x_2}+\cdots+\frac{1}{x_n}}=\frac{n}{\sum\frac{1}{x}}$$

2. 加权调和平均数

加权调和平均数适用于已分组资料。其基本计算公式为：

$$H=\frac{m_1+m_2+\cdots+m_n}{\frac{m_1}{x_1}+\frac{m_2}{x_2}+\cdots+\frac{m_n}{x_n}}=\frac{\sum m}{\sum\frac{m}{x}}$$

式中，x 为各组的标志值；m 为各组的标志总量，即 $m=xf$。

加权调和平均数和加权算术平均数存在的变形关系表现为：

如果 $m=xf$，则 $f=\frac{m}{x}$

则有 $\bar{x}=\frac{\sum xf}{\sum f}=\frac{\sum m}{\sum\frac{m}{x}}=H$

从计算公式看，调和平均数易受极端值的影响，即如果有一个变量值为 0，就不能计算调和平均数。上式表示，如果加权调和平均数以各组标志总量（m）为权数、加权算术平均数以各组单位数（f）为权数，则二者计算的内容和结果都是相同的。

事实上，加权调和平均数和加权算术平均数并无本质的区别，只是由于掌握的资料不同，所以采用了不同的计算形式而已。究竟选择哪种方法计算，要根据所掌握资料的情况来确定。一般情况下，调和平均数多用于已知分子资料、未知分母资料时采用。

例 3-15 甲、乙、丙 3 种商品的销售单价及销售额如表 3.7 所示。

表 3.7 商品销售情况统计表

商 品	单价/（元/件）	销售额/元
甲	1.1	1 100
乙	1.2	2 400
丙	1.3	1 300
合 计	—	4 800

计算 3 种商品的平均销售价格。

销售量的计算如表 3.8 所示。

表 3.8 商品销售量计算

商 品	单价 x/（元/件）	销售额 m/元	销售量 m/x/件
甲	1.1	1 100	1 000
乙	1.2	2 400	2 000
丙	1.3	1 300	1 000
合 计	—	4 800	4 000

如果掌握的是单价和销售额资料，而销售量资料未知，则应使用加权调和平均数计算。

$$H = \frac{\sum m}{\sum \frac{m}{x}} = \frac{4\,800}{4\,000} = 1.2 \text{（元/件）}$$

如果掌握单价和销售量资料，而销售额资料未知，则应使用加权算术平均数计算。

$$\bar{X} = \frac{\sum xf}{\sum f} = \frac{1.1 \times 1\,000 + 1.2 \times 2\,000 + 1.3 \times 1\,000}{4\,000} = 1.2 \text{（元/件）}$$

这里需要注意的是，求相对指标的调和平均数时，应以相对指标的分子作为权数，即已知相对指标的分子资料求相对指标的平均数时，应采用加权调和平均数；相反，已知各组相对指标的分母资料时，应采用加权算术平均数计算。

例 3-16 根据表 3.5 整理得到表 3.9，要求计算平均计划完成程度。

表 3.9 某公司所属 15 个企业产值计划完成程度和实际完成数

计划完成程度 /%	企业数	实际完成数 / 万元
90～100	5	95
100～110	8	840
110～120	2	115
合　计	15	1 050

计划任务数的计算如表 3.10 所示。

表 3.10 某公司所属 15 个企业产值计划任务数计算

计划完成程度 /%	企业数	实际完成数 m / 万元	组中值 x /%	计划任务数 m/x / 万元
90～100	5	95	95	100
100～110	8	840	105	800
110～120	2	115	115	100
合　计	15	1 050	—	1 000

如果已知各组计划完成程度和实际完成产值,而计划产值未知,则应采用加权调和平均数计算。

$$平均计划完成程度 = \frac{\sum m}{\sum \frac{m}{x}} = \frac{1\,050}{1\,000} \times 100\% = 105\%$$

如果已知各组计划完成程度和计划产值,而实际完成产值未知,则应采用加权算术平均数计算。

(三)几何平均数

算术平均数和调和平均数适合于各标志值的和等于标志总量的情况。但有些现象各标志值的和不等于标志总量,而是等于它们的连乘积,如平均比率、平均速度。对于这类现象,不能用算术平均数的方法计算平均指标。

几何平均数(G)是 n 项变量值连乘积的 n 次方根。

几何平均数主要应用于:当若干个比率的连乘积等于总比率时,计算其平均比率;当各期发展速度的连乘积等于总发展速度时,计算其发展平均速度。

现在主要介绍用于平均比率的计算,对用于平均发展速度的计算,将在时间数列分析中具体介绍。

1. 简单几何平均数

简单几何平均数适用于未分组资料。其计算公式为:

$$G = \sqrt[n]{x_1 \cdot x_2 \cdots \cdots x_n} = \sqrt[n]{\prod x}$$

例 3-17 设某轧钢厂报告期资料如表 3.11 所示。要求计算各车间的平均成材率。

模块二 梳理数据，描述状态

表 3.11 轧钢厂各车间报告期资料

车　间	投入量/吨	产出量/吨	成材率/%
开坯（钢锭－钢坯）	1 000	800	80.0
粗轧（钢坯－粗材）	800	720	90.0
精轧（粗材－精材）	720	504	70.0
全厂（钢锭－精材）	1 000	504	50.4

由于各车间成材率和全厂总成材率之间存在着连乘积的关系，所以适宜用几何平均数法计算各车间的平均成材率。

$$G = \sqrt[n]{x_1 \cdot x_2 \cdots x_n} = \sqrt[n]{\prod x} = \sqrt[3]{0.8 \times 0.9 \times 0.7} = \sqrt[3]{0.504} \approx 0.795\,8 = 79.58\%$$

计算结果表明，该轧钢厂 3 个车间平均成材率为 79.58%。

2．加权几何平均数

加权几何平均数适用于分组资料。其计算公式为：

$$G = \sqrt[f_1+f_2+\cdots+f_n]{x_1^{f_1} \cdot x_2^{f_2} \cdots x_n^{f_n}} = \sqrt[\sum f]{\prod x^f}$$

式中，G 为几何平均数；x 为各个变量值；f 为各标志值的次数（权数）；$\prod$ 为连乘符号。

例 3–18　某投资银行某笔投资是以复利计算的，在 20 年间的年利率分配情况为：有 2 年利率是 5%；有 6 年利率是 6%；有 7 年利率是 8%；有 5 年利率是 10%。试计算该笔投资在 20 年间的平均年利率。

该笔投资在 20 年间的平均年利率为：

$$G = \sqrt[f_1+f_2+\cdots+f_n]{x_1^{f_1} \cdot x_2^{f_2} \cdots x_n^{f_n}} = \sqrt[\sum f]{\prod x^f} = \sqrt[20]{105\%^2 \times 106\%^6 \times 108\%^7 \times 110\%^5} \approx 107.6\%$$

平均年利率 = 107.6% - 100% = 7.6%

几何平均数的应用特点是：

① 适用于反映特定现象的平均水平，即变量的总水平不是各变量值的总和，而是各变量值的连乘积。

② 如果数列中有一个标志值等于 0 或负值，就无法计算几何平均数。

（四）众数

众数（M_O）是一种位置平均数，是一组数据中出现次数最多的那个值。

与算术平均数、调和平均数和几何平均数不同，众数是根据次数分布的位置确定的平均数，又称为位置平均数。

众数是总体中出现次数最多的那个值（变量值或分类型数据），最适用于变量值（或分类型数据）的分布有明显的集中趋势的情况。特别是总体中出现极端值的情况下，应用众数描述现象的集中趋势可以近似地反映现象的一般水平。

众数主要用于测度分类数据的集中趋势，也可用于数值型数据。

例如，商家为了保证所销售的商品能够畅销，不仅需要了解最受消费者欢迎的衣服、鞋帽等商品品牌，还要了解最普遍、最流行的款式、尺寸、色彩等商品特征，以满足消费者的需求，这时需要了解的就是有关商品品牌、款式、色彩、型号的众数。占有明显集中趋势的最受欢迎的商品品牌就是众数。这时的众数有着与一般平均数不同的特殊意义。

对数值型数据确定众数，需要区分以下两种情况。

① 由单项式变量数列确定众数，即次数最多的那个变量值就是众数。

② 由组距式数列确定众数。

首先根据定义确定众数所在组，然后用上、下限公式求出众数的具体值。

例 3-19 某地区某年对 1 000 家工业企业按产品销售利润进行分组，资料如表 3.12 所示。要求计算产品销售利润的众数。

表 3.12 某地区某年工业企业产品销售利润分组资料

产品销售利润 / 万元	企业数 / 个
100 万元以下	12
100～200	32
200～300	55
300～400	85
400～500	115
500～600	420
600～700	128
700～800	89
800～900	48
900 万元以上	16
合　计	1 000

步骤 1　确定众数组。

次数最多的组即为众数组。

表 3.12 中产品销售利润在 500～600 万元的企业最多（420 个）。

步骤 2　用插补法计算众数的近似值。

计算众数的公式有上限公式和下限公式，其计算结果相同，计算时任取一式即可。

下限公式：$M_O = L + \dfrac{\Delta_1}{\Delta_1 + \Delta_2} \times i$

上限公式：$M_O = U - \dfrac{\Delta_2}{\Delta_1 + \Delta_2} \times i$

式中，M_O 为众数；L 为众数所在组的下限；U 为众数所在组的上限；Δ_1 为众数所在组的次数与其前一组次数之差；Δ_2 为众数所在组的次数与其后一组次数之差；i 为众数组组距。

将表 3.12 中的数据代入下限公式：

$$M_O = 500 + \dfrac{420-115}{(420-115)+(420-128)} \times 100 \approx 551.09\text{（万元）}$$

代入上限公式的计算结果与代入下限公式的计算结果相同。

众数作为一种位置平均数，具有如下应用特点。

① 众数是一种位置平均数，不是根据每一单位标志值计算的，因而作为标志值数列

的平均水平有不全面之处。但是,当数列中有异常标志值时,又不受数列中异常值的影响。因此,在这种情况下,它避免了极端值的影响,增强了作为标志值数列一般水平的代表性。

② 当分布数列没有明显的集中趋势而趋向于均匀分布时,无众数可言,有时众数是不存在的。

③ 有的分布数列有两个数值出现的次数最多,则该数列具有双众数。此时众数不唯一,而数列的平均数和中位数都是存在且唯一的。

(五)中位数

中位数(M_e)也是一种位置平均数,是将被研究对象中个体的标志值依其大小顺序排列,居中间位置的标志值称为中位数。

中位数的概念表明,数列中有一半单位的标志值小于中位数,另一半单位的标志值大于中位数。因此,中位数适用于数值型数据的集中趋势的情况,不适用于分类数据。在许多场合,用中位数来反映数值型数据的一般水平更具有代表性。

例如,在研究城乡居民收入水平时,总体中存在极高收入者,这时用居民收入的中位数比算术平均数更能代表居民收入的一般水平。

确定和计算中位数需要分以下两种情况。

1. 根据未分组资料确定中位数

首先将总体各单位的标志值按大小顺序排列,然后按下列公式来确定中位数的位置。

$$中位数位置 = \frac{n+1}{2}$$

如果总体单位数的项数 n 为奇数,则 $(n+1)/2$ 即为中位数位置,该位置的标志值就是中位数;如果 n 为偶数,则 $(n+1)/2$ 居于数列中间的两个标志值之间,中位数为这两个标志值的简单算术平均数。

例如,求数列 6、9、10、13、18 的中位数。这个数列共有 5 项,所以中位数位置 $(n+1)/2 = 3$,第 3 项标志值就是中位数,即 $M_e = 10$。

又如,求数列 6、9、10、13、18、21 的中位数。这个数列共有 6 项,中位数位置在第 3 项和第 4 项的标志值之间,所以中位数 $M_e = (10+13)/2 = 11.5$。

2. 根据分组资料确定中位数

在分组资料中,包括两种情况:一种是单项式变量数列;另一种是组距式变量数列。

(1)由单项式变量数列确定中位数

首先,根据 $\frac{\sum f + 1}{2}$ 确定中位数的位置。

然后,计算累计次数(向上累计或向下累计),以确定中位数所在组。

最后,根据中位数所在组确定中位数,即该组对应的标志值即中位数。

例 3-20 从企业抽取 25 名员工,测试身高资料如表 3.13 所示。要求确定员工身高的中位数。

表 3.13　25 名员工测试身高资料

身高/厘米	人数/人	向上累计/人	向下累计/人
159	3	3	25
162	4	7	22
165	5	12	18
168	8	20	13
175	4	24	5
202	1	25	1
合　计	25	—	—

$$中位数位置 = \frac{\sum f + 1}{2} = \frac{26}{2} = 13（人）$$

根据各组的累计次数，该例按向上累计确定中位数在第 4 组，而按向下累计确定，中位数也在第 4 组，中位数就是 168 厘米。

（2）由组距式变量数列确定中位数

首先，根据 $\sum f/2$ 确定中位数的位置。

然后，计算累计次数，并据以确定中位数所在组。

最后，用插补法计算中位数的具体数值。

例 3-21　某地区某年对 1 000 家工业企业按产品销售利润分组情况如表 3.14 所示。要求确定该地区产品销售利润的中位数。

表 3.14　某地区某年工业企业按产品销售利润分组情况

产品销售利润/万元	企业个数/个	向上累计	向下累计
100 万元以下	12	12	1 000
100～200	32	44	988
200～300	55	99	956
300～400	85	184	901
400～500	115	299	816
500～600	420	719	701
600～700	128	847	281
700～800	89	936	153
800～900	48	984	64
900 万元以上	16	1 000	16
合　计	1 000	—	—

步骤 1　确定中位数的位置：$\frac{\sum f}{2} = \frac{1\,000}{2} = 500$。

步骤 2　确定中位数所在组：根据向上或向下累计，确定中位数在第 6 组（500～600）。

步骤 3　利用插补公式，计算中位数的近似值。

下限公式：$M_e = L + \dfrac{\dfrac{\sum f}{2} - S_{m-1}}{f_m} \times i$ 　　上限公式：$M_e = U - \dfrac{\dfrac{\sum f}{2} - S_{m+1}}{f_m} \times i$

式中，U 为中位数所在组的上限；L 为中位数所在组的下限；$\sum f$ 为各组单位数的总和；f_m 为中位数所在组的次数；S_{m+1} 为累计到中位数所在组以后的累计次数（向下累计）；S_{m-1} 为累计到中位数所在组以前的累计次数（向上累计）；i 为中位数所在组的组距。

将表 3.14 中的数据代入下限公式计算：

$M_e = 500 + \dfrac{\dfrac{1\,000}{2} - 299}{420} \times 100 \approx 547.86$（万元）

将表 3.14 的数据代入上限公式计算：

$M_e = 600 - \dfrac{\dfrac{1\,000}{2} - 281}{420} \times 100 \approx 547.86$（万元）

中位数的应用特点是：

① 中位数是一种位置平均数，除了受数列中间标志值影响外，不受其他标志值的影响，因此作为标志值数列的平均水平也有不全面之处。但是，如果数列两端有异常标志值，则中位数也不受其影响，从而增强了作为标志值数列一般水平的代表性。

② 各单位标志值 x_i 和 M_e 之间离差绝对值的总和等于最小值，存在 $\sum |x_i - M_e| = \min$。

（六）算术平均数、众数、中位数的数量关系

算术平均数、众数、中位数的数量关系决定于总体次数的分布状况，如图 3.1 所示。

① 对于对称的钟形分布：$\bar{x} = M_e = M_o$。

② 对于非对称的钟形分布：当分布右偏时，$\bar{x} > M_e > M_o$；当分布左偏时，$\bar{x} < M_e < M_o$。

$\bar{x} = M_e = M_o$
对称分布

$\bar{x} < M_e < M_o$
左偏（或负偏）分布

$\bar{x} > M_e > M_o$
右偏（或正偏）分布

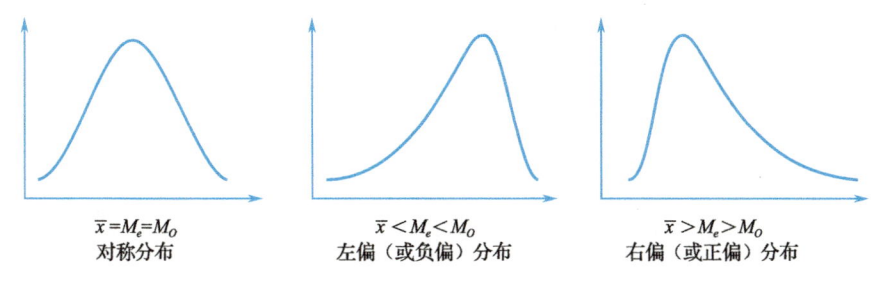

图 3.1　算术平均数、众数、中位数的数量关系

英国统计学家卡尔·皮尔逊认为，当分布只是适度偏态时，三者之间近似的数量关系是：M_e 与 $\bar{x}$ 的距离是 $\bar{x}$ 与 M_o 距离的 1/3，即 $|\bar{x} - M_o| = 3|\bar{x} - M_e|$。

可以从已知的两个平均指标来估计另一个平均指标，由此可得出以下 3 个关系式。

$$\bar{x} = \frac{3M_e - M_O}{2} \qquad M_e = \frac{M_O + 2\bar{x}}{3} \qquad M_0 = 3M_e - 2\bar{x}$$

例 3-22 一批线团直径的中位数为 15 厘米，其中直径最多的是 16 厘米。试求这批线团直径的算术平均数，并估计其偏斜情况。

$$\bar{X} = \frac{3M_e - M_O}{2} = \frac{3 \times 15 - 16}{2} = 14.5 \text{（厘米）}$$

因为 14.5＜15＜16，即 $\bar{x} < M_e < M_O$，所以线团尺寸为左偏分布。

三、平均指标的应用原则

在统计研究和分析中，平均指标有着非常广泛的应用，为了更好地发挥平均指标的作用，应用时必须注意以下几条基本原则。

（一）在同质总体中计算和应用平均数

所谓同质性，就是现象的各个单位在被平均的标志上具有同类性。如果把具有不同类或不同质的现象加以平均，则得出的是虚构的平均数，不仅会掩盖现象本质的差别，而且还会引出错误的结论。例如，既不能把水稻、棉花、茶叶、甘蔗等混合在一起计算出农作物平均亩产量，也不能把城镇居民收入和农村居民的货币收入混合起来计算平均收入。

（二）总平均数应与组平均数结合起来运用

总平均数虽然是根据同质总体计算的，但只保证了总体各单位在某一方面的性质相同，而总体各单位在其他方面还存在着性质上的差别，并对总平均数产生影响，使总平均数不能充分显示总体的特征，所以往往需要用组平均数补充说明总平均数。

例 3-23 某企业 2019 年、2020 年工资资料如表 3.15 所示。

表 3.15　某企业 2019 年、2020 年工资资料

生产工人按工龄分组	2019 年			2020 年		
	工人人数/人	月工资总额/元	平均工资/元	工人人数/人	工资总额/元	平均工资/元
10 年以上	450	2 475 000	5 500	300	1 740 000	5 800
10 年以下	550	2 090 000	3 800	700	2 730 000	3 900
合　计	1 000	4 565 000	4 565	1 000	4 470 000	4 470

表 3.15 显示，2019 年该企业全部工人的平均工资为 4 565 元，2020 年为 4 470 元，2020 年平均工资低于 2019 年平均工资 95 元，能否由此断定该企业工人的工资水平下降了呢？

从各组工人的工资水平来看，10 年以上工龄工人和 10 年以下工龄工人的平均工资都

有所提高，那么为什么总平均工资却下降了呢？这是因为 2020 年的工人结构发生了变化，工资水平较高的 10 年以上工龄工人所占比重由 45% 下降到 30%，而工资水平低的 10 年以下工龄工人所占比重由 55% 上升到 70%，总平均工资将两年工人的结构差异掩盖了，实际上总平均工资也受到了工人结构变化的影响。因此，运用平均指标进行分析时，要将组平均数和总平均数结合起来运用。

（三）计算和运用平均数时，要注意极端值的影响

算术平均数受总体内极端数值的影响较大。为了正确反映总体的一般水平，当变量数列存在过大或过小的极端值时，计算算术平均数时应将极端值予以剔除，然后对其余数值计算平均数，或者计算众数、中位数来作为其代表水平。

（四）用分布数列补充说明平均数

平均数只是说明现象的共性，即一般水平，而把总体各单位数量标志值的差异给抽象化了，掩盖了总体各单位的差异及其分配情况。为了比较深入地说明问题，在利用平均数对现象进行分析时，还要结合原来的分布数列分析平均数在原数列中所处的位置，以及各单位标志值在平均数上下的分布情况。

例 3-24 2020 年某公司下属 15 家企业利润计划完成情况如表 3.16 所示。

表 3.16 某公司下属 15 家企业利润计划完成情况

计划完成程度 /%	企业数	实际完成数 / 万元
90～100	5	95
100～110	8	840
110～120	2	115
合　计	15	1 050

根据表 3.16 所示的资料，虽然该公司下属 15 家企业的平均计划完成程度是 105%，说明从总体来看该公司超额完成了利润计划。但结合表中所示的分布数列，可以看出尚有 5 家企业没有完成计划，10 家企业超额完成计划。这样反映的情况就具体了。

任务四　计算变异度指标

一、变异度指标的概念与作用

对总体一般水平的认识可以借助于平均指标，但平均指标不能反映各单位的差异情况——它把各单位的差异抽象化了，而现象内部各单位的差异是客观存在的。

例如，一车间工人的平均工资只反映了该车间工人工资的一般水平，高工资和低工资

的差异被掩盖起来了。由此说明,平均指标可能会掩盖极其明显的差异事实。

另外,平均指标本身具有代表性,但平均指标本身无法说明其代表性的大小。因此,只使用平均指标对总体进行分析,得到的认识就不会全面。变异度指标恰巧弥补了平均指标的不足。如果平均指标用来说明总体标志值的集中趋势,则变异度指标可以说明标志值的离中趋势或偏离中心值的程度,即离散程度。因此,平均指标和标志变异度指标分别反映了事物发展在数量方面的共性与特性,在统计分析中二者通常结合运用,互为补充。

变异度又称标志变动度,既是反映总体各单位标志值差异程度的指标,也是反映总体分布状况的特征值之一。变异度指标的作用如下。

(一)变异度指标可以衡量平均指标代表性的高低

平均指标作为总体某一数量标志的代表值,其代表性取决于变异度指标:变异度越大,说明总体各单位标志值差异程度越大,平均指标的代表性就越低;反之,变异度越小,说明总体各单位标志值差异程度越小,平均指标的代表性就越高。

例 3-25 甲、乙两生产小组的日产量(件)如下。

甲组:40、50、60、70、80、90、100

乙组:67、68、69、70、71、72、73

$\bar{x}_甲 =70$(件);$\bar{x}_乙 =70$(件)

甲、乙两组的平均日产量相同,均为 70 件。但两组数据的差异程度明显不同,因此平均指标掩盖了各标志值的差异程度。对于这种总体单位数少的简单总体能很容易发现差异大的一组,但对于总体单位数较多的复杂总体,必须要通过计算变异度指标来分析。

从这个例子可以看出,一组数据集中或分散的程度是该数列的一个重要特征。

(二)变异度指标可以衡量现象发展过程中的稳定性和均衡性

一种新的农作物品种具备推广价值,应不仅具有较高的平均收获水平,还应具有较高的稳定性,而说明稳定性的指标就是变异度指标。一般来说,变异度越小,社会经济活动过程越均衡,说明社会再生产诸要素的利用与配合越充分合理,效率越高;反之,均衡性越差,社会再生产诸要素的利用与配合损失越大,效率越低,需要加以调整和控制。

二、变异度指标的计算

变异度指标主要有全距、平均差、方差与标准差、变异系数。这些指标的计算方法不同,优缺点各异,应用条件和应用范围也有所不同。

(一)全距

全距(R)又叫极差,是标志值数列中最大值与最小值之差。全距越小,说明数据变动的范围越小,平均数的代表性越强;反之,则相反。其计算公式为:

$$R = 最大值 - 最小值$$

全距计算简便、意义明确,具有一定的实用性。但由于它取决于总体中两个极端数值的比较，不能反映其他数值的差异，从而使得数列中间数值的一般变动情况被掩盖，所以不能全面反映标志值真实的变异情况。

（二）平均差

平均差（A.D）是数列中各单位标志值与其算术平均数离差绝对值的平均数，反映了标志值数列的平均差异程度。平均差的计算方法有两种：简单平均差和加权平均差。其计算公式为：

$$A.D = \frac{\sum|x-\bar{x}|}{n} \qquad A.D = \frac{\sum|x-\bar{x}|f}{\sum f}$$

例 3-26 A 公司 2021 年 6 月部分岗位工资资料如表 3.17 所示。

表 3.17 A 公司 2021 年 6 月部分岗位工资平均差计算

工资/元	人数	xf	$x-\bar{x}$	$|x-\bar{x}|$	$|x-\bar{x}|f$
4 500	4	18 000	-3 184.21	3 184.21	12 736.84
5 500	8	44 000	-2 184.21	2 184.21	17 473.68
7 000	15	105 000	-684.21	684.21	10 263.15
8 500	20	170 000	+815.79	815.79	16 315.80
9 500	7	66 500	+1 815.79	1 815.79	12 710.53
11 500	3	34 500	+3 815.79	3 815.79	11 447.37
合计	57	438 000	—	—	80 947.37

$$\bar{x} = \frac{\sum xf}{\sum f} = \frac{438\ 000}{57} \approx 7\ 684.21\ (元/人)$$

$$A.D = \frac{\sum|x-\bar{x}|f}{\sum f} = \frac{80\ 947.37}{57} \approx 1\ 420.13\ (元/人)$$

平均差的应用特点是：考虑到了数列中各个标志值的变异对整个数列变异程度的影响，弥补了全距的不足，故能比较全面、客观地反映数列的变异程度。但是，它采用取绝对值的方式来抑制正负离差的抵消，为进一步的数学处理和统计分析带来了较大不便，因此其实际应用受到了较大的限制。

（三）方差与标准差

方差（σ^2）是各变量值与其算术平均数离差平方和的算术平均数，一般用 σ^2 表示；标准差（σ）是各变量值与其算术平均数离差平方和的算术平均数的平方根，即方差的平方根，一般用 σ 表示。方差和标准差是统计分析中反映总体平均变异程度最常用的指标。

1. 数量标志的方差与标准差

根据计算时所用的资料不同，方差与标准差分为简单式和加权式两种计算方法。

（1）简单式计算方法

简单式计算方法适用于未分组资料。其计算公式为：

$$\sigma^2 = \frac{\sum(x-\bar{x})^2}{n} \qquad \sigma = \sqrt{\frac{\sum(x-\bar{x})^2}{n}}$$

（2）加权式计算方法

加权式计算方法适用于分组资料。其计算公式为：

$$\sigma^2 = \frac{\sum(x-\bar{x})^2 f}{\sum f} \qquad \sigma = \sqrt{\frac{\sum(x-\bar{x})^2 f}{\sum f}}$$

例 3-27 2021 年 9 月，A 公司对生产的产品元件抽查其中的 50 件，调查其使用寿命。抽查结果如表 3.18 所示。要求据以计算产品元件寿命的标准差。

表 3.18　2021 年 9 月 A 公司产品元件标准差计算

产品元件寿命 x / 小时	数量 f / 件	xf	$x-\bar{x}$	$(x-\bar{x})^2$	$(x-\bar{x})^2 f$
985	2	1 970	−16.08	258.57	517.14
990	7	6 930	−11.08	122.77	859.39
993	12	11 916	−8.08	65.29	783.48
1 005	20	20 100	3.92	15.37	307.40
1 013	6	6 078	11.92	142.09	852.54
1 020	3	3 060	18.92	357.97	1 073.91
合　计	50	50 054	—	—	4 393.86

50 件产品元件的平均寿命为：

$$\bar{x} = \frac{\sum xf}{\sum f} = \frac{50\ 054}{50} = 1\ 001.08 \text{（小时）}$$

$$\sigma^2 = \frac{\sum(x-\bar{x})^2}{\sum f} = \frac{4\ 393.86}{50} \approx 87.88 \text{（小时）}$$

$$\sigma = \sqrt{\frac{\sum(x-\bar{x})^2 f}{\sum f}} = \sqrt{\frac{4\ 393.86}{50}} \approx 9.37 \text{（小时）}$$

在两组平均水平相等的条件下，标准差愈大，说明标志变异程度越大，平均指标的代表性就愈低；反之，标准差愈小，说明标志变异程度越小，平均指标的代表性就愈高。在两组平均水平不相等的条件下，不能用标准差比较平均指标的代表性，需要结合另外一个变异度指标（变异系数 V）来进行比较。

2. 是非标志的方差与标准差

（1）是非标志和成数的概念

是非标志又称交替标志，实质上就是品质标志。

在统计研究中，经常遇到这种情况，把全部总体单位按某一品质标志只分为具有和不具有两组。例如，把产品分为合格品和不合格品两部分、职工分为男性和女性两组、考勤

模块二　梳理数据，描述状态

分为出勤和缺勤两组、把对问题的认识分为对和错两组等。这种只表现为"是"与"否"或者"有"与"无"两种属性的品质标志叫作是非标志或交替标志。

具有某种属性的单位数占全部单位数的比重叫作成数，反映数列中"是"或"非"属性的构成，并代表该种属性的单位反复出现的程度，即频率。例如，一批产品的合格品（是）占 96%、不合格品（否）占 4%，这里的 96% 和 4% 就是成数。

设数列中具有某种属性的单位数为 N_1，不具有某种属性的单位数为 N_0，全部单位数为 N，则 $N = N_1 + N_0$。用 p 表示具有某种属性的单位数占全部单位数的比重，即 $p = N_1 / N$；q 表示不具有某种属性的单位数占全部单位数的比重，即 $q = N_0 / N$。

因为是非标志不是数量标志，本无数值可言，但为了对它进行定量分析，可将这种品质标志数量化，即以 1 表示具有某种属性的单位的标志值，以 0 表示不具有某种属性的单位的标志值，使"是"和"非"变为以 1 和 0 代表的标志值，这样便可以计算是非标志的平均数及其变异度指标了。

（2）是非标志的平均数

是非标志的平均数的计算如表 3.19 所示。

表 3.19　是非标志平均数的计算

是非标志值 x	频率（成数）$\dfrac{f}{\sum f}$	$x \cdot \dfrac{f}{\sum f}$
1	p	p
0	q	0
合　计	1	p

可见，是非标志的平均数为：

$$\bar{x} = \sum x \cdot \dfrac{f}{\sum f} = 1 \times p + 0 \times q = p$$

可得到：是非标志的算术平均数就是具有某一属性的单位数占总体单位数的比重，即成数 p。

（3）是非标志的方差和标准差

是非标志的方差和标准差的计算如表 3.20 所示。

表 3.20　是非标志方差和标准差的计算

是非标志值 x	频率 $\dfrac{f}{\sum f}$	$x - \bar{x}$	$(x - \bar{x})^2$	$(x - \bar{x})^2 \dfrac{f}{\sum f}$
1	p	$1 - p$	$(1-p)^2$	$(1-p)^2 p$
0	q	$0 - p$	$(0-p)^2$	$(0-p)^2 q$
合　计	1	—	—	$(1-p)^2 p + (0-p)^2 q$

因此，是非标志的方差为：

$$\sigma^2 = \sum(x-\bar{x})^2 \cdot \frac{f}{\sum f}$$
$$= (1-p)^2 p + (0-p)^2 q$$
$$= q^2 p + p^2 q$$
$$= pq(p+q)$$
$$= pq = p(1-p)$$

是非标志的标准差为：$\sigma = \sqrt{p(1-p)}$

是非标志的平均数和标准差具有实际应用的意义。

例 3-28 一批产品 200 件，经检验合格的是 192 件，则：

是非标志的合格产品质量的平均数 $p = \frac{192}{200} \times 100\% = 96\%$，

标准差 $\sigma = \sqrt{p(1-p)} = \sqrt{96\% \times 4\%} \approx 19.60\%$

方差 $S^2 = 3.84\%$

这里的 p 是产品合格率，从一个方面反映着产品质量的一般水平；这里的方差和标准差则反映着产品质量的变异程度。

在具有是非标志的总体单位中，当具有某一标志和不具有该标志的成数各占 50% 时，即 $p=q=0.5$ 时，σ^2 和 σ 的值最大：$\sigma^2 = 0.5 \times 0.5 = 0.25$，$\sigma = 0.5$。

（四）变异系数（V）

平均指标作为一组数据的代表值，代表性的高低取决于数据间的变异程度。当对两组计量单位不同的数据的平均指标的代表性进行比较时，用全距、平均差、方差、标准差都难以做出合理的评价，因为全距、平均差、方差、标准差的计算结果都有与平均指标相同的计量单位，因而计量单位不同的两组数据的变异度指标无法直接比较其大小。

另外，全距、平均差、方差和标准差的大小不仅取决于标志值本身的变异，还取决于标志值的整体平均水平。因此，对两个总体平均水平显著不同的数列，用前述变异度指标也不宜直接进行对比。

为消除计量单位和平均水平不同对标准差的影响，应计算变异系数。变异系数又称离散系数、标准差系数，是标准差和平均数的比值，是以相对数表现标志值的变异程度，用以反映标志值的变异程度和平均指标的代表性大小。变异系数通常用百分数表示。其计算公式为：

$$V_\sigma = \frac{\sigma}{\bar{x}} \times 100\%$$

变异系数的意义是：当两组的平均水平不相等的情况下，变异系数大的一组，其标志值的差异程度就大，平均指标的代表性就低；反之，变异系数小的一组，其标志值的差异程度就小，平均指标的代表性就高。

例 3-29 2021 年 9 月，A、B 两公司分别对各自生产的相同的产品元件抽查其中的 50 件，调查产品元件的使用寿命。要求比较 A、B 两公司产品元件平均使用寿命的代表性高低。A 公司资料见表 3.18。假如 B 公司产品元件的平均使用寿命为 1 100 小时，产品元件使用寿命的标准差为 13.16 小时。

由于 A、B 公司产品元件的平均使用寿命不同，所以变异系数分别为：

$$V_A = \frac{\sigma_A}{\overline{X}_A} \times 100\% = \frac{9.37}{1\,001.08} \times 100\% \approx 0.94\%$$

$$V_B = \frac{\sigma}{\overline{X}_B} \times 100\% = \frac{13.16}{1\,100} \times 100\% \approx 1.20\%$$

计算结果表明：由于 A 公司产品元件的变异系数小于 B 公司的变异系数，所以 A 公司产品元件的平均使用寿命的代表性高于 B 公司。

项目小结

本项目共有 4 个任务，主要学习 4 种综合指标：一是总量指标；二是相对指标；三是平均指标；四是变异度指标。

① 总量指标又称绝对数指标、数量指标，是反映社会经济现象在一定时间、空间条件下的总规模、总水平或工作总量的最基本的统计指标。

② 相对指标又称相对数，是质量指标的一种形式，是两个相互联系的统计指标数值之比，用以反映现象之间的数量联系程度。相对指标的表现形式概括地说有两种：复名数和无名数。

③ 常用的相对指标可以分为 6 种：计划完成情况相对指标、结构相对指标、比例相对指标、比较相对指标、动态相对指标和强度相对指标。

④ 计划完成程度相对指标又称计划完成相对数或计划完成百分比，是实际完成数与计划任务数之比，用来检查、监督计划的执行情况。其计算公式为：

$$\text{计划完成程度相对指标} = \frac{\text{实际完成数}}{\text{计划任务数}} \times 100\%$$

⑤ 平均指标又称平均数，是用来反映总体各单位某一数量标志在一定时间、地点、条件下一般水平的综合指标。它也是反映统计分布集中趋势或中心位置的特征值。平均指标按照计算方法的不同，分为算术平均数、调和平均数、几何平均数、众数和中位数。

⑥ 算术平均数又称均值，是最常用的平均指标，计算公式形式是总体标志总量除以总体单位总量。算术平均数又分为简单算术平均数和加权算术平均数两种。

⑦ 调和平均数是平均指标的另一种表现形式，原始含义是各个变量值倒数的算术平均数的倒数。在实际工作中，由于所获得的数据不同，所以有时不能直接用算术平均数的计算公式来计算，这就需要用调和平均数的形式来计算。

⑧ 几何平均数是 n 项变量值连乘积的 n 次方根。几何平均数主要应用于：当若干个比率的连乘积等于总比率时，计算其平均比率；当各期发展速度的连乘积等于总发展速度

时，计算其发展平均速度。

⑨ 众数是一种位置平均数，是一组数据中出现次数最多的那个值；中位数也是一种位置平均数，是将被研究对象中个体的标志值依其大小顺序排列，居中间位置的标志值称为中位数。

⑩ 变异度又称标志变动度，既是反映总体各单位标志值差异程度的指标，也是反映总体分布状况的特征值之一。变异度指标主要有全距、平均差、方差与标准差、变异系数。

拓展阅读

2020 年全国居民人均可支配收入 32 189 元

国家统计局 2021 年 2 月 28 日发布《中华人民共和国 2020 年国民经济和社会发展统计公报》（以下简称《公报》）指出，2020 年全年全国居民人均可支配收入 32 189 元，比上年增长 4.7%，扣除价格因素，实际增长 2.1%。全国居民人均可支配收入中位数 27 540 元，增长 3.8%。

按常住地分，城镇居民人均可支配收入 43 834 元，比上年增长 3.5%，扣除价格因素，实际增长 1.2%。城镇居民人均可支配收入中位数 40 378 元，增长 2.9%。农村居民人均可支配收入 17 131 元，比上年增长 6.9%，扣除价格因素，实际增长 3.8%。农村居民人均可支配收入中位数 15 204 元，增长 5.7%。城乡居民人均可支配收入比值为 2.56，比上年缩小 0.08。

按全国居民五等份收入分组：低收入组人均可支配收入 7 869 元；中间偏下收入组人均可支配收入 16 443 元；中间收入组人均可支配收入 26 249 元；中间偏上收入组人均可支配收入 41 172 元；高收入组人均可支配收入 80 294 元。全国农民工人均月收入 4 072 元，比上年增长 2.8%。

《公报》指出，全年全国居民人均消费支出 21 210 元，比上年下降 1.6%，扣除价格因素，实际下降 4.0%。其中，人均服务性消费支出 9 037 元，比上年下降 8.6%，占居民人均消费支出的比重为 42.6%。按常住地分，城镇居民人均消费支出 27 007 元，下降 3.8%，扣除价格因素，实际下降 6.0%；农村居民人均消费支出 13 713 元，增长 2.9%，扣除价格因素，实际下降 0.1%。全国居民恩格尔系数为 30.2%，其中城镇为 29.2%、农村为 32.7%。

任务实施

项目三　描述 XX 企业职工平均薪酬的代表性

（一）领取并填写项目实施资料

领取项目三任务工作单（见附表）。

（二）操作步骤

步骤 1　仔细阅读"项目情境""情境分析"，领会工作任务。

步骤 2　认真学习教材中"知识引入"的内容。

步骤 3　查阅图书馆、资料室等处的相关学习资源。

附表　任务工作单

项目三		班级		小组	
		姓名		日期	
		电话		评分	
	成果描述 （如字数、是否下厂实践、走访企业或人员等）				
	成果形式 （电子文档、PPT、其他）				
	操作中涉及的相关知识点（以前、现在，可以跨专业）				
	完成任务时间/天数				
	完成任务需要的人力资源（团队人员名称、个人或其他人员）				
	完成任务需要的物力资源				
	学生建议（或感受）				
	教师点评				

步骤 4　参考网络资源：中国统计信息网 http://www.cnstats.org/；中国教育统计网 http://www.stats.edu.cn/。

步骤 5　以小组为单位，共同完成"描述 A 公司职工平均薪酬的代表性"。既可自行完成，也可另选与综合指标内容有关的其他题目。

（三）任务汇报

任务完成后，各小组提交一份有关"描述 A 公司职工平均薪酬的代表性"的计算过程，选出一名代表用 PPT 汇报发言并展示。

汇报发言的主要内容是：

1. 介绍职工平均薪酬及变异度指标的计算过程。
2. 展示"描述 A 公司职工平均薪酬代表性"的内容。

（四）学生互评

其他小组根据汇报展示情况提出自己的想法和建议、展开讨论并进行互评。建议从以下几方面去评价。

1. 平均指标、变异度指标的计算过程及结果是否正确、评价是否准确。
2. 计算过程中在统计表格中的运算是否正确、公式符号表达是否准确。
3. 应用 Word、Excel、PPT 等相关计算机基础技能的熟练程度。

（五）教师点评及其他

教师对学生的计算过程、计算结果及应用 Word、Excel、PPT 等计算机基础技能的熟练程度等进行点评，并提出修改建议。

思考与练习

一、填空题

1. 结构相对数的分子、分母不能互换位置，且各部分所占比重之和应等于_____。
2. 计划指标的表现形式既可以是绝对数，也可以是_____和_____。
3. 平均数就是在_____内将各单位数量差异抽象化，用以反映总体的_____。
4. 权数对算术平均数的影响作用不决定于权数_____的大小，而决定于权数_____的大小。
5. 几何平均数是 n 个标志值连乘积的 n 次方根，是计算_____和平均速度最适用的一种方法。
6. 统计中的变量数列是以_____为中心而左右波动，所以平均数反映了总体分布的_____。
7. 中位数是位于变量数列_____的那个标志值；众数是在总体中出现次数_____的那个标志值。中位数和众数也可以称为_____平均数。
8. 众数主要用于测度_____集中趋势，也可用于_____。
9. 当变量数列中算术平均数大于众数时，这种变量数列的分布呈_____分布；反之，算术平均数小于众数时，变量数列的分布则呈_____分布。在对称的钟形分布中，算数术平均数、众数和中位数三者之间的关系是_____。
10. 变异度指标用来测定标志值的离散趋势，反映平均指标的_____，主要包括_____、_____、_____和_____。

二、判断题

1. 总量指标的数值随着总体范围的扩大而增加。（ ）
2. 结构相对数中的各组数值大于 1。（ ）
3. 计划完成程度相对指标大于 100%，表示超额完成计划。（ ）
4. 反映总体内部构成特征的指标是比例相对数。（ ）
5. 算术平均数的大小只受总体各单位标志值大小的影响。（ ）
6. 中位数和众数都属于平均数，因此它们数值的大小受到总体内各单位标志值大小的影响。（ ）
7. 当各标志值的连乘积等于总比率或总速度时，宜采用几何平均法计算平均数。（ ）
8. 按人口平均的粮食产量是一个平均指标。（ ）
9. 是非标志的标准差是总体中两个成数的几何平均数。（ ）
10. 比较两个不同总体平均数的代表性，标准差越大，说明平均数的代表性越好。（ ）

三、单项选择题

1. 下面属于结构相对指标的有（   ）。

A. 人口出生率　　B. 产值利润率　　C. 性别比　　D. 工农业产值比

2. 下面属于强度相对指标的有（　　）。

　　A. 平均月产量　　B. 平均工资　　C. 人均粮食产量　　D. 平均年龄

3. 不同总体的不同性质指标对比的相对数是（　　）。

　　A. 动态相对数　　B. 比较相对数　　C. 强度相对数　　D. 比例相对数

4. 某商场计划4月份销售利润比3月份提高2%，实际却下降了3%，则销售利润计划完成程度为（　　）。

　　A. 66.7%　　B. 95.1%　　C. 105.1%　　D. 99.0%

5. 计算平均指标的基本要求是所要计算的平均指标的总体单位应是（　　）。

　　A. 大量的　　B. 同质的　　C. 工人数　　D. 企业数

6. 某公司下属10家企业，已知每家企业某月产值计划完成百分比和实际产值，要求计算该公司平均计划完成程度。采用加权调和平均数的方法计算，其权数是（　　）。

　　A. 计划产值　　B. 实际产值　　C. 标准差　　D. 标准差系数

7. 变异指标中最容易受极端值影响的是（　　）。

　　A. 极差　　B. 平均差　　C. 标准差　　D. 标准差系数

8. 已知某班40名学生，其中男、女学生各占一半，则该班学生性别的成数方差为（　　）。

　　A. 25%　　B. 30%　　C. 40%　　D. 50%

9. 一组样本数据为3、3、3、1、5、13、12、11、9，这组数据的中位数是（　　）。

　　A. 3　　B. 13　　C. 7.1　　D. 5

10. 两个总体的平均数不等，但标准差相等，则（　　）。

　　A. 平均数小，代表性大　　　　B. 平均数大，代表性大
　　C. 无法进行正确判断　　　　　D. 两个平均数代表性相同

四、多项选择题

1. 在相对数中，子项和母项可以互换位置的有（　　）。

　　A. 结构相对数　　B. 比例相对数　　C. 比较相对数
　　D. 动态相对数　　E. 计划完成相对数

2. 反映国民经济产业结构的相对数是（　　）。

　　A. 国民生产总值　　B. 第一、第二、第三产业值之比
　　C. 各产业增长速度　　D. 各产业比上年增长量
　　E. 各产业占的比重

3. 下列属于强度相对指标的有（　　）。

　　A. 人均国民收入　　B. 人口平均年龄　　C. 粮食平均亩产量
　　D. 人口密度　　E. 人均粮食产量

4. 下列属于平均指标的有（　　）。

　　A. 人均国民收入　　B. 平均年龄　　C. 粮食平均亩产量
　　D. 人口密度　　E. 人均粮食产量

5. 在各种平均数中，不受极端值影响的平均数是（　　）

A. 算术平均数   B. 调和平均数   C. 中位数
D. 几何平均数   E. 众数

6. 下列指标中，属于时点指标的有（   ）。
A. 资产库存   B. 耕地面积   C. 全年出生人口数
D. 进出口总额   E. 年末全国城市数

7. 下列指标中，属于质量指标的有（   ）。
A. 工资总额 10 656 亿元   B. 某地区常住人口 1 696 万人
C. 钢材利用率 89.6%   D. 职工平均工资 9 464 元
E. 我国某地区人口密度 132 人/平方公里

8. 商品库存额属于（   ）。
A. 总量指标   B. 相对指标   C. 平均指标
D. 时期指标   E. 时点指标

9. 变异度指标主要有（   ）。
A. 全距   B. 平均差   C. 标准差或方差
D. 变异系数   E. 平均指标

10. 变异系数是（   ）。
A. 平均数和标准差的比值
B. 可衡量平均指标不同的总体标志变动度的大小
C. 标准差和平均数的比值
D. 用相对数表现的标志变动度指标
E. 离散系数

五、简答题

1. 为什么相对数要与绝对数要结合运用？
2. 时期指标和时点指标有什么区别？
3. 简述算术平均数、中位数、众数三者之间的关系。
4. 平均指标包括哪些指标？
5. 平均指标为什么要与变异度指标结合应用？

六、计算题

1. 某局所属 20 家企业的产量计划完成情况如下表所示。

计划完成程度 /%	企业数	计划总任务数 / 万件
90～100	6	300
100～110	11	1 200
110 以上	3	200
合 计	20	1 700

要求：根据以上资料计算企业的平均产量计划完成程度。

2. 某厂生产某种产品，本年度计划单位成本降低 5%，而实际单位成本降低了 8%；计划该厂本年劳动生产率比上年提高 10%，而实际提高了 15%。要求：计算单位成本计划完成程度和劳动生产率计划完成程度，并指出是否超额完成计划及超额多少。

3．某地区 2021 年和 2020 年国内生产总值资料如下表所示。

	2021 年		2020 年实际完成 / 亿元	2021 年比 2020 年增长 /%
	实际完成 / 亿元	比重 /%		
国内生产总值	424			4.8
其中：第一产业		28.4	118	
第二产业			192	5.8
第三产业				

要求：填列表中空缺数值。

4．某大型超市所属 3 家分店销售计划执行情况如下表所示。

大型超市	2021 年				2020 年实际销售额 / 万元	2021 年销售额为 2020 年的 /%
	计 划		实际销售额 / 万元	计划完成程度 /%		
	销售额 / 万元	比重 /%				
一店	4 000		4 800		3 000	
二店	2 500			110	2 000	
三店			5 000	80	4 000	
合　计						

要求：填列表中空缺数值。

5．某村农户年收入资料如下表所示。

年收入额 / 元	农户数 / 户
30 000 元以下	25
30 000 ～ 40 000	48
40 000 ～ 50 000	75
50 000 ～ 60 000	132
60 000 ～ 70 000	80
70 000 ～ 80 000	65
80 000 ～ 90 000	32
90 000 ～ 100 000	26
100 000 元以上	17
合　计	500

要求：试确定农民年收入的众数和中位数。

6．某种商品在两个地区销售情况如下表所示。

商品等级	单价 / 元	甲地区销售额 / 元	乙地区销售量 / 件
一等品	15	13 000	2 000
二等品	12	24 000	1 000
三等品	10	10 000	1 200
合　计			

要求：分别计算甲、乙两个地区该商品的平均价格。

7. 甲、乙两企业人数及月产量资料如下表所示。

月产量/件	甲企业人数/人	乙企业人数/人
400 以下	4	2
400～600	15	18
600～800	84	73
800～1 000	126	103
1 000 以上	28	42
合　计		

要求：计算两企业的平均月产量。

（1）甲、乙两企业工人月平均产量为（　　）。

A. 甲 824 件，乙 833 件　　　　　　B. 甲 839 件，乙 824 件

C. 甲 824 件，乙 839 件　　　　　　D. 甲 839 件，乙 833 件

（2）关于甲、乙两企业月平均产量的代表性，下列正确的有（　　）。

A. 甲标准差 160 件，乙 171 件

B. 甲企业平均指标的代表性大

C. 乙企业平均指标的代表性大

D. 平均指标不相同的总体，可用标准差比较代表性

8. 某乡甲、乙两个村的粮食生产情况如下表所示。

按耕地自然条件分组	甲　村		乙　村	
	平均亩产/（千克/亩）	粮食产量/千克	平均亩产/（千克/亩）	播种面积/亩
山地	100	25 000	150	1 250
丘陵地	150	150 000	200	500
平原地	400	500 000	450	750

要求：试分别计算甲、乙两个村的平均亩产。根据资料及计算结果比较分析哪一个村的生产经营管理工作做得好，并简述做出这一结论的理由。

模块三

诊断数据，分析变动

项目四　A公司生产经营状况的动态分析

项目情境

此次"新型冠状病毒肺炎"疫情对钢材供给侧的短期影响表现为市场有效供给下降，公司成品库存因需求萎缩和物流不畅而增加，钢材价格下跌，销售收入下降。2020年1—3月，产量均同比下降，再加上钢材价格下降和原材料成本上升的影响，公司经营效益下滑。2月份A公司下游行业大量企业短期内处于停产停工状态，短期内钢材消费需求大幅下降、出口受阻、钢厂成品库存占用增加，加上物流受阻等导致原料库存不足，倒逼公司减产。公司处在高库存、高成本、低需求的"二高一低"格局下。

进入3月份，虽然下游企业逐渐复产复工，但距离恢复到原来的额定产能还有很大差距，导致钢材需求不高。公司资金比较紧张，流动资金基本沉淀在钢材库存当中。

2020年一季度，A公司铁产量、钢产量、钢材产量分别完成117.25万吨、104.06万吨、

92.07 万吨，同比分别下降 9.87%、9.14%、10.62%。

进入二季度，钢铁行业逐渐摆脱疫情影响，复工复产有序推进，至年底公司生产经营保持平稳运行态势：二季度产量环比分别增长 2.27%、3.16%、2.32%；三季度产量环比分别增长 3.14%、3.72%、3.64%；四季度产量环比分别增长 3.22%、3.87%、3.75%。

情境分析

1 至 3 月份，钢材市场连续下挫，部分品种的钢材价格已经逼近钢厂生产成本，甚至低于钢厂的成本价格，对生产经营冲击较大。疫情结束后受政策拉动和需求回暖的影响，下半年明显好转，将回归合理区间，全年钢材价格将呈现先抑后扬态势。

根据目前生产经营情况，结合本项目学习的动态数列分析方法，分析 A 公司 2020 年各季度产品产量的变动情况。

工作任务

1. 搜集各季度产量资料编制动态数列，计算全年产量的动态比较指标。
2. 计算全年产量的动态平均指标，描述产量变化的动态数量特征。

知识引入

动 态 数 列

知识目标
◇ 掌握动态数列的概念、种类及编制原则。
◇ 掌握动态比较指标、动态平均指标的种类及计算方法。
◇ 了解长期趋势、季节变动测定分析方法。

能力目标
◇ 能编制动态数列，并能区分时期数列和时点数列。
◇ 能根据资料计算动态比较指标、动态平均指标。
◇ 能将基本的统计指标理论转化为实际应用和实践操作。

思政元素

稳定恢复——迈上新台阶

模块三　诊断数据，分析变动

内容结构

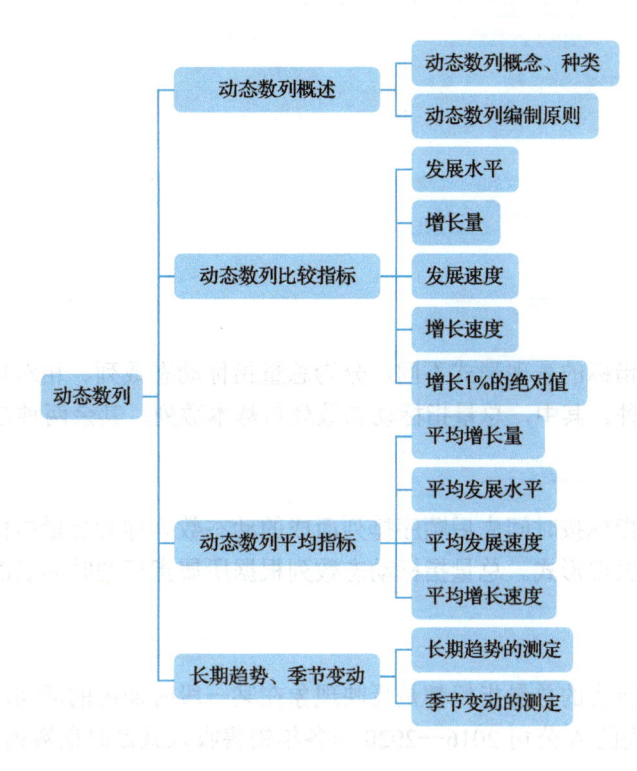

- 动态数列
  - 动态数列概述
    - 动态数列概念、种类
    - 动态数列编制原则
  - 动态数列比较指标
    - 发展水平
    - 增长量
    - 发展速度
    - 增长速度
    - 增长1%的绝对值
  - 动态数列平均指标
    - 平均增长量
    - 平均发展水平
    - 平均发展速度
    - 平均增长速度
  - 长期趋势、季节变动
    - 长期趋势的测定
    - 季节变动的测定

任务一　认识动态数列

一、动态数列的概念

动态数列又称时间数列，是指将某一指标的历史数据按时间先后顺序排列而形成的数列。根据观察时间的不同，动态数列中的时间可以是年份、季度、月份或其他任何时间形式。

动态数列由两个基本要素构成：一是现象所属的时间，如表 4.1 所示；二是现象在不同时间上对应的指标数值，也称为动态数列的发展水平，如表 4.2 所示。

表 4.1　A 公司 2016—2020 年各年销售收入等指标

指　标	2016 年	2017 年	2018 年	2019 年	2020 年
销售收入 / 万元	91 520	97 246	111 060	112 285	112 030
利润总额 / 万元	686	760	868	971	965
税前利润率 /%	7.50	7.80	7.82	8.16	8.13
年末职工人数 / 人	6 020	6 065	6 168	6 215	6 250
平均工资 /（元 / 人）	4 850	4 937	5 574	5 680	5 600

表 4.2 我国 2016—2019 年期间国内生产总值等资料

年 份	国内生产总值 /亿元	年末全国总人口 /万人	第三产业就业人员占 全部就业人员比重/%
2016	743 585	138 271	43.5
2017	820 754	139 008	44.9
2018	919 281	139 538	46.3
2019	990 865	140 005	47.4

二、动态数列的分类

动态数列按其指标的表现形式不同，分为总量指标动态数列、相对指标动态数列和平均指标动态数列 3 种。其中，总量指标动态数列是基本数列；其余两种是派生数列。

（一）总量指标动态数列

由一系列总量指标按时间先后顺序排列而成的动态数列称为总量指标动态数列，是动态数列中最基本的表现形式。总量指标动态数列根据所属指标的时间状况，可以分为以下两种。

1. 时期数列

动态数列中所包含的总量指标都是反映现象在某一段时期内的活动总量的，就是时期数列。表 4.1 中所列的 A 公司 2016—2020 年各年销售收入就是时期数列。

2. 时点数列

动态数列中所包含的总量指标都是反映现象在某一时点上所达到的数量水平的，就是时点数列。表 4.1 中所列的 A 公司 2016—2020 年各年年末职工人数就是时点数列。

（二）相对指标动态数列

由一系列相对指标按时间先后顺序排列而成的动态数列称为相对指标动态数列，反映了社会经济现象之间对比关系的发展过程。表 4.1 中 A 公司 2016—2020 年各年税前利润率就属于相对指标动态数列。在相对指标动态数列中，各个指标数值是不能相加的。

（三）平均指标动态数列

由一系列平均指标按时间先后顺序排列而成的动态数列称为平均指标动态数列。表 4.1 中 A 公司 2016—2020 年各年平均工资就属于平均指标动态数列。

三、动态数列的编制原则

保证数列中各个指标值的可比性是编制动态数列最主要的原则。其具体要求如下。

（一）时间长短或时间间隔应前后一致

一般要求时期数列中各项指标值与包含的时期长短应前后一致，以利于对比；时点数列中的各项指标值，虽然其数值大小与时间的间隔长短无直接联系，但如果各数值之间时间间隔相等，就便于观察现象发展变化的趋势或规律，从而有利于进一步计算动态分析指标。在特殊研究目的的情况下，也可将时期不同的指标值编为动态数列，如表 4.3 所示。

表 4.3　我国几个重要时期的钢产量资料

时间 / 年	1900—1949	1991—1995	1996—2000	2001—2005
钢产量 / 万吨	776	42 478	71 842	119 432

该动态数列中指标所属的时期间隔不等：第一项指标是中华人民共和国建立前 50 年钢产量的总和；后 3 项为中华人民共和国建立后几个"五年规划"的实际钢产量。此例更能显示出我国钢铁工业发展的状况。

（二）总体范围应该一致

动态数列中各时期指标值的大小，与其包括的总体范围有直接关系，如果总体范围发生了变化，则前后期的指标值不能直接对比，必须将资料进行适当调整，以求得总体范围的统一，然后再做动态分析。

（三）计算方法、计算价格和计量单位应该一致

动态数列中各项指标的计算口径、计算单位、计算价格和计算方法应当一致。如果有不同，则应进行相应调整，然后再进行对比分析。

（四）指标的经济内容应该一致

动态数列中各项指标值大小与其包括的经济内容也有直接关系，如果经济内容发生了变化，则前后时间的指标值不能直接对比，需要做出调整，以保证它们的一致性。

任务二　计算动态数列比较指标

一、发展水平

动态数列中的每一项具体指标数值，称为现象在不同时间上的发展水平。它是计算动态平均发展水平与速度指标的基础，是动态数列分析的起点。发展水平有总量指标发展水平、相对指标发展水平和平均指标发展水平 3 种形式。

在动态数列中，通常把数列的第一项称为最初发展水平，用 a_0 表示；最后一项称为最末发展水平，用 a_n 表示；其余中间各项称为中间水平，分别用 a_1，a_2，…，a_{n-1} 表示。

表 4.1 中给出了 5 个动态数列，这几个动态数列的起始时间都是 2016 年，结束时间都是 2020 年，对应的指标值就是各个数列的最初发展水平和最末发展水平。例如，销售收入的最初发展水平为 91 520 万元，最末发展水平为 112 030 万元。

在动态分析中，常需要将两个时期的发展水平进行比较。这时，被研究时期的发展水平称为报告期水平或计算期水平；作为比较基础的发展水平称为基期水平或基础水平。

二、增长量（增长水平）

增长量又称增减水平、增长水平，反映了现象在一定时期内增长的绝对数量，是报告期水平与基期水平之差。其计算公式为：

$$增长量 = 报告期水平 - 基期水平$$

如果报告期水平高于基期水平，则表示增加的绝对量；反之，表示减少的绝对量。

（一）增长量分类

根据所选的基期不同，增长量分为逐期增长量和累计增长量。

1. 逐期增长量

逐期增长量是报告期水平与前一期水平之差，说明本期比上期增长的绝对数量。其计算公式为：

$$逐期增长量 = 报告期水平 - 前一期水平$$

用符号表示为：$a_1 - a_0, a_2 - a_1, a_3 - a_2, \cdots, a_n - a_{n-1}$

2. 累计增长量

累计增长量是报告期水平与某一固时期水平（通常为最初水平）之差，说明现象在较长时期内增长的绝对数量。其计算公式为：

$$累计增长量 = 报告期水平 - 最初水平（固定基期水平）$$

用符号表示为：$a_1 - a_0, a_2 - a_0, a_3 - a_0, \cdots, a_n - a_0$

（二）逐期增长量和累计增长量之间的关系

从上述公式中，可以看出逐期增长量和累计增长量之间存在着如下关系。

n 项逐期增长量之和等于第 n 期的累计增长量，即：

$$(a_1 - a_0) + (a_2 - a_1) + (a_3 - a_2) + \cdots + (a_n - a_{n-1}) = a_n - a_0$$

现以 2015—2020 年我国社会物流总额资料为例计算各年的增长量，计算的逐期增长量和累计增长量的结果如表 4.4 所示。

表 4.4 2015—2020 年我国社会物流总额资料　　　　　　　　　　　万亿元

年　份		2015	2016	2017	2018	2019	2020
社会物流总额		219.2	229.7	252.8	283.1	298.0	300.1
增长量	逐期	—	10.5	23.1	30.3	14.9	2.1
	累计	—	10.5	33.6	63.9	78.8	80.9

（三）同比增长量

在实际统计工作中，为了消除季节变动的影响，也经常计算当年某月或某季的发展水

平减去去年同期的发展水平,称为年距增长量(又称同比增长量),即:

同比增长量＝报告年某月(或某季)发展水平－去年同月(或同季)发展水平

例 4-1 2020 年第三季度我国社会物流总额 79.1 万亿元,2019 年第三季度社会物流总额 76.4 万亿元,则:

2020 年第三季度社会物流总额同比增长量 =79.1-76.4=2.7(万亿元)

三、发展速度

发展速度是表明社会经济现象发展程度的相对指标,是根据报告期发展水平与基期发展水平之比求得的,说明报告期水平是基期水平的几倍或百分之几。发展速度一般用百分数表示。其计算公式为:

$$发展速度 = \frac{报告期发展水平}{基期发展水平} \times 100\%$$

(一)发展速度分类

由于采用的基期不同,发展速度可分为环比发展速度和定基发展速度两种。

1. 环比发展速度

环比发展速度是报告期发展水平与前一时期发展水平之比,说明社会经济现象前后两期发展变化的方向和程度。其计算公式为:

$$环比发展速度 = \frac{报告期发展水平}{前一期发展水平} = \frac{a_n}{a_{n-1}}$$

用符号表示为:

$$\frac{a_1}{a_0}, \frac{a_2}{a_1}, \frac{a_3}{a_2}, \cdots, \frac{a_n}{a_{n-1}}$$

2. 定基发展速度

定基发展速度是报告期发展水平与某一固定基期发展水平(通常为最初水平)之比,说明社会经济现象在较长时期内发展变化的方向和程度。其计算公式为:

$$定基发展速度 = \frac{报告期发展水平}{固定基期发展水平} = \frac{a_n}{a_0}$$

用符号表示为:

$$\frac{a_1}{a_0}, \frac{a_2}{a_0}, \frac{a_3}{a_0}, \cdots, \frac{a_n}{a_0}$$

(二)环比发展速度和定基发展速度之间的关系

各个时期环比发展速度的连乘积等于相应时期的定基发展速度,即:

$$\frac{a_1}{a_0} \times \frac{a_2}{a_1} \times \frac{a_3}{a_2} \times \cdots \times \frac{a_n}{a_{n-1}} = \frac{a_n}{a_0}$$

以 2015—2020 年我国社会物流总额资料为例计算各年的发展速度,如表 4.5 所示。

表 4.5 2015—2020 年我国社会物流总额的发展速度

年份		2015	2016	2017	2018	2019	2020
社会物流总额/万亿元		219.2	229.7	252.8	283.1	298.0	300.1
增长量/万亿元	逐期	—	10.5	23.1	30.3	14.9	2.1
	累计	—	10.5	33.6	63.9	78.8	80.9
发展速度/%	环比	—	104.79	110.06	111.99	105.26	100.70
	定基	—	104.79	115.33	129.15	135.95	136.91

(三)同比发展速度

在实际工作中,为了消除季节变动的影响,常计算年距发展速度,也称同比发展速度。它是报告年某月(或某季)发展水平与去年同期发展水平之比,反映现象一年后的发展变化方向和程度。其计算公式为:

$$同比发展速度 = \frac{报告年某月(季)发展水平}{去年同月(季)发展水平} \times 100\%$$

例 4-2 2020 年第三季度我国社会物流总额为 79.1 万亿元,2019 年第三季度社会物流总额为 76.4 万亿元,则:

$$2020年第三季度社会物流总额同比发展速度 = \frac{79.1}{76.4} \times 100\% = 103.53\%$$

四、增长速度

增长速度是表明社会经济现象增长程度的相对指标,是增长量与基期水平之比,也等于发展速度减 1,表明报告期水平比基期水平增加了几倍或百分之几,用以说明现象在一定时期内增长的相对程度。其计算公式为:

$$增长速度 = \frac{增长量}{基期水平} = \frac{报告期水平 - 基期水平}{基期水平} = 发展速度 - 1$$

从上式可以看出,当发展速度>1 时,增长速度为正值,表示现象增长或提高的程度;当发展速度<1 时,增长速度为负值,表示现象降低或减少的程度。具体评价时,还要视基础指标的性质而定。

(一)增长速度分类

由于选择的基期不同,所以增长速度分为环比增长速度和定基增长速度两种。

1. 环比增长速度

环比增长速度是逐期增长量与前一期水平之比，等于环比发展速度减 1，用来反映现象逐期增长的相对程度。其计算公式为：

$$环比增长速度 = \frac{报告期水平 - 前一期水平}{前一期水平} = \frac{逐期增长量}{前一期水平} = 环比发展速度 - 1$$

2. 定基增长速度

定基增长速度是累计增长量与某一固定基期水平之比，等于定基发展速度减 1，用来反映现象在较长时期内增长的相对程度。其计算公式为：

$$定基增长速度 = \frac{报告期水平 - 固定基期水平}{固定基期水平} = \frac{累计增长量}{固定基期水平} = 定基发展速度 - 1$$

以 2015—2020 年我国社会物流总额资料为例计算各年的增长速度，如表 4.6 所示。

表 4.6　2015—2020 年我国社会物流总额的增长速度

年份		2015	2016	2017	2018	2019	2020
社会物流总额/万亿元		219.2	229.7	252.8	283.1	298.0	300.1
增长量 /万亿元	逐期	—	10.5	23.1	30.3	14.9	2.1
	累计	—	10.5	33.6	63.9	78.8	80.9
发展速度 /%	环比	—	104.79	110.06	111.99	105.26	100.70
	定基	—	104.79	115.33	129.15	135.95	136.91
增长速度 /%	环比	—	4.79	10.06	11.99	5.26	0.70
	定基	—	4.79	15.33	29.15	35.95	36.91

这里必须注意，环比增长速度的连乘积不等于定基增长速度，两者没有关系。

（二）同比增长速度

在实际工作中，也常计算年距增长速度，也称同比增长速度。它是报告年某月（或某季）发展水平与去年同期发展水平之比再减去 1，或者同比发展速度减去 1。其计算公式为：

$$同比增长速度 = \frac{报告年某月（季）发展水平 - 去年同月（季）发展水平}{去年同月（季）发展水平} \times 100\%$$

$$= 同比发展速度 - 1$$

例 4-3　2020 年第三季度我国社会物流总额 79.1 万亿元，2019 年第三季度社会物流总额 76.4 万亿元，则：

2020 年第三季度社会物流总额同比增长速度 = 103.53% − 1 = 3.53%

五、增长 1% 的绝对值

运用动态数列进行动态分析时，既要看速度，又要看水平，只有把它们结合起来，才能对现象的变化做出全面的认识。统计中体现速度与水平相结合的一个代表性指标就是增长 1% 的绝对值，反映环比速度每增长 1 个百分点所增加的绝对数量，即逐期增长量与环比增长速度的对比值，也即前一期发展水平的1%。其计算公式为：

$$增长1\%的绝对值 = \frac{逐期增长量}{环比增长速度} \times 1\% = \frac{前一期水平}{100}$$

以 2015—2020 年我国社会物流总额资料为例计算增长 1% 的绝对值，如表 4.7 所示。

表 4.7　2015—2020 年我国社会物流总额增长 1% 的绝对值

年 份		2015	2016	2017	2018	2019	2020
社会物流总额 /万亿元		219.2	229.7	252.8	283.1	298.0	300.1
增长量 /万亿元	逐期	—	10.5	23.1	30.3	14.9	2.1
	累计	—	10.5	33.6	63.9	78.8	80.9
发展速度 /%	环比	—	104.79	110.06	111.99	105.26	100.70
	定基	—	104.79	115.33	129.15	135.95	136.91
增长速度 /%	环比	—	4.79	10.06	11.99	5.26	0.70
	定基	—	4.79	15.33	29.15	35.95	36.91
增长 1% 的绝对值 /万亿元		—	2.192	2.297	2.528	2.831	2.98

任务三　计算动态数列平均指标

动态数列的平均指标主要包括平均增长量、平均发展水平、平均发展速度和平均增长速度。

一、平均增长量（平均增长水平）

平均增长量又称平均增长水平，是逐期增长量的序时平均数，用以反映某种社会经济现象在一段时期内增长的一般水平。它既可以根据逐期增长量求得，也可以根据累计增长量求得。其计算公式为：

$$平均增长量 = \frac{逐期增长量之和}{逐期增长量个数} = \frac{累计增长量}{动态数列项数 - 1}$$

利用表 4.7 所示资料计算我国"十三五"期间社会物流总额的年平均增长量，则：

$$"十三五"期间我国社会物流总额年平均增长量 = \frac{10.5 + 23.1 + \cdots + 2.1}{5} = 16.18（万亿元）$$

二、平均发展水平

平均发展水平又称序时平均数或动态平均数，是将不同时期的发展水平加以平均而得到的平均数，表明现象在一段时间内发展水平达到的一般水平。

平均发展水平与静态平均数既有相同之处，也存在区别。相同之处是二者都是将现象的个别数量差异抽象化，概括出现象在数量上的一般水平。两者的区别在于：

① 计算的资料不同。静态平均数是根据变量数列计算的；平均发展水平是根据动态数列计算的。

② 计算的对象不同。静态平均数是对总体各单位在同一时间上的某一数量标志值求其平均；平均发展水平是对动态数列中不同时间上的指标数值求其平均。

③ 反映的时间角度不同。静态平均数是从静态上反映现象在同一时间上达到的一般水平；平均发展水平是从动态上反映某一现象在不同时间上达到的一般水平。

平均发展水平在动态分析中具有重要的作用：

① 它可以反映社会经济现象在一定时期内发展达到的一般水平，并对其做出概括性的说明。

② 利用它可以把时间长短不等的总量指标由不可比变为可比，消除现象在短期内波动的影响，便于广泛进行对比，观察现象的发展趋势。

③ 运用它还可对不同单位、不同地区在某一时期内某一事物发展达到的一般水平进行比较与评价。

由于发展水平有不同的表现形式，所以平均发展水平也就有不同的计算方法。

（一）根据总量指标动态数列计算平均发展水平

1. 由时期数列计算

根据时期数列的特点，平均发展水平的计算方法可采用简单算术平均法。其计算公式为：

$$\bar{a} = \frac{a_1 + a_2 + \cdots + a_n}{n} = \frac{\sum a}{n}$$

式中，$\bar{a}$ 为平均发展水平；a_1、a_2、$\cdots$、a_n 为各个时期的发展水平；n 为时期项数。

例 4-4 根据表 4.7 我国社会物流总额动态数列，计算我国"十三五"期间平均每年社会物流总额。

$$\bar{a} = \frac{\sum a}{n} = \frac{229.7 + 252.8 + 283.1 + 298 + 300.1}{5} = 272.74（万亿元）$$

2. 由时点数列计算

时点数列分为连续时点数列和间断时点数列，因而计算平均发展水平的方法也不同。

（1）连续时点数列

按日登记取得资料的时点数列称为连续时点数列。它有以下两种情况。

① 数列中各项指标为逐日登记、逐日排列的，可视为间隔相等的连续时点数列，利用简单算术平均数法求平均发展水平。其计算公式为：

$$\bar{a}=\frac{\sum a}{n}$$

例如，已知 A 公司 2021 年 5 月份每天出勤人数，计算该月的日平均出勤人数时，将每天出勤人数相加除以该月的日历天数即得。

② 数列中各项指标并非逐日登记而只是在发生变动时进行登记，可视为间隔不相等的连续时点数列，应以每次变动持续的时间长度（f）为权数对各时点水平（a）加权，用加权算术平均法计算平均发展水平。其计算公式为：

$$\bar{a}=\frac{\sum af}{\sum f}$$

例 4-5 A 公司 2021 年 5 月份产品库存变动资料如表 4.8 所示。

表 4.8　A 公司 2021 年 5 月份产品库存

变动日期	1 日	9 日	13 日	19 日	22 日	25 日	28 日	31 日
库存量 / 万吨	26	30	25	20	16	9	5	9

A 公司 2021 年 5 月份产品平均库存量为：

$$\bar{a}=\frac{\sum af}{\sum f}=\frac{637}{31}\approx 20.55\text{（万吨）}$$

（2）间断时点数列

间断时点数列是指按月末、季末或年末登记取得资料的时点数列。它有以下两种情况。

① 间隔相等的间断时点数列。如果动态数列中各间断时点间的间隔长短相等，就构成了间隔相等的间断时点数列。在实际统计工作中，对时点指标，为了简化登记手续，往往每隔一定时间登记一次，以求得整个研究期间的平均发展水平。其计算公式为：

$$\bar{a}=\frac{\dfrac{a_1}{2}+a_2+a_3+\cdots+a_{n-1}+\dfrac{a_n}{2}}{n-1}$$

例 4-6 A 公司 2021 年上半年各月职工人数资料如表 4.9 所示。

表 4.9　A 公司 2021 年上半年各月职工人数

月　份	1 月初	2 月初	3 月初	4 月初	5 月初	6 月初	7 月初
职工人数 / 人	6 000	6 011	6 023	6 023	6 030	6 033	6 040

根据表 4.9 中的各月初职工人数动态数列，计算上半年月平均职工人数：

$$\bar{a}=\frac{\dfrac{6\,000}{2}+6\,011+6\,023+\cdots+6\,033+\dfrac{6\,040}{2}}{7-1}\approx 6\,023\text{（人）}$$

② 间隔不等的间断时点数列。如果动态数列中各间断时点间的间隔长短不等，则计算平均发展水平也需要假定指标值在两个时点之间的变动是均匀的，并假定本期末与下期初时点指标值相等，以间隔时间长度（f）为权数进行加权平均，求得平均发展水平。其计算公式为：

$$\bar{a} = \frac{\frac{a_1+a_2}{2}f_1 + \frac{a_2+a_3}{2}f_2 + \cdots + \frac{a_{n-1}+a_n}{2}f_{n-1}}{f_1 + f_2 + \cdots + f_{n-1}}$$

例 4-7 某只股票2020年各时点的收盘价如表4.10所示。计算该股票2020年的年平均价格。

表4.10 某只股票2020年各统计时点的收盘价

统计时点	1月1日	3月1日	7月1日	10月1日	12月31日
收盘价/元	15.2	14.2	17.6	16.3	15.8

根据公式，该只股票2020年的年平均价格为：

$$\bar{a} = \frac{\frac{15.2+14.2}{2} \times 2 + \frac{14.2+17.6}{2} \times 4 + \frac{17.6+16.3}{2} \times 3 + \frac{16.3+15.8}{2} \times 3}{2+4+3+3}$$

$$=16.0（元）$$

根据间断时点数列计算平均发展水平是在两种假定前提下计算的，但实际上各种现象的变动并不像假设的那样均匀变动，因此为了使计算结果能尽可能地反映实际情况，间断时点数列的间隔不宜过长。

（二）根据相对指标动态数列计算平均发展水平

相对指标动态数列属于派生数列，是由两个具有密切联系的总量指标动态数列相应项对比而得的一种数列。因此，一般不宜直接将数列中的相对指标值简单加总求平均，而应分别计算出构成相对指标时间数列的分子数列与分母数列的平均发展水平，然后进行对比，求得相对指标时间数列的平均发展水平。其用公式表示为：

$$\bar{c} = \frac{\bar{a}}{\bar{b}}$$

设 $c = \frac{a}{b}$，c 为相对指标，a、b 均为总量指标。式中，$\bar{c}$ 为相对指标动态数列的平均发展水平；$\bar{a}$ 为相对指标分子数列的平均发展水平；$\bar{b}$ 为相对指标分母数列的平均发展水平。

相对指标动态数列有3种常见的对比形式。

1. 由两个时期数列对比而成的相对指标动态数列求平均发展水平

要先分别求出两个时期数列的平均发展水平，然后对比求得相对指标动态数列的平均发展水平。其计算公式为：

$$\bar{c} = \frac{\bar{a}}{\bar{b}} = \frac{\sum a / n}{\sum b / n} = \frac{\sum a}{\sum b}$$

例 4-8 A 公司 2021 年一季度某种产品产量计划完成情况资料如表 4.11 所示。要求计算 A 公司第一季度平均计划完成程度。

表 4.11　A 公司 2021 年一季度某种产品产量计划完成情况

指　标	单　位	1 月	2 月	3 月
实际产量 a	吨	4 100	4 360	4 600
计划产量 b	吨	4 000	4 200	4 300
计划完成程度 c	%	102.50	103.81	106.98

A 公司第一季度的平均计划完成率为：

$$\bar{c} = \frac{\sum a}{\sum b} = \frac{4\,100 + 4\,360 + 4\,600}{4\,000 + 4\,200 + 4\,300} \times 100\% = 104.48\%$$

2. 由两个时点数列对比而成的相对指标动态数列求平均发展水平

如前所述，由时点数列求平均发展水平，有连续时点数列和间断时点数列之分，其中最常用的是根据间隔相等的间断时点数列所形成的相对指标动态数列求平均发展水平。

例 4-9 A 公司 2014—2021 年年初生产工人人数及全部职工人数资料如表 4.12 所示。

表 4.12　A 公司 2014—2021 年年初生产工人人数及全部职工人数

年　初	生产工人数 / 人	全部职工人数 / 人
2014	600	986
2015	626	1 007
2016	631	1 020
2017	659	1 035
2018	704	1 068
2019	747	1 109
2020	763	1 127
2021	780	1 130

要求根据表 4.12，计算 A 公司 2015—2020 年生产工人人数占全部职工人数的平均比重。

各年生产工人人数占全部职工人数比重是由两个间隔相等的间断时点数列对比形成的相对指标动态数列。要计算生产工人人数占全部职工人数的平均比重，先要分别计算分子数列 a 和分母数列 b 的平均发展水平，然后将它们对比求得生产工人占全部职工人数的平均比重。其计算公式为：

$$\bar{c} = \frac{\bar{a}}{\bar{b}} = \frac{\left(\dfrac{a_1}{2} + a_2 + \cdots + a_{n-1} + \dfrac{a_n}{2}\right)/(n-1)}{\left(\dfrac{b_1}{2} + b_2 + \cdots + b_{n-1} + \dfrac{b_n}{2}\right)/(n-1)} \times 100\%$$

$$\bar{c} = \frac{\left(\dfrac{626}{2} + 631 + 659 + 704 + 747 + \dfrac{763}{2}\right)/(6-1)}{\left(\dfrac{1\,007}{2} + 1\,020 + 1\,035 + 1\,068 + 1\,109 + \dfrac{1\,127}{2}\right)/(6-1)} \times 100\% = 64.83\%$$

如果只掌握相对指标 c 与分母 b 或分子 a 的资料，则也可利用指标间的关系先求出未知的分子 a 或分母 b 的资料，然后对分子、分母分别平均，并进行对比来求得该相对指标时间数列的平均发展水平。这里不再赘述。

3. 由一个时期数列与一个时点数列对比而成的相对指标动态数列求平均发展水平

例 4-10 我国 2015—2020 年国内生产总值和年末总人口情况如表 4.13 所示。要求计算 2015—2020 年期间人均国内生产总值。

表 4.13 我国 2015—2020 年国内生产总值和年末总人口情况

年　份	2015	2016	2017	2018	2019	2020
国内生产总值／亿元	689 052	743 585	820 754	919 281	990 865	1 015 986
年末全国总人口／万人	130 756	138 271	139 008	139 538	140 005	141 000

在表 4.13 中，国内生产总值是时期数列，年末全国总人口是时点数列，人均国内生产总值是将国内生产总值与全国总人口对比求得的强度相对指标。其平均发展水平计算公式为（具体计算过程略）：

$$\bar{c} = \frac{\bar{a}}{\bar{b}} = \frac{(a_1 + a_2 + \cdots + a_{n-1} + a_n)/n}{\left(\dfrac{b_1}{2} + b_2 + \cdots + b_{n-1} + \dfrac{b_n}{2}\right)/(n-1)}$$

（三）根据平均指标动态数列计算平均发展水平

平均指标动态数列由静态平均数和动态平均数组成，由于这两种平均数各有不同的特点，因此用它们组成的动态数列计算平均发展水平的方法也不相同。静态平均数与相对数一样，也是分子与分母的对比值，对比的形式也有 3 种，因此由静态平均数组成的平均指标时间数列计算平均发展水平的方法与相对指标时间数列相同，这里不再复述。

根据动态平均数所组成的平均指标动态数列计算平均发展水平视掌握资料的不同，有以下两种方法。

1. 数列中各时期间隔相等——用简单算术平均法

例 4-11 XX 公司 2020 年各季度月平均销售成本为：一季度 820 万元／月；二季度 836 万元；三季度 845 万元；四季度 890 万元。

该公司全年每月平均销售成本为：

$$\bar{a} = \frac{\sum a}{n} = \frac{820+836+845+890}{4} = 847.75 \text{（元）}$$

2．数列中各时期间隔不等——用加权算术平均法

例 4-12　XX 公司 2020 年 1 月份职工平均人数为 1 130 人；2、3 月份的职工平均人数为 1 126 人；4 至 6 月份职工平均人数为 1 127 人。

该公司上半年职工月平均人数为：

$$\bar{a} = \frac{\sum af}{\sum f} = \frac{1\,130 \times 1 + 1\,126 \times 2 + 1\,127 \times 3}{1+2+3} \approx 1\,127 \text{（人）}$$

三、平均发展速度

平均发展速度是各时期环比发展速度的序时平均数，用以表明现象在一个较长时期内平均发展变化的程度。

平均发展速度是十分重要并得到广泛使用的动态分析指标。其主要作用是：一是可以概括说明一段时期内我国国民经济及各部门有关指标发展变化的一般程度；二是编制国民经济发展计划的重要依据；三是进行经济预测的重要方法之一，根据平均发展速度指标可以计算出若干年后某种社会经济现象达到的水平；四是可以说明不同时期经济发展的速度差异；五是可用来对比说明不同国家或地区在某一时期经济发展的快慢程度。

以下这段报告摘录，体现了平均发展速度及平均增长速度指标的具体应用。

2000 年，我国人均国内生产总值为 854 美元。按照国内生产总值翻两番的发展速度测算，到 2020 年，我国人均国内生产总值将超过 3 000 美元，达到当时中等收入国家的平均水平。

党的十六大提出，国内生产总值到 2020 年力争比 2000 年翻两番，按照这一目标，到 2020 年，我国 GDP 将达 35 万亿元；21 世纪的头 20 年，中国经济要保持 7% 的年均增长率。

党的十七大提出，实现人均国内生产总值到 2020 年比 2000 年翻两番，国家统计局统计资料显示，扣除价格因素，2010 年中国城乡居民人均收入均比 2000 年翻了一番多，其年均增速分别为约 9% 和 8%。

党的十八大提出，确保到 2020 年实现全面建成小康社会。根据中国经济社会发展实际，要在党的十六大、党的十七大确立的全面建设小康社会目标的基础上努力实现新的要求。

党的十九大提出，从 2020 年到 2035 年，在全面建成小康社会的基础上，再奋斗 15 年，基本实现社会主义现代化。从 2035 年到 2050 年，在基本实现现代化的基础上，再奋斗 15 年，把我国建成富强民主文明和谐美丽的社会主义现代化强国。

平均发展速度指标的计算方法常用水平法和方程法两种方法。

（一）水平法

水平法又称几何平均法。其数理论据是：从最初水平（a_0）出发，按平均发展速度（$\bar{x}$）

逐期发展，经过 n 期以后，可以达到最末水平（a_n）。

采用水平法的平均发展速度的计算公式为：

$$\bar{x} = \sqrt[n]{x_1 \times x_2 \times \cdots \times x_n} = \sqrt[n]{\prod x}$$

式中，x_1、x_2、…、x_n 为各期环比发展速度；n 为环比发展速度的项数；$\bar{x}$ 为平均发展速度；$\prod$ 为连乘符号。

由于动态数列中定基发展速度等于各环比发展速度的连乘积，即：

$$\frac{a_1}{a_0} \times \frac{a_2}{a_1} \times \frac{a_3}{a_2} \times \cdots \times \frac{a_n}{a_{n-1}} = \frac{a_n}{a_0}$$

所以计算平均发展速度的公式又可以表示为：

$$\bar{x} = \sqrt[n]{\frac{a_1}{a_0} \times \frac{a_2}{a_1} \times \frac{a_3}{a_2} \times \cdots \times \frac{a_n}{a_{n-1}}} = \sqrt[n]{\frac{a_n}{a_0}}$$

上述两个计算公式虽然形式不同，但其计算结果是相同的。在实际应用中，可根据所掌握的资料选择其一。利用水平法不仅可以求得平均发展速度，而且还可以推算最末水平和实现期末目标所需的时间。

例 4-13 2020 年我国第七次人口普查全国总人口为 141 178 万人，2020 年我国人口自然增长率为 1.45‰。如果按此增长率增长，则预计 2030 年我国人口将达到多少？

$$a_n = a_0 \bar{x}^n = 141\,178 \times 1.001\,45^{10} = 143\,238 \text{（万人）}$$

例 4-14 已知我国 2015 年社会物流总额为 219.2 万亿元，2020 年为 300.1 万亿元，那么 2015—2020 年我国社会物流总额平均每年的发展速度是多少？

$$\bar{x} = \sqrt[5]{\frac{300.1}{219.2}} \times 100\% \approx 106.48\%$$

（二）方程法

方程法又称累计法，是通过求解高次方程的正根得到平均发展速度。方程法的数理论据是：从最初水平（a_0）出发，按平均发展速度（$\bar{x}$）发展，n 期后达到的各期水平的总和应与各期实际发展水平的总和一致，即：

$$a_1 + a_2 + a_3 + \cdots + a_{n-1} + a_n = \sum_{i=1}^{n} a_i$$

$$a_0 \bar{x} + a_0 \bar{x}^2 + a_0 \bar{x}^3 + \cdots + a_0 \bar{x}^{n-1} + a_0 \bar{x}^n = \sum_{i=1}^{n} a_i$$

整理得高次方程：

$$\bar{x}^n + \bar{x}^{n-1} + \bar{x}^{n-2} + \cdots + \bar{x}^3 + \bar{x}^2 + \bar{x} - \frac{\sum_{i=1}^{n} a_i}{a_0} = 0$$

这个方程式的正根即所求平均发展速度。在时期长度较长的情况下，解上述方程是相当困难的。在实际工作中，可通过查平均增长速度查对表得到平均增长速度，然后加 1 即可得平均发展速度。

使用平均增长速度查对表时，要先计算出 $\dfrac{\sum\limits_{i=1}^{n} a_i}{a_0}$ 的数值。当 $\dfrac{\sum\limits_{i=1}^{n} a_i}{a_0} \div n > 100\%$ 时为递增速度，应查表的增长速度部分；当 $\dfrac{\sum\limits_{i=1}^{n} a_i}{a_0} \div n < 100\%$ 时为递减速度，应查表的降低速度部分。

（三）两种计算方法的区别

上述两种计算方法除数理论据（约束条件）不同外，在应用上有以下 3 点不同。

1．考察重点不同

水平法侧重于考察期末水平；方程法着重考察中长期计划各期水平的总和，即计划期间的累计总量，适用于计算基本建设投资额、新增固定资产额、住宅建筑面积、造林面积等指标的平均发展速度。

2．影响因素不同

水平法平均发展速度的大小取决于最初水平和最末水平；方程法平均发展速度则受各期发展水平的影响。

3．适用对象不同

水平法适用于按期末水平提出任务或目标的研究对象；方程法适用于按各期累计总量提出任务或目标的研究对象。

（四）计算和应用平均速度指标应注意的问题

① 要根据事物的发展状态，用分段平均发展速度来补充说明整个时期的总平均发展速度，因为总平均速度仅能笼统地反映现象在较长时期内逐期平均发展的程度，而掩盖了此现象在不同时期的波动状况。尤其是当研究的时期较长时，更要注意这方面的问题。

② 在应用水平法计算平均发展速度时，要注意与环比发展速度结合进行分析。因为水平法计算的平均发展速度只考虑了最末水平与最初水平，中间各期水平无论怎样变化，对平均速度的高低都无影响，所以如果中间各期水平出现了特殊高低变化，或者最初、最末水平受到特殊因素的影响，就会降低或失去平均速度的意义。

③ 注意平均速度指标与原动态数列的发展水平、增长量、平均水平等指标的结合应用，以便对研究现象做出比较全面、客观、科学的评价。

四、平均增长速度

平均增长速度表明现象在一定时期内逐期平均增长程度的一般水平，是各环比增长速度的序时平均数。

平均增长速度不能根据各期环比增长速度来直接进行序时平均，因为各期环比增长速度的连乘积不等于总增长速度。计算平均增长速度必须还原为发展速度，求出平均发展速度（$\bar{x}$），再将平均发展速度减1求得平均增长速度，即：

$$平均增长速度 = 平均发展速度 -1（或 100\%）$$

所得结果为正数，说明是平均递增；为负数，说明是平均递减。

例 4-15 已知我国2015年社会物流总额为219.2万亿元，2020年为300.1万亿元，则2015—2020年我国社会物流总额平均每年的增长速度是多少？

$$平均增长速度 = 平均发展速度 -1 = \sqrt[5]{\frac{300.1}{219.2}} \times 100\% -1 \approx 106.48\% - 1 = 6.48\%$$

任务四　长期趋势分析

一、动态数列的变动因素及分析模型

社会经济现象的发展变化是许多错综复杂的因素共同作用的结果。这些影响因素归纳起来，可分为以下4类。

1. 长期趋势

长期趋势（T）是指现象在一段相当长的时期内持续发展变化的趋势，是受某种根本性因素作用而形成的变动形态。例如，我国物流运输业务表现出持续迅速增长的趋势，这是由社会生产力水平提高、交通运输能力增强等根本性因素所决定的。

2. 季节变动

季节变动（S）是指现象在一定时期内由于受自然与社会因素的影响而发生的有规律的周期性变动，变动的周期长度一般在一年以内。季节变动的特点是有规律性的，每年重复出现。例如，啤酒饮料的销售量夏季是旺季，冬季就是淡季。

3. 循环变动

循环变动（C）是指现象呈现出周期长度不固定的一种涨落起伏的往复变动。它不同于长期趋势，不是朝单一方向持续发展；也不同于季节变动，它的波动周期较长，一般在一年以上，且周期长短不一，短则三五年，长则数十年。变动的原因非常复杂，其规律性较难测定。

4. 不规则变动

不规则变动（I）是指由于一些偶然因素的影响使时间数列的正常值所发生的偏离。这种变动无一定规则，无法预知和计算，对它的测定一般采用剩余法。

将上述变动与动态数列实际变动的关系用一定的数学模型连接起来，就形成了动态数

列的分析模型。将各种变动分别从动态数列中分离出来并加以测定的过程，称为动态数列的构成分析。

根据对各构成因素的结合方式和相互作用方式的假设，动态数列可分解为多种模型，如加法模型、乘法模型、混合模型等。其中常用的是加法模型和乘法模型。

（1）加法模型

设动态数列指标值为 T、S、C、I，分别表示长期趋势、季节变动、循环变动和不规则变动，并假设影响动态数列的4种因素独立发生作用，则：

$$Y=T+S+C+I$$

如果 Y 为年度资料，则季节变动不存在，这时有 $Y=T+C+I$（$S=0$）。

（2）乘法模型

假设上述4种因素交织在一起发生作用，则：

$$Y=T\times S\times C\times I$$

如果 Y 为年度资料，则季节变动不存在，这时有 $Y=T\times C\times I$（$S=1$）。

在实际应用中采用哪种模型进行分析，需要根据研究对象的性质、研究的目的和掌握资料的情况来确定。由于乘法模型的假设更符合社会经济现象的实际变动，因此使用较为普遍。

二、测定长期趋势的作用

① 正确反映现象发展变化的趋向，掌握现象发展变化的规律性，为决策者制定经营决策和长远规划提供依据。例如，考察我国人口增长的趋势，可为制定人口政策、编制就业计划提供必要依据；研究商品需求的长期趋势，对指导有关商品的生产和营销具有重要意义。

② 为统计预测提供必要条件。统计预测是立足于现在和过去以推算将来，用它去推测现象将来的发展水平，是统计预测的重要方法。利用动态数列预测时，需要根据长期趋势的特点，选择适当的预测方法和模型，才能科学预测现象未来可能达到的发展水平。

③ 通过测定长期趋势，可以从动态数列中分离出长期趋势的影响，更好地研究季节变动，为季节预测提供条件。

三、测定长期趋势的方法

测定长期趋势就是采用一定的方法对动态数列进行修匀，使修匀后的数列消除季节变动、循环变动和不规则变动因素的影响，显现出现象变动的基本趋势。测定长期趋势的方法有很多，下面介绍常见的时距扩大法、移动平均法和最小平方法。

（一）时距扩大法

时距扩大法是测定长期趋势最简便的一种方法，是将原有动态数列中较小时距单位的若干数据加以合并，得出较大时距单位的数据，形成新的动态数列。其目的在于通过扩大时距消除短期内所存在的偶然因素影响，以显示现象发展变化的基本趋势。

这种方法既可以用扩大时距后的总量指标表示，也可以用扩大时距后的平均指标表示。前者只适用于时期数列，后者适用于时期数列和时点数列。

例 4-16 某公司 2020 年各月总产值资料如表 4.14 所示。

表 4.14 某公司 2020 年各月总产值资料

月 份	1月	2月	3月	4月	5月	6月	7月	8月	9月	10月	11月	12月
总产值万元	53.0	60.0	61.0	58.5	62.0	63.0	61.5	66.0	64.0	66.0	67.0	68.0

从表 4.14 可以看出，该公司各月总产值有上升的发展趋势，但各月产值起伏不定，趋势并不显著。如果将时距由月扩大为季度，则可整理出新的动态数列，如表 4.15 所示。

表 4.15 某公司 2020 年各季度总产值

季 度	一季度	二季度	三季度	四季度
总产值／万元	174.0	183.5	191.5	201.0
月平均产值／万元	58.0	61.2	63.8	67.0

修匀后的新动态数列中，总产值呈现出明显的上升趋势。

时距扩大法是测定长期趋势最原始的方法。其优点是方法简便；缺点是新数列的项数大量减少，不便于做进一步的趋势分析，所以不能满足季节变动分析的需要。

（二）移动平均法

移动平均法是对原动态数列按事先选择的时期长度，采用逐项推移的办法，计算出一系列移动平均数，形成一个由移动平均数组成的新的动态数列。这种由移动平均数形成的派生数列，削弱了原数列中短期偶然因素的影响，使现象的发展趋势得以呈现。这种方法实质上是时距扩大法的改进。

设动态数列的指标为 $a_i(i=1, 2, \cdots, n)$，如果取 3 项移动平均，则各时期趋势值的计算公式为：

$$\bar{a}_2 = \frac{a_1+a_2+a_3}{3}, \bar{a}_3 = \frac{a_2+a_3+a_4}{3}, \cdots, \bar{a}_{n-1} = \frac{a_{n-2}+a_{n-1}+a_n}{3}$$

如果取 5 项移动平均，则各时期趋势值的计算公式为：

$$\bar{a}_3 = \frac{a_1+a_2+a_3+a_4+a_5}{5}, \bar{a}_4 = \frac{a_2+a_3+a_4+a_5+a_6}{5}, \cdots, \bar{a}_{n-2} = \frac{a_{n-4}+a_{n-3}+a_{n-2}+a_{n-1}+a_n}{5}$$

现以 XX 企业各年商品销售额资料为例，用移动平均法测定长期趋势，如表 4.16 所示。

统计基础项目化教程

表 4.16 XX 企业商品销售额及其移动平均计算表　　　　　　　　　　　万元

年　度	商品销售额	3 项移动平均	5 项移动平均	4 项移动平均	4 项二次移动平均
2009	260	—	—	—	—
2010	253	256.00	—	257.25	—
2011	255	256.33	259.00	258.75	258.00
2012	261	260.67	259.40	261.00	259.88
2013	266	263.00	262.80	264.75	262.88
2014	262	266.00	266.60	268.00	266.38
2015	270	268.67	268.20	268.75	268.38
2016	274	271.00	269.60	271.50	270.13
2017	269	272.00	272.60	273.25	272.38
2018	273	273.00	272.60	272.25	272.75
2019	277	273.33	—	—	—
2020	270	—	—	—	—

从表 4.16 可以看出，该企业各年的销售额呈逐年增长的趋势。

采用偶数项移动平均，则计算的移动平均数放在时期的中间位置，然后再采用二次移正平均的方法，以便将移动平均数对准中间的位置，才能得到原数列对应的趋势值，如表 4.16 中的最后一栏。

采用移动平均法测定长期趋势应注意以下几点。

① 移动平均法的重要作用在于通过修匀原动态数列削弱偶然因素变动对数列的影响，以便更加明显地表现出原动态数列的长期趋势。因此，移动平均的时期长度应适中，如果是季度资料，一般 4 个季度为 1 个周期，则取 4 项移动平均；如果是月资料，一般 12 个月为 1 个周期，则取 12 项移动平均。

② 如果动态数列本身无明显的周期性波动，则宜对其做奇数项移动平均，以便直接得到原数列的长期趋势；如果采用偶数项移动平均，则需要注意进行二次移正平均。

③ 移动平均项数越多，对原数列的修匀效果越好，但原数列两端损失的指标数值就越多。因此，移动平均法不能直接用于外推预测，要做外推预测，就必须做进一步的加工处理。

（三）最小平方法

要对现象变动的长期趋势进行动态预测，就必须建立与长期趋势相适应的数学模型。长期趋势模型有线性模型和非线性模型两种，这里只介绍线性模型。

动态数列的逐期增长量相对稳定，即现象的发展趋势按照线性趋势变化时，最常用的配合线性模型的方法是最小平方法，又称最小二乘法。最小平方法是依据动态数列的观察值与趋势值的离差平方和为最小值的基本原理，拟合符合现象发展趋势的线性模型，然后利用数学分析中的极限原理，用偏导数方法推导出求解参数所需要的两个标准方程，根据标准方程求出线性模型中的参数值，拟合出线性模型（也称数学模型）。

线性模型可用符号来描述：

$$\hat{y} = a + bt \qquad y_c = a + bt$$

式中，$\hat{y}$ 或 y_c 为动态数列的趋势值；t 为时间序号；a 为直线的截距；b 为直线的斜率。

对动态数列配合一条趋势线，使之满足动态数列的实际观测值（y）与趋势值（y_c）的离差平方和达到最小值，即 $\sum(y-y_c)^2 =$ 最小值。

根据最小平方法的要求，计算未知参数 a、b 的标准方程组，并求解 a、b。

$$\begin{cases} \sum ty = a\sum t + b\sum t^2 \\ \sum y = na + b\sum t \end{cases} \quad \text{解得：} \quad \begin{cases} b = \dfrac{n\sum ty - \sum t \sum y}{n\sum t^2 - (\sum t)^2} \\ a = \dfrac{\sum y}{n} - b\dfrac{\sum t}{n} \end{cases}$$

例 4-17 某大型超市年销售额资料如表 4.17 所示。利用最小平方法确定年销售额的直线趋势方程，计算 2012—2020 各年的销售额趋势值，并预测 2021 年该超市的销售额。

表 4.17　某大型超市年销售额直线趋势计算　　　　　　　　　　　　　　　万元

年　份	时间 t	销售额 y	t^2	ty	y_c
2012	1	323	1	323	323.41
2013	2	327	4	654	327.28
2014	3	333	9	999	331.15
2015	4	335	16	1 340	335.02
2016	5	338	25	1 690	338.89
2017	6	343	36	2 058	342.76
2018	7	345	49	2 415	346.63
2019	8	351	64	2 808	350.50
2020	9	355	81	3 195	354.37
合　计	45	3 050	285	15 482	3 050.01

带入参数公式，计算参数值如下。

$$b = \frac{n\sum ty - \sum t \sum y}{n\sum t^2 - (\sum t)^2} = \frac{9 \times 15\,482 - 45 \times 3\,050}{9 \times 285 - 45^2} = 3.87$$

$$a = \frac{\sum y}{n} - b\frac{\sum t}{n} = \frac{3\,050}{9} - 3.87 \times \frac{45}{9} = 319.54$$

超市年销售额的直线趋势方程为：

$y_c = a + bt = 319.54 + 3.87t$

将各年 t 值代入，计算各年趋势值，见表 4.17 中的 y_c 栏。

预测 2021 年该超市的销售额：

$y_{10} = a + bt = 319.54 + 3.87t = 319.54 + 3.87 \times 10 = 358.24$（万元）

四、长期趋势形态的选择

在实际应用中，对于一个动态数列资料应如何判断和选择趋势形态，配合相应的趋势方程是十分重要的问题，这直接关系到对现象描述及其规律性认识的结论。在对实际的动态数列拟合长期趋势方程时，通常可参考以下方法。

① 进行定性分析。首先应对所研究现象的客观性质及本质特征进行研究，分析其一般的发展规律，从而对现象的长期趋势做出基本判断。

② 描绘散点图。根据动态数列绘制散点图，从散点图的分布状况判断现象的长期趋势。

③ 分析动态数列的数据特征，利用以下标准选择趋势线：动态数列的逐期增长量大体相同，可以配合直线趋势方程；动态数列的二次增长量（二次差）大体相同，可配合抛物线趋势方程；动态数列各期环比发展速度大体相同，可配合指数曲线趋势方程。

④ 最小均方误差分析。当动态数列有几种趋势线可供选择时，以估计均方误差最小者为优。估计均方误差的计算公式为：

$$S_y = \sqrt{\frac{\sum(y-y_c)^2}{n-m}}$$

式中，n 为动态数列项数；m 为趋势线未知参数的个数；y 为动态数列观测值；y_c 为动态数列的趋势值。

任务五　季节变动分析

一、季节变动及其测定目的

季节变动是指客观现象因受自然因素或社会因素影响，而形成的有规律的周期性变动。它是动态数列的主要构成因素之一。季节变动中的"季节"泛指有规律的、按一定周期重复出现的变化，一般是指周期长度在一年以内（半年、季、月、周、日）的周期变动。

科学测定季节变动的规律，可为当前的相关决策提供依据；根据季节变动规律配合适当的数学模型，可进行季节预测；测定季节变动，有利于消除动态数列中季节变动的影响，取得不含有季节变动因素的数据，便于其他因素的分析。

二、测定季节变动的方法

测定季节变动的方法很多，这里介绍两种常用的方法：一种是不考虑长期趋势的影响，直接用原始数列资料测定季节变动；另一种是先剔除原始数列中的长期趋势，再测定季节变动。

（一）按月（季）平均法

按月（季）平均法又称原始资料平均法，是对原始时间数据不剔除长期趋势因素，直

接计算季节比率的方法。其基本步骤为:

步骤1 计算各年数据同月（或季）的平均数，以消除各年同月（或季）数据中的不规则变动。

步骤2 计算所有年份数据月份（或季）的总平均数，找出整个动态数列的水平趋势。

步骤3 计算季节比率，即计算各年数据同月份（或季）的平均数与全部年份数据月（或季）的总平均数的百分比。其计算公式为：

$$季节比率(\%) = \frac{各年同季（或月）平均数}{全时期各季（或月）总平均数} \times 100\%$$

季节比率是围绕100%上下波动的。从理论上说，按4个季度计算的季节比率之和应等于400%（按12个月计算的季节比率之和应等于1 200%）。如果季节比率之和等于400%或1 200%，则不需要调整；如果不等于400%或1 200%，则就需要计算调整系数，调整后的季节比率才是最终所求得的季节比率。其计算公式为：

$$调整系数 = \frac{400\%（或1 200\%）}{各季度（或月）季节比率之和}$$

$$调整后的季节比率 = 各月（或季）实际季节比率 \times 调整系数$$

通过计算季节比率，可以观察和分析某种现象季节变动的规律。季节比率大于或小于100%，都说明存在季节变动。

① 如果季节比率大于100%的幅度比较大，则说明现象在该季度（或月）的发展处于旺季。

② 如果季节比率小于100%的幅度比较大，则说明现象在该季度（或月）的发展处于淡季。

③ 如果季节比率等于100%，则说明现象不受季节变动因素的影响。

例4-18 已知某企业2016—2020年各季度的销售额数据如表4.18所示。利用按月（季）平均法计算各季的季节比率。

表4.18 某企业销售额季节变动计算表　　　　　　　　　　万元

年　份	第一季度	第二季度	第三季度	第四季度	全年合计
2016	255	283	240	138	916
2017	260	290	260	132	942
2018	278	298	268	136	980
2019	283	306	270	140	999
2020	292	298	280	146	1 016
同季合计	1 368	1 475	1 318	692	4 853
同季平均	273.60	295.00	263.60	138.40	242.65
季节比率/%	112.76	121.57	108.63	57.04	400.00

表4.18中的计算结果表明，该企业的销售额存在着明显的季节变动：第四季度销售

水平最低，仅为全年平均销售水平的 57.04%，是销售的低谷；第二季度销售水平最高，达到全年平均销售水平的 121.57%，是销售的高峰。掌握了销售水平季节变动规律，就可以采取适当措施，合理安排调度全年生产，争取实现最好的经济效益。

（二）趋势剔除法

当动态数列存在明显的长期趋势时，测定季节变动需要首先把动态数列中的长期趋势剔除掉，然后再求季节比率，即趋势剔除法。

数列中的长期趋势既可用移动平均法求得，也可利用最小平方法拟合趋势方程求得。利用趋势剔除法分析季节变动时，假定动态数列各影响因素的结构模型为 $Y = T \times S \times C \times I$，同时假定各年的不规则变动相互独立。以移动平均法为例，确定季节变动的基本步骤为：

步骤 1　对原动态数列通过 4 个季度（或 12 个月）的移动平均，消除季节变动 S 和大部分不规则变动 I，所得结果仅包含动态数列的长期趋势变动 T 和循环变动 C。

步骤 2　将原动态数列各项数据除以移动平均数列的对应数据，即得消除长期趋势变动 T 和循环变动 C 的数列。

$$\frac{T \times S \times C \times I}{T \times C} = S \times I$$

步骤 3　计算消除了长期趋势 T 和循环变动 C 的数据 $S \times I$ 的同季（月）平均数，以消除不规则变动 I，再除以总平均数，即得季节比率 S。

例 4-19　仍用某企业 2016—2020 年各 4 季度的销售额数据，利用移动平均趋势剔除法计算各季度的季节比率。

首先，计算 4 个季度的二次移动平均，求得趋势值 T，再求 Y/T，计算结果如表 4.19 所示。

表 4.19　某企业销售额趋势剔除法季节变动计算表（Ⅰ）

年　度	季　度	销售额 Y/万元	趋势值 T/万元	Y/T/%
2016	1	255	—	—
	2	283	—	—
	3	240	229.625	104.52
	4	138	231.125	59.71
2017	1	260	234.50	110.87
	2	290	236.25	122.75
	3	260	237.75	109.36
	4	132	241.00	54.77
2018	1	278	243.00	114.40
	2	298	244.50	121.88
	3	268	245.625	109.11
	4	136	247.25	55.01
2019	1	283	248.50	113.88
	2	306	249.25	122.77
	3	270	250.875	107.62
	4	140	251.00	55.78

模块三　诊断数据，分析变动

(续表)

年　度	季　度	销售额 Y / 万元	趋势值 T / 万元	Y/T /%
2020	1	292	251.25	116.22
	2	298	253.25	117.67
	3	280	—	—
	4	146	—	—

然后，将 Y/T 按各年同季重新排列，分别求出各年同季平均数，即得季节比率，但一般要进行必要的修正。计算过程如表 4.20 所示。其修正系数为：

$$修正系数 = \frac{400\%}{各季平均季节比率之和} = \frac{400\%}{399.08\%} \approx 1.002\,305$$

表 4.20　某企业销售额趋势剔除法季节变动计算表（Ⅱ）　　　　　　　　　　%

年　份	第一季度	第二季度	第三季度	第四季度	全年合计
2016			104.52	59.71	—
2017	110.87	122.75	109.36	54.77	—
2018	114.40	121.88	109.11	55.01	—
2019	113.88	122.77	107.62	55.78	—
2020	116.22	117.67	—	—	—
同季合计	455.37	485.07	430.61	225.27	4853
同季平均	113.842 5	121.267 5	107.652 5	56.317 5	399.08
季节比率 /%	114.104 9	121.547 1	107.900 7	56.447 3	400.00

表 4.20 所示计算的季节比率说明：该企业 3 个季度销售比较好，特别是二季度好于其他季度，第四季度是企业的淡季。掌握了这些规律，企业的管理人员就可以做到心中有"数"，合理安排企业生产经营活动了。

三、季节变动预测的方法

利用动态数列资料进行外推预测，在确定年度以下的预测值时，必须考虑季节变动对现象总变动的影响。而季节性因素影响有时是长期稳定的，有时则可能有变化，因此季节预测模型也就有各种不同的方法。常用的季节预测模型有以下两种。

（一）简单季节预测模型

如果没有明显的长期趋势，或者允许不考虑长期趋势存在，则可以应用简单季节模型进行外推预测。其基本步骤为：

步骤 1　根据资料，运用适当方法，预测某年的预测值。

步骤 2　将年预测值除以 4（或 12 月），求得季（或月）的预测平均值。

步骤 3　将季（或月）的预测平均值乘以各季（或月）的季节比率，即得各季（或月）

的预测值。

接上例，假如该企业2021年计划实现销售额1 200万元，则可依据上述季节比率预测2021年各季度的销售额。例如，第一季度销售额的预测值为：

第一季度销售额的预测值 $= \dfrac{1\,200}{4} \times 112.76\% = 338.28$（万元）

以此类推。

（二）季节调整的预测模型

当动态数列数据既具有明显的长期趋势又受到季节变动的影响时，就需要首先将原动态数列除以相应的季节比率以消除季节变动的影响，然后对消除了季节变动的动态数列数据配合趋势预测模型进行预测，最后再将预测值乘以相应的季节比率对其加以调整，以达到更准确的预测效果。

例4-20 现仍用某企业2016—2020年分季度的销售额资料（见表4.21），利用季节调整的预测模型预测2021年、2022年各季度的销售额。

表4.21 某企业销售额季节性调整及趋势值

年 度	季 度	t	销售额 Y /万元	季节比率 S /%	调整后的销售额 Y/S /万元	调整后的趋势值 Y/S /万元
2016	1	1	255	114.104 9	223.478 6	228.172
	2	2	283	121.547 1	232.831 6	229.732
	3	3	240	107.900 7	222.426 7	231.292
	4	4	138	56.447 3	244.475 8	232.852
2017	1	5	260	114.104 9	227.860 5	234.412
	2	6	290	121.547 1	238.590 6	235.972
	3	7	260	107.900 7	240.962 3	237.532
	4	8	132	56.447 3	233.846 4	239.092
2018	1	9	278	114.104 9	243.635 5	240.652
	2	10	298	121.547 1	245.172 4	242.212
	3	11	268	107.900 7	248.376 5	243.772
	4	12	136	56.447 3	240.932 7	245.332
2019	1	13	283	114.104 9	248.017 4	246.892
	2	14	306	121.547 1	251.754 3	248.452
	3	15	270	107.900 7	250.230 1	250.012
	4	16	140	56.447 3	248.018 9	251.572
2020	1	17	292	114.104 9	255.904 9	253.132
	2	18	298	121.547 1	245.172 4	254.692
	3	19	280	107.900 7	259.497 9	256.252
	4	20	146	56.447 3	258.648 3	257.812

根据调整后的销售额，配合的趋势直线为：

$(Y/S)_c = 226.612 + 1.56t$

各季度调整后的趋势值见表 4.21 最后一栏。

根据销售额的趋势直线，2021 年、2022 年各季度的销售额预测值如表 4.22 所示。

表 4.22 某企业 2021 年、2022 年各季度的销售额预测值

年 度	季 度	t	趋势预测值 Y/S /万元	季节比率 S /%	最终预测值 $(Y/S)/S$ /万元
2021	1	21	259.372	114.104 9	295.956
	2	22	260.932	121.547 1	317.155
	3	23	262.492	107.900 7	283.231
	4	24	264.052	56.447 3	149.050
2022	1	25	265.612	114.104 9	303.076
	2	26	267.172	121.547 1	324.740
	3	27	268.732	107.900 7	289.964
	4	28	270.292	56.447 3	152.573

项目小结

本项目主要讲述了动态数列的基本问题、动态分析指标及长期趋势、季节变动的测定分析等问题。

① 动态数列又称时间数列，是指将某一指标的历史数据按时间先后顺序排列而形成的数列。动态数列按其指标的表现形式不同，分为总量指标动态数列、相对指标动态数列和平均指标动态数列 3 种。

② 动态数列的分析指标包括比较分析指标和平均分析指标：动态比较指标包括发展水平、增长量、发展速度、增长速度和每增长 1% 的绝对值；动态平均指标包括平均增长量、平均发展水平、平均发展速度和平均增长速度。

③ 长期趋势分析主要包括时距扩大法、移动平均法和最小平方法。季节变动的测定主要包括按月（季）平均法和趋势剔除法。

拓展阅读

中国钢铁将迎来"三个全面"的关键 10 年

2020 年是我国"十三五"规划的收官之年，尽管受到新冠肺炎疫情影响，我国经济依然表现出强劲的发展韧性，成为世界唯一实现正增长的主要经济体。2021 年是我国"十四五"规划的开局之年，也是新发展格局下我国实现高质量发展的关键之年。从今年乃至更长远的角度看，我国钢铁工业发展趋势如何？我国钢铁工业高质量发展的路径如何？近日，冶金工业信息标准研究院党委书记、院长张龙强就这些问题接受了世界金属导报记者的采访。

2020 年中国钢铁工业在国民经济发展中发挥了怎样的作用？2021 年及"十四五"期

间钢铁行业的发展前景如何？

张龙强：在"十四五"开局之际，回首2020年，中国粗钢产量将首次突破10亿吨，占全球比重将再创新高。这既体现出中国经济内循环的巨大市场和发展潜力，更彰显出与经济发展相匹配的钢铁力量。

2021年是中国经济持续复苏之年，是两个百年目标交汇之年。要坚持扩大内需，畅通国内大循环，形成强大的国内市场，促进国内国际双循环；优化投资结构，保持投资合理增长；推进"两新一重"重大工程建设；建设制造强国、建筑强国、造船强国、交通强国、能源强国，等。以上都需要钢铁工业的强力支撑。在新形势下，中国钢铁工业将迎来全面达峰、全面建成钢铁强国、全面引领世界钢铁的关键10年。

张龙强：未来10年，中国钢铁工业将迎来钢材消费、污染物和碳排放全面达峰的关键期，判断依据主要有以下几个方面。

第一，碳达峰和碳中和倒逼钢铁行业减量调整再升级。未来10年，"降碳"将成为产业转型和能源结构调整工作的重点。

近年来，我国粗钢产量持续快速增长，在满足国民经济快速增长的各领域建设需要的同时，也增加了区域环境承载压力、资源与能源负荷和产业安全风险。未来10年，我国粗钢产量将进入波动下行阶段，而污染物和碳排放在绿色低碳、流程深度优化助力下将持续降低。

第二，经济稳步增长带动钢材消费升级并逐步达峰。粗钢产量降低并不意味着钢材消费马上同步降低。党中央提出的以国内大循环为主体，国内国际双循环相互促进的新发展格局将对钢铁需求构成较强支撑，因此未来10年我国钢材消费将达到峰值，但达峰后不会快速大幅下降，而会在较长时期保持高位。

第三，人均粗钢表观消费水平显示我国钢材消费峰值将至。人均粗钢表观消费量是判断一个国家钢材消费潜力的重要参数。我国人均粗钢表观消费量距峰值点越来越近，未来10年将达到峰值。参照美国、欧洲和日本数据匡算，中国粗钢表观消费峰值将超过11亿吨。另一方面，按照前面的分析，粗钢产量将波动下行，短期或局部会出现供需缺口，特别是原料坯和中低端钢材，将通过加大进口解决。

未来10年，中国钢铁工业将加大创新力度、提升服务能力、加强资源保障、完善产业链条、强化品牌建设等。"十四五"期间，我国钢铁工业将以问题为导向，通过坚持新发展理念、坚持改革开放、坚持市场导向、坚持统筹协调等原则，加快构建现代化的钢铁产业体系，推进两业融合和产品深加工，提高钢铁服务能力，建立多元化、多渠道、多方式稳定可靠的资源保障，横纵向多维度延伸产业链，促进钢铁行业质量效益全面提升，为实现高质量发展奠定坚实基础。

任务实施

项目四　A公司生产经营状况的动态分析

（一）领取并填写项目实施资料

领取项目四任务工作单（见附表）

模块三　诊断数据，分析变动

附表　任务工作单

项目四		班级		小组	
		姓名		日期	
		电话		评分	
成果描述 （如字数、是否下厂实践、走访企业或人员等）					
成果形式 （电子文档、PPT、其他）					
操作中涉及的相关知识点（以前、现在，可以跨专业）					
完成任务时间/天					
完成任务需要的人力资源（团队人员名称、个人或其他人员）					
完成任务需要的物力资源					
学生建议 （或感受）					
教师点评					

（二）操作步骤

步骤1　仔细阅读"项目情境""情境分析"，领会"工作任务"。

步骤2　认真学习教材中"知识引入"的内容。

步骤3　查阅图书馆、资料室等处的相关学习资源。

步骤4　参考网络资源：中国统计信息网 http://www.cnstats.org；中国教育统计网 http://www.stats.edu.cn/。

步骤5　以小组为单位，共同完成 A 公司生产经营状况的动态分析。既可自行完成，也可另选与动态数列内容有关的其他题目。

（三）任务汇报

任务完成后，各小组提交 A 公司生产经营状况的动态分析的计算分析过程，选出一名代表用 PPT 汇报发言并展示。

汇报发言的主要内容是：

1．介绍几种动态比较指标的计算、分析情况。

2．介绍几种动态平均指标的计算、分析情况。

（四）学生互评

其他小组根据汇报展示情况提出自己的想法和建议、展开讨论并进行互评。建议从以下几方面去评价。

1．动态比较指标、动态平均指标的计算过程及结果是否正确。
2．计算过程中涉及统计表格的运算过程是否正确、公式符号表达是否准确。
3．应用 Word、Excel、PPT 等相关计算机基础技能的熟练程度。

（五）教师点评及其他

教师对学生的计算过程、计算结果、分析过程及应用 Word、Excel、PPT 等计算机基础技能的熟练程度等进行点评，并提出修改建议。

思考与练习

一、填空题

1．动态数列有两个组成要素：一是 ＿＿＿＿＿＿＿＿；二是 ＿＿＿＿＿＿＿＿。
2．动态数列可以分为 ＿＿＿＿＿＿ 动态数列、＿＿＿＿＿＿ 动态数列和 ＿＿＿＿＿＿ 动态数列 3 种，其中 ＿＿＿＿＿＿＿ 是最基本的动态数列。
3．总量指标动态数列可以分为 ＿＿＿＿ 和 ＿＿＿＿ 两种。其中，数列中不同时间的数值相加有实际意义的是 ＿＿＿＿ 数列；不同时间的数值相加没有实际意义的是 ＿＿＿＿ 数列。
4．发展速度由于采用的基础不同，分为 ＿＿＿＿＿＿＿＿ 和 ＿＿＿＿＿＿＿＿ 两种。它们之间的关系可以表达为 ＿＿＿＿＿＿＿＿＿＿＿。
5．计算平均发展速度的方法有水平法和 ＿＿＿＿＿＿＿＿。

二、判断题

1．动态数列中的发展水平都是总量指标。（　　）
2．用来进行比较的基础时期的发展水平称为最初水平。（　　）
3．由于时点数列和时期数列都是总量指标动态数列，所以它们的特点是相同的。（　　）
4．发展速度可以为负值。（　　）
5．只有增长速度大于 100% 才能说明事物的变动是增长的。（　　）
6．采用几何平均法计算平均发展速度时，每一个环比发展速度都会影响到平均发展速度的大小。（　　）
7．所有平均发展水平的计算采用的都是算术平均数方法。（　　）
8．平均增长速度可以直接根据环比增长速度来计算。（　　）
9．某公司连续 4 个季度的销售收入增长率分别为 9%、12%、20% 和 18%，则其环比增长速度为 0.14%。（　　）
10．发展水平是计算其他动态分析指标的基础，只能用总量指标来表示。（　　）

三、单项选择题

1．动态数列与变量数列（　　）。
　　A．都是根据时间顺序排列的
　　B．都是根据变量值大小排列的
　　C．前者是根据时间顺序排列的，后者是根据变量值大小排列的
　　D．前者是根据变量值大小排列的，后者是根据时间顺序排列的

2. 发展速度属于（　　）。
   A. 比例相对数　　　　　　　　　　B. 比较相对数
   C. 动态相对数　　　　　　　　　　D. 强度相对数
3. 采用几何平均法计算平均发展速度的依据是（　　）。
   A. 各年环比发展速度之积等于总速度
   B. 各年环比发展速度之和等于总速度
   C. 各年环比增长速度之积等于总速度
   D. 各年环比增长速度之和等于总速度
4. 假定某产品产量 2020 年比 2011 年增长了 235%，则 2011—2020 年期间的平均发展速度为（　　）。
   A. $\sqrt[9]{135\%}$　　B. $\sqrt[10]{335\%}$　　C. $\sqrt[10]{235\%}$　　D. $\sqrt[9]{335\%}$
5. 某企业的职工人数比上年增长 5%，职工工资水平提高 2%，则该企业职工工资总额比上年增长（　　）。
   A. 7%　　　　　　B. 7.1%　　　　　　C. 10%　　　　　　D. 11%

四、多项选择题

1. 对于动态数列，下列说法正确的有（　　）。
   A. 数列是按照数值大小顺序排列的　　B. 数列是按时间顺序排列的
   C. 数列中的数字都有可加性　　　　　D. 数列是进行动态分析的基础
   E. 编制时应注意数值间的可比性
2. 时点数列的特点是（　　）。
   A. 数值大小与间隔长短有关　　　　B. 数值大小与间隔长短无关
   C. 数值相加有实际意义　　　　　　D. 数值相加没有实际意义
   E. 数值是连续登记得到的
3. 下列说法正确的是（　　）。
   A. 平均增长速度大于平均发展速度　　B. 平均增长速度小于平均发展速度
   C. 平均增长速度 = 平均发展速度 −1　　D. 平均发展速度 = 平均增长速度 −1
   E. 平均发展速度 × 平均增长速度 =1
4. 下列关系正确的是（　　）。
   A. 各期环比发展速度的连乘积等于相应时期的定基发展速度
   B. 定基发展速度的连乘积等于相应的环比发展速度
   C. 环比增长速度的连乘积等于相应的定基增长速度
   D. 环比发展速度的连乘积等于相应的定基增长速度
   E. 平均增长速度 = 平均发展速度 −1
5. 动态数列的可比性原则主要是指（　　）。
   A. 时间长度要一致　　B. 经济内容要一致　　C. 计算方法要一致
   D. 总体范围要一致　　E. 计算价格和单位要一致

五、计算题

1. 某企业 2015—2020 年各年销售收入资料如下表所示。

年 份	2015	2016	2017	2018	2019	2020
销售收入 / 万元	3 500	3 560	3 630	3 650	3 660	3 690

要求：计算该企业各年销售收入的动态比较指标。

2. 某企业 2021 年度和 2020 年度的流动资产结构变动状况资料如下表所示。

万元

构 成	2021 年		2020 年		结构变动		速度 /%	
	金 额	比重 /%	金 额	比重 /%	金 额	比重 /%	环 比	环比增长
货币资产	80		78					
应收账款	320		305					
存 货	1 050		1 000					
流动资产合计	1 450		1 383					

要求：计算表中空缺数值，并分析流动资产变动情况。

3. 某公司 2021 年 9 月末有职工 250 人，10 月上旬的人数变动情况是：10 月 4 日新招聘 12 名大学生上岗；6 日有 4 名老职工退休离岗；8 日有 3 名青年工人应征入伍，同日又有 3 名职工辞职离岗；9 日招聘 7 名营销人员上岗。要求：计算该公司 10 月上旬的平均在岗人数。

4. 某家电商场 2021 年部分月份的商品库存额资料如下表所示。

万元

日 期	1 月 1 日	2 月 1 日	3 月 1 日	4 月 1 日	5 月 1 日	6 月 1 日	7 月 1 日
库存额	500	480	450	520	550	600	580

要求：分别计算该家电商场 2021 年第一季度、第二季度和上半年的平均商品库存额。

5. 某单位上半年职工人数统计资料如下表所示。

时 间	1 月 1 日	2 月 1 日	4 月 1 日	6 月 30 日
人数 / 人	1 002	1 050	1 020	1 008

要求：计算第一季度平均人数和上半年平均人数。

6. 某地区在业人口数和劳动力资源人口资料如下表所示。

日 期	9 月 30 日	10 月 31 日	11 月 30 日	12 月 31 日
在业人口 / 万人	280	285	280	270
劳动力资源人口 / 万人	680	685	684	686

要求：根据资料计算某地区第四季度在业人口数占劳动力资源人口的平均比重。

7. 某企业 2015—2020 年期间工业增加值资料如下表所示。

年　份	2015	2016	2017	2018	2019	2020
工业增加值／万元	200	220	231	240	252	262

要求：（1）该企业 2019 年、2020 年工业增加值的年平均增长量为（　　）。
A. 10.33 万元　　B. 12.40 万元　　　　C. 42.00 万元　　D. 62.00 万元
（2）该企业 2019 年、2020 年工业增加值的年平均增长速度为（　　）。
A. $\sqrt[5]{\dfrac{262}{200}}-1$　　B. $\sqrt[6]{\dfrac{262}{200}}-1$　　C. $\sqrt[5]{\dfrac{262}{200}}-1$　　D. $\sqrt[6]{\dfrac{262}{200}}-1$
（3）该企业 2015—2020 年间年平均工业增加值为（　　）。
A. 239.33 万元　　B. 239.14 万元　　C. 237.43 万元　　D. 234.17 万元

8. 某企业第四季度工业总产值和劳动生产率资料如下表所示。

月　份	9 月	10 月	11 月	12 月
工业总产值／万元	146	150	168	159.9
月末人数／人	55	60	65	68

要求：（1）编制第四季度各月劳动生产率的动态数列。
（2）计算该企业第四季度的平均每月劳动生产率。
（3）计算该企业第四季度劳动生产率。

项目五　A公司产品总成本变动的指数分析

项目情境

将生铁成本降至3 000元/吨以下一直是A公司不懈追求的目标，这一目标终于在全体职工的拼搏下成为现实。2020年12月份，生铁成本达到2 985.76元/吨，比11月份的3 065.63元/吨降低79.87元/吨；与预算制定的3 037.77元/吨相比，降低52.01元/吨；与去年同期的3 159.36元/吨相比，下降173.60元/吨。目前，钢铁市场上铸造生铁的价格在3 400～3 500元/吨左右。

2020年12月份，A公司共完成生铁产量456 366吨，平均日产14 721吨，超计划3 366吨；较11月份生铁产量增加了430吨，较去年同期增加了1 296吨；各炉全部完成生铁产量计划，全月生铁产量与原生铁月产历史纪录456 140吨（2010年5月份）相比提高224吨。

2021年，A公司致力控亏扭亏，着力优化生产经营，增收节支，多措并举降本挖潜，确保全方位降本增效；加强高端高效产品体系建设，改善产品结构，培育拳头产品，提升创效水平和竞争力。

模块三　诊断数据，分析变动

情境分析

2020 年下半年，A 公司克服困难，积极采取调整采购结构、硬性降价、比较降价等一系列措施，抓住市场回暖这一有利时机，千方百计地降低原燃料采购成本，进而全力为铁前降成本攻关活动打好头阵。在公司的多渠道努力下，将生铁成本降至 3 000 元/吨以下。根据目前的技术经济指标，利用本项目指数体系的因素分析方法，分析公司 2020 年 11 月、12 月生铁产品由于单位成本的降低，对公司总成本变动的影响，同时分析由于单位成本的降低，为公司节约的资金。

工作任务

1. 搜集整理 2020 年 11 月、12 月生铁产量和单位成本数据资料，编制统计表。
2. 构建总成本指数体系，对生铁产量和吨铁成本进行因素分析。
3. 由于吨铁成本降低，计算公司节约的资金。

知识引入

统计指数

知识目标
◇ 掌握指数的概念、作用、种类。
◇ 掌握综合指数、平均数指数的编制方法。
◇ 掌握指数体系的建立及因素分析方法。

能力目标
◇ 能编制数量指标指数和质量指标指数。
◇ 能构建指数体系并进行因素分析。
◇ 能根据统计指数知识计算分析现象的发展变化情况。

思政元素
CPI 数据出炉——居民消费价格涨多少？

内容结构

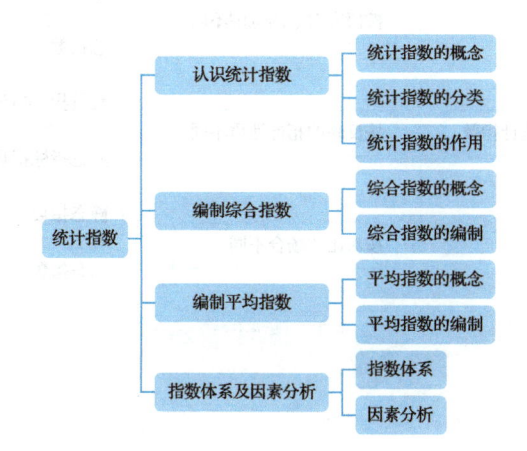

统计指数
- 认识统计指数
  - 统计指数的概念
  - 统计指数的分类
  - 统计指数的作用
- 编制综合指数
  - 综合指数的概念
  - 综合指数的编制
- 编制平均指数
  - 平均指数的概念
  - 平均指数的编制
- 指数体系及因素分析
  - 指数体系
  - 因素分析

任务一　认识统计指数

一、统计指数的概念

统计指数与人们的日常生活密切相关，如居民消费价格指数、物价指数、零售价格指数、股票价格指数、住房价格指数等。

指数的概念有广义和狭义两种。

① 广义的指数是用来反映现象数量变动的所有相对数，如发展速度、计划完成程度相对数、比较相对数等都可称之为指数。

② 狭义的指数是一种特殊的相对数，是综合反映复杂现象总体数量变动方向和程度的相对数。所谓复杂现象总体，是指构成同类事物总体的各单位（事物）不能直接相加汇总的总体。

比较说明不同商品价格涨落情况的相对数，简称物价指数；反映各种产品或商品销售量综合变动情况的相对数，简称产量指数或销售量指数；反映劳动生产率和单位成本变动情况的相对数，简称劳动生产率指数和单位产品成本指数；反映整个股票市场上各种股票市场价格的总体水平及其变动情况的相对数，简称股票价格指数；一定区域在一定时间内房价变动的相对数，简称房价指数等。

以下有关指数的理论问题，主要是从狭义的角度来讨论它们的编制原理和方法。

二、统计指数的分类

统计指数可以从不同角度进行以下几种分类，常用的指数分类如图 5.1 所示。

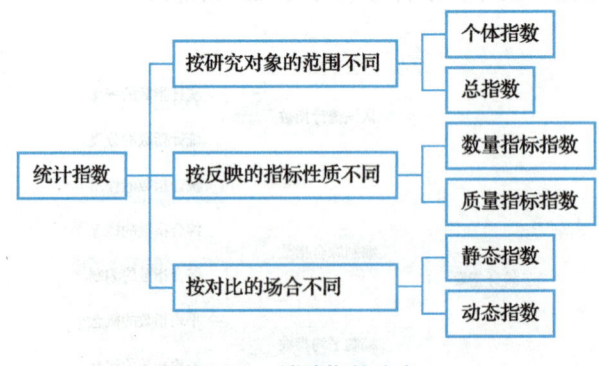

图 5.1　统计指数分类

（一）按研究对象的范围不同

统计指数按研究对象的范围不同，可分为个体指数和总指数：个体指数反映某种现象个别事物变动的情况，如说明小麦价格变动的指数；总指数综合反映某种事物包括若干个别事物总的变动情况，如反映农作物总的价格变动情况。

总指数的计算方法有两种：综合指数法；平均指数法。习惯上分别把这两种方法计算的总指数称为综合指数和平均指数。其中，综合指数是由两个总量指标对比而形成的指数；平均指数是通过对个体指数加权平均核算的指数。需要注意的是，综合指数和平均指数仅仅是总指数的两种计算方法，而不是指数的分类。

（二）按反映的指标性质不同

统计指数按反映的指标性质不同，可分为数量指标指数和质量指标指数：数量指标指数用于测定数量指标的变动，反映现象总体在外延上的变动状况，如产量指数、职工人数指数等；质量指标指数用于测定质量指标的变动，反映现象总体在内涵上的变动，如商品价格指数、单位成本指数等。

（三）按对比的场合不同

统计指数按对比的场合不同，可分为静态指数和动态指数：静态指数是指在同一时间条件下不同单位或不同地区之间同一现象指标值进行对比所形成的指数；动态指数反映某一现象在不同时间点上的变动程度。动态指数又分为定基指数、同比指数和环比指数。

三、统计指数的作用

（一）综合反映复杂总体数量的变动方向和变动程度

因为现象中的复杂总体，其各构成单位（事物）不能直接相加汇总，但在经济管理与理论研究中，却要经常分析其总的变动情况，所以必须利用指数这一方法才能实现。例如，我国统计部门经常向社会提供的工业生产指数、农业生产指数、各种主要的价格指数等，都是综合反映有关复杂总体数量的变动方向和变动程度的重要统计指数。

（二）根据指数之间的社会经济联系进行因素分析

现象之间是相互联系和相互制约的，一些现象的发展变化往往是其他一些现象变化影响的结果。利用指数之间的经济联系，可从数量上具体揭示某种现象发展变化的原因及各构成因素对其具体的影响，从而明确现象发展变化的主要原因及其主要矛盾，并对进行经济管理的具体成效做出客观的评价。

（三）研究社会经济现象长期的变动趋势

利用连续编制的指数数列，可以对现象在较长时期内发展变化的趋势进行描述和分析。例如，编制工业产品成本指数数列，可分析工业产品成本在某一时期内的变动趋势。还可以利用相互联系的指数数列，进行有关对比分析。例如，根据农产品价格指数数列和工业品零售价格指数数列，来分析工农业产品综合比价的变化趋势，以及工农业产品剪刀差的变化趋势。

任务二　编制综合指数

在对现象的考核中，常通过总指数来反映复杂总体数量的综合变动状况。

指数方法理论主要用于研究总指数的编制方法问题。总指数的编制方法有两种，即综合法和平均法：由综合法编制的总指数称为综合指数；由平均法编制的总指数称为平均指数。两种方法既有一定的联系，又各有其特点。

一、综合指数的概念

综合指数是总指数的一种，是由两个总量指标对比编制成的总指数。

在所研究的总量指标中，包含两个或两个以上的因素，将其中一个或一个以上的因素指标固定下来，仅考察其中一个因素的变动，这样编制出来的指数就叫综合指数。由于研究的总量指标有数量指标和质量指标之分，因此综合指数也就有数量指标综合指数和质量指标综合指数之别。

二、综合指数的编制

综合指数的编制方法可归纳为先综合后对比，具体包括两个要点：一是引入同度量因素对复杂总体进行综合；二是将同度量因素固定在同一个时期，使两个转化后的综合数值进行对比。需要明确两个概念：一是指数化指标；二是同度量因素。

① 指数化指标是编制综合指数所要测定的因素。例如，商品价格综合指数所要测定的因素是价格，则价格就是指数化指标。

② 同度量因素是指在编制综合指数时，把不能直接相加或者对比的现象转化为可以相加或对比的媒介因素。

编制综合指数的目的是测定指数化指标的变动情况，因此在对比的过程中对同度量因素应加以固定。

（一）数量指标综合指数的编制

数量指标综合指数是反映总体某种数量指标变动情况的指数，即以数量指标为研究对象编制的指数。例如，商品销售量指数、工业生产指数、职工人数指数等都是数量指标综合指数。下面以商品销售量指数为例说明其具体编制方法。

例 5-1　A 公司 3 种商品的销售资料如表 5.1 所示。计算 3 种商品的销售量综合指数。

模块三　诊断数据，分析变动

表 5.1　A 公司 3 种商品的销售资料

商品名称	计算单位	销售量		价格/元	
		基期	报告期	基期	报告期
甲	件	40	50	30	32
乙	吨	50	60	20	25
丙	千克	30	40	5	6
合计	—	—	—	—	—

由于 3 种商品各有不同的使用价值，不能直接相加，因此需要借助价格。销售量与价格相乘后得到的销售额可以直接相加，这里的价格即成为销售量的同度量因素——起到了使原来不能直接相加的指标过渡到可以相加的价值量指标的作用，如图 5.2 所示。

图 5.2　价格同度量因素

根据表 5.1 所示的资料先计算不同时期的销售额数据，如表 5.2 所示。

表 5.2　A 公司 3 种商品的销售额

商品名称	计算单位	销售量		价格/元		销售额/元			
		基期 q_0	报告期 q_1	基期 p_0	报告期 p_1	基期 $q_0 p_0$	报告期 $q_1 p_1$	假定 $q_1 p_0$	假定 $q_0 p_1$
甲	件	40	50	30	32	1 200	1 600	1 500	1 280
乙	吨	50	60	20	25	1 000	1 500	1 200	1 250
丙	千克	30	40	5	6	150	240	200	180
合计	—	—	—	—	—	2 350	3 340	2 900	2 710

本例中，由于是反映 3 种商品销售量的综合变动，所以需要用价格做同度量因素，同时还需要将同度量因素固定在同一个时期，以消除同度量因素变动的影响，达到只反映销售量变动的目的。为了反映数量指标的纯变动，应将同度量因素固定在基期。

数量指标综合指数的计算公式为：

$$\bar{k}_q = \frac{\sum q_1 p_0}{\sum q_0 p_0}$$

式中，$\bar{k}_q$ 为数量指标指数；q 为数量指标；p 为质量指标；1 为报告期；0 为基期。

将表 5.2 的有关资料代入公式，可得：

$$\bar{k}_q = \frac{\sum q_1 p_0}{\sum q_0 p_0} = \frac{2\,900}{2\,350} \times 100\% \approx 123.40\%$$

利用销售量总指数也可以对影响销售额的绝对额进行分析：

由于销售量变动
影响的销售额 $= \sum q_1 p_0 - \sum q_0 p_0 = 2\,900 - 2\,350 = 550$（元）

计算结果表明：3 种商品的销售量分别来看，各有不同的增长；综合来看，销售量平均增长了 23.40%；由于销售量的提高，所以使得 3 种商品的销售额增加了 550 元。

（二）质量指标综合指数的编制

质量指标综合指数是反映总体某一质量指标变动情况的指数，即以质量指标为研究对象编制的指数。例如，商品价格指数、产品成本指数、劳动生产率指数等都是质量指标综合指数。下面以商品价格指数为例说明其具体编制方法。资料仍见表 5.2。

由于 3 种商品的价格不能直接相加，而销售量与价格相乘后得到的商品销售额可以直接相加，所以这里销售量即成为价格的同度量因素。

由于是反映 3 种商品销售价格的综合变动，所以需要将同度量因素销售量固定在同一个时期，以消除同度量因素变动的影响，达到只反映价格变动的目的。为了反映质量指标的纯变动，应将同度量因素固定在报告期。

质量指标综合指数的计算公式为：

$$\bar{k}_p = \frac{\sum p_1 q_1}{\sum p_0 q_1}$$

将表 5.2 中的有关资料代入上面的公式，可得：

$$\bar{k}_p = \frac{\sum p_1 q_1}{\sum p_0 q_1} = \frac{3\,340}{2\,900} \times 100\% \approx 115.17\%$$

利用价格总指数也可以对影响销售额的绝对额进行分析：

由于价格变动
影响的销售额 $= \sum p_1 q_1 - \sum p_0 q_1 = 3\,340 - 2\,900 = 440$（元）

计算结果表明，3 种商品的销售价格分别来看，各有不同的增长；综合来看，销售价格平均增长了 15.17%；由于销售价格的提高，所以使得 3 种商品的销售额增加了 440 元。

价格指数与成本指数都属于质量指标综合指数，在实际工作中价格与成本又经常出现在同一张表格中，为避免发生混淆，一般将成本用 z 表示，

单位成本总指数的计算公式为：

$$\bar{k}_z = \frac{\sum z_1 q_1}{\sum z_0 q_1}$$

根据以上计算分析，编制综合指数的一般原则是：编制数量指标综合指数时，质量指标作为同度量因素且固定在基期；编制质量指标综合指数时，数量指标作为同度量因素且固定在报告期。

需要注意的是，如果研究的是较长时期的工业产品产量的变动情况，则经常采用不变

价格 p_n 作为同度量因素。所谓不变价格，是指固定在过去某一时期，在一段较长时期内保持不变的价格。按不变价格编制的产量指数公式为：

$$\bar{k}_q = \frac{\sum p_n q_1}{\sum p_n q_0}$$

任务三　编制平均指数

一、平均指数的概念

运用综合指数法编制总指数，要求掌握全面的资料。例如，就物价指数而言，不仅要有全部商品的价格和销售量资料，而且还要有不同时期的系统记录。而在统计实践中，由于受到资料的限制，很难编制出综合指数，因此可采用平均指数法编制总指数。

平均指数是编制总指数的另一种常用的形式。用平均指数法计算的指数称为平均指数，是以个体指数为基础，通过对个体指数加权平均计算的总指数。平均指数的计算形式可分为两种：一种是加权算术平均数指数；另一种是加权调和平均数指数。

二、平均指数的编制

（一）加权算术平均数指数的编制

加权算术平均数指数是对个体指数按加权算术平均数的方式进行计算，反映现象总体数量方面的变动程度。它主要用于数量指标指数的编制。

现以商品销售量（数量指标）指数为例，说明加权算术平均数指数的编制方法。

由于数量指标指数公式为 $\bar{k}_q = \frac{\sum q_1 p_0}{\sum q_0 p_0}$，且个体物量指数 $k_q = \frac{q_1}{q_0}$，故 $q_1 = k_q q_0$，因此如果用 $k_q q_0$ 代表综合指数公式分子中的 q_1，则可得加权算术平均数指数的公式为：

$$\bar{k}_q = \frac{\sum q_1 p_0}{\sum q_0 p_0} = \frac{\sum k_q q_0 p_0}{\sum q_0 p_0}$$

加权算术平均数指数是以各种产品（商品）的数量指标个体指数 k_q 为变量值，以基期总量 $p_0 q_0$ 为权数，进行加权平均而得的指数。其计算形式与加权算术平均数的计算形式相似，故得此名。

例 5-2　A 公司 3 种商品的销售量资料如表 5.3 所示。计算其加权算术平均数指数。

表 5.3 加权算术平均数指数计算

商品名称	计量单位	销售量 q_0	销售量 q_1	销售量个体指数 k_q / %	基期销售额 / 元 p_0q_0
甲	件	40	50	125.00	1 200
乙	吨	50	60	120.00	1 000
丙	千克	30	40	133.33	150
合 计	—	—	—	—	2 350

计算 3 种商品的销售量总指数,可按以下方法计算。

$$\bar{k}_q = \frac{\sum q_1 p_0}{\sum q_0 p_0} = \frac{\sum k_q q_0 p_0}{\sum q_0 p_0}$$

$$= \frac{125.00\% \times 1\,200 + 120.00\% \times 1\,000 + 133.33\% \times 150}{2\,350} = \frac{2\,900}{2\,350} \times 100\% \approx 123.40\%$$

销售量变动影响的销售额为:

$$\sum k_q q_0 p_0 - \sum q_0 p_0 = 2\,900 - 2\,350 = 550 \text{(元)}$$

以上计算结果与综合指数的计算结果完全相同。

(二) 加权调和平均数指数的编制

加权调和平均数指数是对个体指数按加权调和平均数方式进行平均,以反映现象总体质量方面的变动程度。它主要用于质量指标指数的编制。

现以商品价格(质量指标)总指数为例,说明加权调和平均数指数的编制方法。

由于质量指标综合指数公式为 $\bar{k}_p = \frac{\sum p_1 q_1}{\sum p_0 q_1}$,且个体价格指数 $k_p = \frac{p_1}{p_0}$,故 $p_0 = \frac{1}{k_p} p_1$,

因此如果用 $\frac{1}{k_p} p_1$ 代表综合指数公式分母中的 p_0,则可得加权调和平均数指数的公式为:

$$\bar{k}_p = \frac{\sum p_1 q_1}{\sum p_0 q_1} = \frac{\sum p_1 q_1}{\sum \frac{1}{k_p} p_1 q_1}$$

其计算形式与加权调和平均数的计算形式相似,故得此名。

例 5–3 A 公司 3 种商品的价格资料如表 5.4 所示。计算其加权调和平均数指数。

表 5.4 加权调和平均数指数计算

商品名称	计量单位	商品价格 / 元 基期 p_0	商品价格 / 元 报告期 p_1	个体价格指数 k_p /%	报告期销售额 p_1q_1 / 元	$\frac{1}{k_p} p_1 q_1$
甲	件	30	32	106.67	1 600	1 500

(续表)

商品名称	计量单位	商品价格/元		个体价格指数 k_p /%	报告期销售额 p_1q_1 /元	$\frac{1}{k_p}p_1q_1$
		基期 p_0	报告期 p_1			
乙	吨	20	25	125.00	1 500	1 200
丙	米	5	6	120.00	240	200
合 计	—	—	—	—	3 340	2 900

从表 5.4 中资料可见，3 种商品的价格都有不同程度的上涨。其价格总指数为：

$$\bar{k}_p = \frac{\sum p_1q_1}{\sum p_0q_1} = \frac{\sum p_1q_1}{\sum \frac{1}{k_p}p_1q_1} = \frac{3\,340}{2\,900} \times 100\% \approx 115.17\%$$

销售价格变动影响的销售额为：

$$\sum p_1q_1 - \sum \frac{1}{k_p}p_1q_1 = 3\,340 - 2\,900 = 440\,(元)$$

从上面的例子可以看出，平均指数法与综合指数法虽然形式不同，但计算结果相同。之所以如此，主要是由于平均指数公式中所用的权数是从相应的综合指数公式中的有关指标（分子或分母）转化而来的，所以人们习惯把平均指数公式称为综合指数的变形公式。一般在商品品种不多的情况下，可以应用综合指数公式计算总指数；如果品种很多，难以取得两个不同时期的全面资料，但比较容易取得个体指数，则适合用平均指数公式计算总指数。

任务四 指数体系及因素分析

一、指数体系

任何现象都不是孤立存在的，而是与其他现象相互联系的，某一现象的变化常常受到两个或多个因素的共同影响。现象之间的这种联系，不仅应用于定性分析中，而且应用于定量分析中。同时，不仅存在于静态中，而且存在于动态中。这种动态的变化就必须借助于指数体系做进一步深入的研究和探讨。

（一）指数体系的概念

指数体系是指在经济上具有一定联系，在数量上具有一定对等关系的 3 个或 3 个以上的指数所构成的一个整体。

指标之间在静态上有固有的经济联系和数量关系。例如：

工业总产值＝工业产品产量×工业产品价格
产品总成本＝产品产量×单位产品成本
商品销售额＝商品销售量×商品销售价格
原材料费用额＝产量×单耗×原材料价格

以上关系式反映着指标之间客观存在的经济联系，这种静态上的联系应用指数对现象进行动态分析，便形成了如下指数体系。

工业总产值指数＝工业产品产量指数×工业产品价格指数
产品总成本指数＝产品产量指数×单位产品成本指数
商品销售额指数＝商品销售量指数×商品销售价格指数
原材料费用额指数＝产量指数×单耗指数×原材料价格指数

（二）构建指数体系的基本要求

1. 确定数量指标指数、质量指标指数及其排列顺次

无论是含有两个还是两个以上因素的指数体系，其影响因素总是由数量指标指数和质量指标指数构成的。它们的排列顺次有实际经济意义，习惯上按照数量指标指数在前，质量指标指数在后的顺序排列，且相邻两因素的乘积应是一个有实际意义的统计指标。

2. 区分各指数内的指数化因素和同度量因素

在指数体系的影响因素中，均含有指数化因素和同度量因素。在等号右边的影响因素中，只有一个是指数化因素，其余皆为同度量因素。指数化因素与同度量因素的区分应与同度量因素所固定的时期联系起来。例如，工业总产值指数中，在反映产品产量影响时，产品产量是指数化因素，产品价格是同度量因素；在反映产品价格影响时，产品价格是指数化因素，产品产量是同度量因素。

（三）构建指数体系的对等关系

指数体系一般保持两个对等关系：一是各影响因素指数的乘积等于现象总变动指数；二是各影响因素变动额之和等于现象总变动额。例如：

商品销售额指数＝商品销售量指数×商品销售价格指数
商品销售额实际增减额＝销售量变动影响的增减额＋销售价格变动影响的增减额

这些指数体系都是建立在指标之间固有的经济联系基础上的，指数体系等式的左边是待分析的指数，称为总变动，一个等式中只有一个；等式的右边是反映各个因素变动的指数，叫因素指数，这类指数在一个指数体系中可以有多个。等号右边这些构成因素一般表现为数量指标和质量指标，以下仍然用商品销售额指数为例进行说明。

商品销售额指数	＝	商品销售量指数	×	商品销售价格指数
总变动		数量指标影响因素		质量指标影响因素

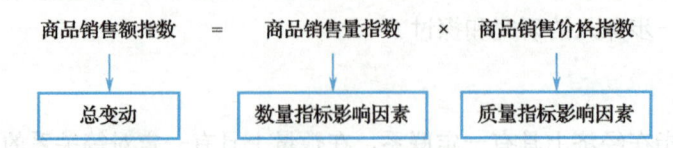

指数体系用符号表示如下。

相对数上：

$$\frac{\sum p_1 q_1}{\sum p_0 q_0} = \frac{\sum q_1 p_0}{\sum q_0 p_0} \times \frac{\sum p_1 q_1}{\sum p_0 q_1}$$

绝对数上：

$$\sum p_1 q_1 - \sum p_0 q_0 = (\sum q_1 p_0 - \sum q_0 p_0) + (\sum p_1 q_1 - \sum p_0 q_1)$$

（四）建立指数体系的作用

① 利用指数体系可以进行指数推算。可利用指数体系中的等式关系，根据已知指数推算未知指数。

例 5-4 某商品价格降低后，同样多的人民币可多购买 15% 的商品。由此可看出物价变动程度如何？

这里的经济联系是：商品购买金额＝商品购买量×商品价格

根据这种经济联系建立的指数体系为：

商品购买金额指数＝商品购买量指数×商品价格指数

即：100%＝115%× 商品价格指数

所以有：商品价格指数 $= \dfrac{100\%}{115\%} \times 100\% \approx 86.96\%$

② 利用指数体系可以分析复杂现象的总变动及各个影响因素的具体变动和影响，从而揭示现象总变动的具体原因，并对其变动做出正确评价。

二、因素分析

因素分析是依据指数体系理论，分析受各因素影响的总变动中，各因素的影响方向和影响程度的一种统计分析方法。构建指数体系的目的，就是用因素分析法分析多种因素的变动对现象总变动的影响。进行因素分析一般有以下 4 个步骤。

步骤1　确定被研究的现象和影响因素是哪些指标，找出各指标之间存在的经济联系。

步骤2　建立被研究现象的指数体系及绝对增减量关系式。

步骤3　计算总变动的结果，并分析各因素变动对总变动的影响方向和影响程度。

步骤4　根据计算结果，再次建立指数体系之间的数量等量关系，并做出简要文字分析。

（一）总量指标因素分析

总量指标因素分析按其影响因素的多少不同，分为两因素分析和多因素分析。

1. 总量指标两因素分析

总量指标的两因素分析，在指数体系上表现为总变动指数等于两个因素指数的乘积。在对复杂现象分析的指数体系中，各因素指数的同度量因素及同度量因素的时期，按照前面所述的综合指数的编制原则选择即可。

例 5-5 A 企业 4 种商品销售资料如表 5.5 所示。要求对 4 种商品销售额的变动进行因素分析。

表 5.5 A 企业 4 种商品销售资料

商品名称	计算单位	销售量		价格/元	
		基期 q_0	报告期 q_1	基期 p_0	报告期 p_1
甲	千克	8 200	9 000	32.00	34.00
乙	件	20 000	23 000	4.00	4.40
丙	立方米	300	330	1 400.00	1 380.00
丁	吨	400	500	3 000.00	2 950.00

首先，应明确研究对象是该企业 4 种商品的销售额。因此，在此基础上可建立指数体系如下：

商品销售额指数 = 商品销售量指数 × 商品销售价格指数

即：$\dfrac{\sum p_1 q_1}{\sum p_0 q_0} = \dfrac{\sum q_1 p_0}{\sum q_0 p_0} \times \dfrac{\sum p_1 q_1}{\sum p_0 q_1}$

根据指数体系建立的绝对数关系式为：

$\sum p_1 q_1 - \sum p_0 q_0 = (\sum q_1 p_0 - \sum q_0 p_0) + (\sum p_1 q_1 - \sum p_0 q_1)$

按照要求计算有关数据，结果如表 5.6 所示。

表 5.6 A 企业 4 种商品销售额因素分析计算

商品名称	计算单位	销售量		价格/元		销售额/元		
		基期 q_0	报告期 q_1	基期 p_0	报告期 p_1	$q_0 p_0$	$q_1 p_1$	$q_1 p_0$
甲	千克	8 200	9 000	32.00	34.00	262 400	306 000	288 000
乙	件	20 000	23 000	4.00	4.40	80 000	101 200	92 000
丙	立方米	300	330	1 400.00	1 380.00	420 000	455 400	462 000
丁	吨	400	500	3 000.00	2 950.00	1 200 000	1 475 000	1 500 000
合计	—	—	—	—	—	1 962 400	2 337 600	2 342 000

商品销售额指数 = $\dfrac{\sum p_1 q_1}{\sum p_0 q_0} = \dfrac{2\,337\,600}{1\,962\,400} \times 100\% \approx 119.12\%$

商品销售额增加的绝对数额 = $\sum p_1 q_1 - \sum p_0 q_0 = 2\,337\,600 - 1\,962\,400 = 375\,200$（元）

商品销售量变动及影响程度为：

$\bar{k}_q = \dfrac{\sum q_1 p_0}{\sum q_0 p_0} = \dfrac{2\,342\,000}{1\,962\,400} \times 100\% \approx 119.34\%$

$\sum q_1 p_0 - \sum q_0 p_0 = 2\,342\,000 - 1\,962\,400 = 379\,600$（元）

商品销售价格变动及影响程度为：

$$\bar{k}_p = \frac{\sum p_1 q_1}{\sum p_0 q_1} = \frac{2\,337\,600}{2\,342\,000} \times 100\% \approx 99.81\%$$

$\sum p_1 q_1 - \sum p_0 q_1 = 2\,337\,600 - 2\,342\,000 = -4\,400$（元）

从数量上建立指数体系如下。

① 相对数上：119.12% = 119.34% × 99.81%

② 绝对数上：375 200 元 = 379 600 元 + (-4 400) 元

由此可见，该企业 4 种商品的销售额报告期比基期上升了 19.12%、销售额增加 375 200 元，是由于 4 种商品的销售量报告期比基期上升了 19.34%，所以使商品销售额增加了 379 600 元；由于 4 种商品销售价格报告期比基期下降了 0.19%，所以使商品销售额减少了 4 400 元。

2．总量指标多因素分析

当总量指标可以分解为 3 个或 3 个以上的因素指数时，如何利用指数体系分析各因素指数对总量指标的影响呢？其方法与前面的两因素分析类似，只是指数体系的构造要复杂些。

对总量指标进行多因素分析的具体步骤是：

步骤 1　各因素的排列应当服从一定的逻辑顺序，通常将数量因素排在前面，将质量因素排在后面。应使得相邻两个因素的乘积具有独立意义。

步骤 2　按照编制总量指标的一般原则，采用连锁替代法逐一计算因素指数。在计算第一个因素指数时，把其余因素都固定在基期；计算第二个因素指数时，将已经分析过的因素固定在报告期，其余未计算过的因素固定在基期；计算第三个因素指数时，将已经分析过的两个因素固定在报告期，其余未计算过的因素固定在基期，以此类推。

采用连锁替代法的目的是使得各因素指数的连乘积等于总量指标。

步骤 3　建立指数体系，从相对变动和绝对变动两个方面分析各因素指数对总量指标的影响程度。

当总量指标可以分解为 3 个因素指数时，以原材料费用总额指数为例：

原材料费用总额指数 = 产量指数 × 单耗指数 × 原材料价格指数

指数体系表示为：

$$\frac{\sum q_1 m_1 p_1}{\sum q_0 m_0 p_0} = \frac{\sum q_1 m_0 p_0}{\sum q_0 m_0 p_0} \times \frac{\sum q_1 m_1 p_0}{\sum q_1 m_0 p_0} \times \frac{\sum q_1 m_1 p_1}{\sum q_1 m_1 p_0}$$

$$\sum q_1 m_1 p_1 - \sum q_0 m_0 p_0 = \left(\sum q_1 m_0 p_0 - \sum q_0 m_0 p_0\right) +$$
$$\left(\sum q_1 m_1 p_0 - \sum q_1 m_0 p_0\right) +$$
$$\left(\sum q_1 m_1 p_1 - \sum q_1 m_1 p_0\right)$$

下面举例说明总量指标多因素分析方法。

例 5-6　设某企业生产 3 种产品的产量、原材料单耗及原材料价格资料如表 5.7 所示；计算如表 5.8 所示。分析该企业 3 种产品原材料费用总额的变动程度及变动原因。

表 5.7 3 种产品产量、原材料单耗、原材料价格资料

产品名称	计量单位	产量		原材料单耗/千克		原材料价格/元	
		q_0	q_1	m_0	m_1	p_0	p_1
甲	件	4 500	4 000	20	24	2.0	3.4
乙	台	2 000	3 000	36	32	4.0	4.8
丙	套	8 000	9 600	18	16	10.0	12.0
合 计	—	—	—	—	—	—	—

表 5.8 3 种产品原材料费用总额计算

产品名称	原材料名称	原材料费用总额/万元			
		$q_0 m_0 p_0$	$q_1 m_1 p_1$	$q_1 m_0 p_0$	$q_1 m_1 p_0$
甲	A	18.0	32.64	16.0	19.2
乙	B	28.8	46.08	43.2	38.4
丙	C	144.0	184.32	172.8	153.6
合 计	—	190.8	263.04	232.0	211.2

原材料费用总额的变动可按以下指数体系进行分析。

原材料费用总额指数 = 产品产量指数 × 原材料单耗指数 × 原材料单价指数

根据因素分析法的基本步骤，将表 5.8 中的数据代入有关公式。

① 原材料费用总额指数 = $\dfrac{\sum q_1 m_1 p_1}{\sum q_0 m_0 p_0} = \dfrac{263.04}{190.8} \times 100\% \approx 137.86\%$

这一结果表明，原材料费用总额报告期比基期增长 37.86%。由此多支出的绝对额为：

$\sum q_1 m_1 p_1 - \sum q_0 m_0 p_0 = 263.04 - 190.8 = 72.24$（万元）

② 产品产量总指数 = $\dfrac{\sum q_1 m_0 p_0}{\sum q_0 m_0 p_0} = \dfrac{232}{190.8} \times 100\% \approx 121.59\%$

产品产量报告期比基期增长了 21.59%，由此增加的原材料费用额为：

$\sum q_1 m_0 p_0 - \sum q_0 m_0 p_0 = 232 - 190.8 = 41.2$（万元）

③ 原材料单耗指数 = $\dfrac{\sum q_1 m_1 p_0}{\sum q_1 m_0 p_0} = \dfrac{211.2}{232} \times 100\% \approx 91.03\%$

产品原材料单耗报告期比基期减少下降 8.97%，因此而节约的原材料费用额为：

$\sum q_1 m_1 p_0 - \sum q_1 m_0 p_0 = 211.2 - 232 = -20.8$（万元）

④ 原材料单价指数 = $\dfrac{\sum q_1 m_1 p_1}{\sum q_1 m_1 p_0} = \dfrac{263.04}{211.2} \times 100\% \approx 124.55\%$

产品原材料单价报告期比基期提高 24.55%，因此而增加的原材料费用额为：

$\sum q_1 m_1 p_1 - \sum q_1 m_1 p_0 = 263.04 - 211.2 = 51.84$（万元）

上述计算结果从数量上建立对等关系，可整理如下：
137.86%≈121.59%×91.03%×124.55%

72.24万元=41.2万元+(−20.8)万元+51.84万元

综上分析说明，由于该企业报告期比基期产量增长 21.59%、单耗下降 8.97% 和单价上升 24.55% 的三方面因素，所以使报告期的原材料费用总额增长 37.86%；报告期的原材料费用总额比基期增加 72.24 万元，是由于产量增长使费用总额增加 41.2 万元、单位产品原材料消耗量下降使费用总额减少 20.8 万元、原材料价格上升使费用总额增加 51.84 万元综合作用的结果。

（二）平均指标因素分析

平均指标指数是说明两个不同时期平均水平动态变化的相对指标。用指数体系和因素分析的方法，可以对平均指标的变动及其各因素的影响进行因素分析。

这里所说的平均指标，是指总体在分组的条件下，用加权算术平均数方式计算出来的平均指标。这种平均指标可以分解为两个因素：一是各组的标志值；二是各组的比重（即权数）。利用因素分析法，可以测定这两个因素中的每一个因素对平均指标总变动的影响，这就是指数理论中平均指标变动的因素分析。例如，分析平均工资、平均成本、平均价格、平均劳动生产率、平均亩产量等一系列平均指标的总变动。平均指标用符号表示为：

$$\bar{x} = \frac{\sum xf}{\sum f} = \sum \left(x \cdot \frac{f}{\sum f} \right)$$

平均指标变动的因素分析需要计算 3 个指数：
① 可变构成指数（平均指标指数）。这是两个不同时期同一经济内容的平均指标之比。
② 结构影响指数。这是反映总体结构变化对总平均指标变动的影响。
③ 固定构成指数。这是反映各组水平变化对总平均指标的影响。
由此形成平均指标指数体系，即：

可变构成指数＝结构影响指数×固定构成指数

$$\frac{\frac{\sum x_1 f_1}{\sum f_1}}{\frac{\sum x_0 f_0}{\sum f_0}} = \frac{\frac{\sum x_0 f_1}{\sum f_1}}{\frac{\sum x_0 f_0}{\sum f_0}} \times \frac{\frac{\sum x_1 f_1}{\sum f_1}}{\frac{\sum x_0 f_1}{\sum f_1}}$$

根据平均指标指数体系，可以得到绝对数关系式：

平均指标变动额＝结构变动影响额＋各组水平变动影响额

$$\frac{\sum x_1 f_1}{\sum f_1} - \frac{\sum x_0 f_0}{\sum f_0} = \left(\frac{\sum x_0 f_1}{\sum f_1} - \frac{\sum x_0 f_0}{\sum f_0} \right) + \left(\frac{\sum x_1 f_1}{\sum f_1} - \frac{\sum x_0 f_1}{\sum f_1} \right)$$

例 5-7 某企业职工平均工资和职工人数资料如表 5.9 所示。

表 5.9　某企业职工平均工资及职工人数资料

职工分组	月平均工资 / 元		职工人数 / 人		工资总额 / 元		
	基期 x_0	报告期 x_1	基期 f_0	报告期 f_1	基期 $x_0 f_0$	报告期 $x_1 f_1$	假定 $x_0 f_1$
老职工	3 900	4 000	500	300	1 950 000	1 200 000	1 170 000
新职工	1 600	1 650	500	750	800 000	1 237 500	1 200 000
合　计	2 750.00	2 321.43	1 000	1 050	2 750 000	2 437 500	2 370 000

分析的对象是总平均工资,而总平均工资的变动受工人类别结构变动和各组工人月工资水平变动的影响。

根据：平均工资 $= \dfrac{\text{工资总额}}{\text{职工人数}} = \dfrac{\sum xf}{\sum f}$

建立平均工资指数体系：$\dfrac{\dfrac{\sum x_1 f_1}{\sum f_1}}{\dfrac{\sum x_0 f_0}{\sum f_0}} = \dfrac{\dfrac{\sum x_0 f_1}{\sum f_1}}{\dfrac{\sum x_0 f_0}{\sum f_0}} \times \dfrac{\dfrac{\sum x_1 f_1}{\sum f_1}}{\dfrac{\sum x_0 f_1}{\sum f_1}}$

则该企业职工月平均工资变动情况为：

可变构成指数 $= \dfrac{\dfrac{\sum x_1 f_1}{\sum f_1}}{\dfrac{\sum x_0 f_0}{\sum f_0}} = \dfrac{\dfrac{2\ 437\ 500}{1\ 050}}{\dfrac{2\ 750\ 000}{1\ 000}} \approx \dfrac{2\ 321.43}{2\ 750.00} \times 100\% \approx 84.42\%$

总平均工资变动额为：$\dfrac{\sum x_1 f_1}{\sum f_1} - \dfrac{\sum x_0 f_0}{\sum f_0} = 2\ 321.43 - 2\ 750.00 = -428.57$（元）

即该企业职工月总平均工资报告期比基期下降了 15.58%,减少了 428.57 元。

职工人数结构变动的影响为：

结构影响指数 $= \dfrac{\dfrac{\sum x_0 f_1}{\sum f_1}}{\dfrac{\sum x_0 f_0}{\sum f_0}} = \dfrac{\dfrac{2\ 370\ 000}{1\ 050}}{\dfrac{2\ 750\ 000}{1\ 000}} \approx \dfrac{2\ 257.14}{2\ 750.00} \times 100\% \approx 82.08\%$

职工人数结构变动使该厂总平均工资变动的数额为：

$\dfrac{\sum x_0 f_1}{\sum f_1} - \dfrac{\sum x_0 f_0}{\sum f_0} = 2\ 257.14 - 2\ 750.00 = -492.86$（元）

老职工、新职工平均工资变动的影响为：

固定构成指数 = $\dfrac{\dfrac{\sum x_1 f_1}{\sum f_1}}{\dfrac{\sum x_0 f_1}{\sum f_1}} = \dfrac{\dfrac{2\,437\,500}{1\,050}}{\dfrac{2\,370\,000}{1\,050}} \approx \dfrac{2\,321.43}{2\,257.14} \times 100\% \approx 102.85\%$

老职工、新职工月平均工资变动使该企业总平均工资变动的数额为：

$\dfrac{\sum x_1 f_1}{\sum f_1} - \dfrac{\sum x_0 f_1}{\sum f_1} = 2\,321.43 - 2\,257.14 = 64.29$（元）

将上述计算结果从数量上建立对等关系，可整理如下。

84.42%＝82.08%×102.85%

－428.57 元＝－492.86 元+64.29 元

新、老职工人数比重变动使总平均工资下降了 17.92%，平均每个职工的工资额减少了 492.86 元；新、老职工月工资水平上升使总平均工资上升 2.85%，平均每个职工工资增加 64.29 元。两个因素共同作用的结果，使得该企业职工总平均工资报告期比基期下降了 15.58%，平均每个职工的工资额减少了 428.57 元。

从表 5.9 中可以清楚地看到，在企业人数没有减少的情况下，报告期新老职工的月平均工资比基期都有所提高，但上述计算结果却表明职工的总平均工资降低了 15.58%，平均每个职工工资减少了 428.57 元。这是为什么呢？这完全是由于新老职工结构变化影响所致的，因为工资高的老职工的结构在报告期降低 40%（300/500-1），低工资组新职工的结构上升了 50%，使得新、老职工的月平均工资都呈上升状态，而企业的总平均工资却呈下降状态。

项目小结

本项目主要讲述了统计指数概述、综合指数的编制、平均指数的编制及指数体系与因素分析等。

① 指数的概念有广义和狭义两种：广义的指数是用来反映现象数量变动的所有相对数；狭义的指数是一种特殊的相对数，是综合反映复杂现象总体数量变动方向和程度的相对数。

② 统计指数按研究对象的范围不同，分为个体指数和总指数；按反映的指标性质不同，分为数量指标指数和质量指标指数。

③ 数量指标指数是反映总体某种数量指标变动情况的指数，即以数量指标为研究对象编制的指数；质量指标指数是反映总体某一质量指标变动情况的指数，即以质量指标为研究对象编制的指数。

④ 平均指数是编制总指数的另一种常用的形式。加权算术平均数指数是对个体指数按加权算术平均数方式进行计算，主要用于数量指标指数的编制；加权调和平均数指数是对个体指数按加权调和平均数方式进行平均，主要用于质量指标指数的编制。

⑤ 指数体系是指在经济上具有一定联系，在数量上具有一定对等关系的 3 个或 3 个

以上的指数所构成的一个整体。

⑥ 因素分析是依据指数体系理论，分析受各因素影响的总变动中各因素的影响方向和影响程度的一种统计分析方法。

⑦ 总量指标两因素分析在指数体系上表现为总变动指数等于两个因素指数的乘积。

⑧ 平均指标指数是说明两个不同时期平均水平动态变化的相对指标。用指数体系和因素分析的方法，可以对平均指标的变动及其各因素的影响进行因素分析。

拓展阅读

居民消费价格指数 11 年来首现负增长

国家统计局发布数据称，2020 年 11 月，居民消费价格指数（CPI）同比下降 0.5%，涨幅较 10 月回落 1 个百分点，为 2009 年 11 月以来首次出现负增长。工业品出厂价格（PPI）同比下降 1.5%，降幅较上月收窄 0.6 个百分点。

数据发布前，界面新闻采集的 7 家机构预测中值显示，11 月 CPI 同比上涨 0.1%，PPI 同比下降 1.7%。

11 月 CPI 同比负增长的主要原因在于去年同期由猪肉价格拉升的高基数，以及近期食品价格的疲软。虽然服务类消费需求逐渐复苏对非食品价格形成一定支撑，但涨势仍然偏弱。

统计局数据显示，11 月份，食品烟酒类价格同比下降 0.7%，影响 CPI 下降约 0.24 个百分点。其中，猪肉价格同比下降 12.5%，影响 CPI 下降约 0.60 个百分点；蛋类价格下降 17.1%，影响 CPI 下降约 0.11 个百分点。

非食品方面，消费品价格下降 1.0%，服务价格上涨 0.3%。其中，其他用品和服务、医疗保健、教育文化和娱乐价格分别上涨 2.5%、1.5% 和 1.0%；生活用品及服务价格持平；交通和通信、居住、衣着价格分别下降 3.9%、0.6% 和 0.3%。

任务实施

项目五　A 公司产品总成本变动的指数分析

（一）领取并填写项目实施资料

领取项目五任务工作单（见附表）

（二）操作步骤

步骤 1　仔细阅读"项目情境""情境分析"，领会"工作任务"。

步骤 2　认真学习教材中"知识引入"的内容。

步骤 3　查阅图书馆、资料室等处的相关学习资源。

步骤 4　参考网络资源：中国统计信息网 http://www.cnstats.org/；中国教育统计网 http://www.stats.edu.cn/。

步骤 5　以小组为单位，共同完成 A 公司产品总成本变动的指数分析。既可自行完成，也可另选与统计指数内容有关的其他题目。

（三）任务汇报

任务完成后，各小组提交 A 公司产品总成本变动的指数分析的计算分析过程，选出一名代表用 PPT 汇报发言并展示。

汇报发言的主要内容是：

1．介绍 A 公司 11 月、12 月两个月的产品产量和单位成本资料。

2．介绍产品产量总指数、单位成本总指数的计算过程及结果。

3．介绍企业总成本指数受产品产量和产品单位成本两个因素的影响情况。

附表　任务工作单

项目五		班级		小组	
		姓名		日期	
		电话		评分	
成果描述 （如字数、是否下厂实践、走访企业或人员等）					
成果形式 （电子文档、PPT、其他）					
操作中涉及的相关知识点（以前、现在，可以跨专业）					
完成任务时间 / 天数					
完成任务需要的人力资源（团队人员名称、个人或其他人员）					
完成任务需要的物力资源					
学生建议 （或感受）					
教师点评					

（四）学生互评

其他小组根据汇报展示情况提出自己的想法和建议、展开讨论并进行互评。建议从以下几方面去评价。

1．产品产量总指数、单位成本总指数的计算过程及结果是否正确。

2．企业总成本指数受产品产量和产品单位成本两个因素影响的分析过程是否正确。

3．计算过程中涉及统计表格中的运算过程是否正确、公式符号表达是否准确。

4．应用 Word、Excel、PPT 等相关计算机基础技能的熟练程度。

（五）教师点评及其他

教师对学生的计算过程、计算结果、分析过程及应用 Word、Excel、PPT 等计算机基础技能的熟练程度等进行点评，并提出修改建议。

思考与练习

一、填空题

1. 指数按其指标的性质不同，可分为 ＿＿＿＿＿＿＿＿ 和 ＿＿＿＿＿＿＿＿。
2. 狭义指数是指反映 ＿＿＿＿＿ 总体数量变动方向和差异程度的特殊 ＿＿＿＿＿。
3. 总指数的编制方法，其基本形式有两种：一是 ＿＿＿＿＿＿；二是 ＿＿＿＿＿＿。
4. 在含有两个因素的综合指数中，为了观察某一因素的变动，另一个因素必须固定起来。被固定的因素通常称为 ＿＿＿＿＿＿＿＿，而被研究的因素则称为 ＿＿＿＿＿＿ 指标。
5. 编制综合指数，确定同度量因素的一般原则是：数量指标指数宜以 ＿＿＿＿＿＿ 作为同度量因素；质量指标指数宜以 ＿＿＿＿＿＿＿ 作为同度量因素。

二、判断题

1. 指数的实质是相对数，能反映现象的变动和差异程度。　　　　　　（　　）
2. 综合指数的编制方法是先综合后对比。　　　　　　　　　　　　　（　　）
3. 同度量因素是把不可直接综合的指标转化为可以综合的指标的媒介因素。（　　）
4. 本年与上年相比，如果物价上涨 10%，则本年的 1 元只值上年的 0.9 元。（　　）
5. 生产费用报告期比基期增长 12%，单位成本降低 20%，则产量报告期比基期增长 40%。　　　　　　　　　　　　　　　　　　　　　　　　　　　　　　（　　）

三、单项选择题

1. 统计指数按其反映的对象范围不同，分为（　　）。
   A. 简单指数和加权指数　　　　　　B. 综合指数和平均指数
   C. 个体指数和总指数　　　　　　　D. 数量指标数和质量指标数
2. 总指数编制的两种形式是（　　）。
   A. 算术平均指数和调和平均指数　　B. 个体指数和综合指数
   C. 综合指数和平均指数　　　　　　D. 定基指数和环比指数
3. 编制数量指标指数一般采用（　　）作为同度量因素。
   A. 基期质量指标　　　　　　　　　B. 报告期质量指标
   C. 基期数量指标　　　　　　　　　D. 报告期数量指标
4. 某市居民以相同的人民币在物价上涨后少购商品 15%，则物价指数为（　　）。
   A. 17.60%　　　　B. 85%　　　　C. 115%　　　　D. 117.65%
5. 单位产品成本报告期比基期下降 6%，产量增长 6%，则生产总费用（　　）。
   A. 增加　　　　　B. 减少　　　　C. 没有变化　　　D. 无法判断
6. 2020 年 11 月，某种型号微波炉的销售价格是 3 500 元，12 月份的销售价格是 3 420 元，指数为 97.71%。该指数是（　　）。
   A. 综合指数　　　B. 平均指数　　C. 总指数　　　　D. 个体指数

7. 在使用基期，价格为同度量因素，则计算商品销售量指数时（　　）。
   A. 消除了价格变动的影响
   B. 包含了价格变动的影响
   C. 包含了价格与销售量共同变动的影响
   D. 消除了价格与销售量共同变动的影响

8. 劳动生产率可变构成指数为134%，职工人数结构影响指数为95%，则劳动生产率的固定构成指数为（　　）。
   A. 135.36%　　　B. 141.05%　　　C. 70.90%　　　D. 127.30%

9. 某企业职工工资水平今年比去年提高了5%，职工人数增加了2%，则该企业工资总额增长了（　　）。
   A. 12.50%　　　B. 20.00%　　　C. 37.50%　　　D. 7.10%

10. 当我们研究各级技术工人工资的变动影响全体工人平均工资的变动程度时，应计算（　　）。
    A. 结构变化影响指数　　　　　　　B. 可变构成指数
    C. 固定构成指数　　　　　　　　　D. 加权算术平均数字数

四、多项选择题

1. 指数的作用包括（　　）。
   A. 综合反映事物的变动方向　　　　B. 综合反映事物的变动程度
   C. 利用指数可以进行因素分析　　　D. 反映社会经济现象的一般水平

2. 某企业为了分析本厂生产的使用价值不同的两种产品产量的变动情况，已计算出产量指数为112.5%。这一指数是（　　）。
   A. 综合指数　　　　B. 总指数　　　　C. 个体指数
   D. 数量指标指数　　E. 质量指标指数

3. 同度量因素的作用有（　　）。
   A. 平衡作用　　　　B. 权数作用　　　　C. 稳定作用
   D. 同度量作用　　　E. 调和作用

4. 当权数为 $p_0 q_0$ 时，以下说法正确的是（　　）。
   A. 数量指标综合指数可变形为加权算术平均指数
   B. 数量指标综合指数不可变形为加权调和平均指数
   C. 质量指标指数可变形为加权算术平均指数
   D. 质量指标指数可变形为加权调和平均指数
   E. 综合指数与平均指数没有变形关系

5. 进行平均指标变动的因素分析，指数体系包括的指标有（　　）。
   A. 算术平均数指数　　B. 调和平均数指数　　C. 可变构成指数
   D. 固定构成指数　　　E. 结构变动影响指数

五、简答题

1. 什么是统计指数？它有何作用？

2．什么叫同度量因素？其作用是什么？
3．什么是数量指标指数和质量指标指数？综合指数的编制原则是什么？
4．如何编制加权算术平均数指数和加权调和平均数指数？
5．什么是指数体系？它有何作用？

六、计算题

1．某厂3种产品的产量情况如下表所示。

产量	计量单位	出厂价格/元		产量	
		基期	报告期	基期	报告期
A	件	8.00	8.50	13 500	15 000
B	个	10.00	11.00	11 000	10 200
C	千克	6.00	5.00	4 000	4 800

要求：分析出厂价格和产量的变动对总产值的影响。

2．某地区3种水果的销售情况如下表所示。

水果品种	本月销售额/万元	本月比上月价格增减/%
苹果	68	−10
草莓	12	12
橘子	50	2

要求：计算该地区3种水果的价格指数及由于价格变动对居民开支的影响。

3．某厂生产情况如下表所示。

产品	计量单位	产量		基期产值/万元
		基期	报告期	
甲	台	1 000	920	650
乙	双	320	335	290

要求：根据资料计算该厂的产量总指数和因产量变动而增减的产值。

4．某公司下属3个生产企业生产某种产品的情况如下表所示。

企业类别	单位产品成本/元		产量/吨	
	上月	本月	上月	本月
甲企业	960	952	4 650	4 930
乙企业	1 010	1 015	3 000	3 200
丙企业	1 120	1 080	1 650	2 000

要求：根据表中资料计算可变构成指数、固定构成指数和结构影响指数，并分析单位产品成本和产量结构变动对总成本的影响。

模块四

剖析数据，把握动向

项目六　A 公司产品净重的抽样测定

项目情境

钢渣作为冶金工业的主要固体排放物，是炼钢生产过程中不可避免的。钢渣中含有的化学成分与硅酸盐水泥熟料相似；水渣就是粒化高炉矿渣，是冶炼生铁的废渣。因此，钢渣、水渣是生产水泥的一种优良原料。目前，钢渣的综合利用方向主要是生产水泥，制作保温材料、空心砖、路面砖及农业生产等几个方面。我国生产的水泥有 70%～80% 掺用了不同数量的水渣。

A 公司每年高炉水渣产量大约在 120 万吨左右，是制造水泥和水泥超细粉的主要原料；每年产钢渣 30 多万吨，过去这些钢渣一直被当作废物露天堆放，成为厂区的主要污染源，不仅污染毒化土壤、水体和大气，严重影响生态环境，而且造成了明显或潜在的经济损失和资源浪费。利用高炉水渣、钢渣加工水泥超细粉和水泥等新型建筑材料是一项极具市场潜力的项目。经过技术开发，大搞综合利用、变废为宝，从废渣中提"金"，该项目已成为我国水泥行业结构调整重点扶持的新技术项目，年创经济效益 1 400 多万元。该项目不仅解决了困扰公司多年的环境污染问题，而且为公司创造了巨额的经济效益。目前，其生产的矿渣超细粉作为混凝土添加材料，已成功运用到京沪高铁、承唐高速等重点工程，从而支援了国家经济建设，实现了公司的多元化生产，为公司的可持续发展奠定了基础。

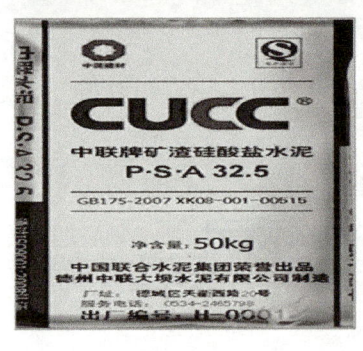

情境分析

《通用硅酸盐水泥》(GB175—2007)为国家现行强制性水泥标准。按照标准规定："水泥包装国标净含量50 kg/袋，且不能少于标记质量的99%，随机抽取20袋总质量不得少于1 000 kg"。该厂水泥生产车间每天生产的矿渣水泥在1 000袋左右，现对某日生产的矿渣水泥随机抽取20袋进行抽样调查，检查其总质量。结合本项目学习的抽样推断理论，对水泥生产车间袋装水泥的产品净重进行抽样调查，并根据抽样产生的误差和95%的概率把握程度，推断水泥生产车间的袋装水泥平均质量和50 kg/袋及以上质量的袋数比重的置信区间。

工作任务

1. 随机抽取20袋水泥，测量记录每袋的质量，编制统计表。
2. 计算20袋水泥平均质量的抽样误差。
3. 计算20袋水泥总质量的置信区间。
4. 计算50 kg/袋及以上质量的袋数比重。
5. 计算50 kg/袋及以上质量的袋数比重的抽样误差、置信区间。

模块四　剖析数据，把握动向

知识引入

抽样推断

知识目标
◇ 掌握抽样推断的概念、特点和作用。
◇ 掌握纯随机抽样组织形式的抽样误差的计算。
◇ 掌握纯随机抽样组织形式下的区间估计方法。
◇ 掌握样本容量的确定方法。

思政元素
大学生月消费情况调查

能力目标
◇ 能理解抽样推断原理，能计算抽样误差。
◇ 能熟练运用抽样推断方法进行区间估计。
◇ 能在一定概率和一定允许误差条件下确定必要的样本容量。

内容结构

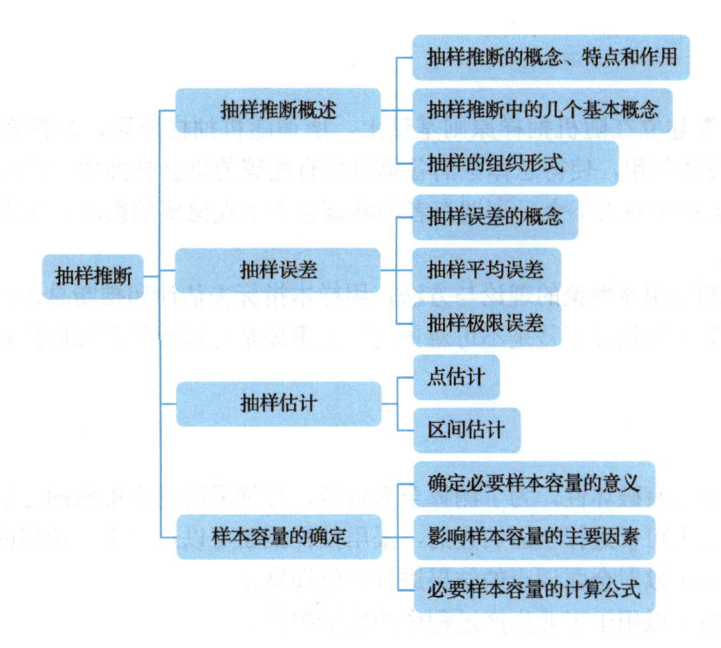

```
                          ┌─ 抽样推断的概念、特点和作用
              ┌ 抽样推断概述 ─┼─ 抽样推断中的几个基本概念
              │           └─ 抽样的组织形式
              │
              │           ┌─ 抽样误差的概念
              ├ 抽样误差 ──┼─ 抽样平均误差
  抽样推断 ───┤           └─ 抽样极限误差
              │
              ├ 抽样估计 ──┬─ 点估计
              │           └─ 区间估计
              │
              │              ┌─ 确定必要样本容量的意义
              └ 样本容量的确定 ┼─ 影响样本容量的主要因素
                             └─ 必要样本容量的计算公式
```

任务一　认识抽样推断

一、抽样推断的概念

抽样推断是按照随机原则从总体中抽取部分单位作为样本进行实际调查，并依据调查所得的样本数据，对总体的特征值做出具有一定可靠程度的估计与推断。

抽样推断是通过获取样本数据达到对总体认识的一种非全面调查。它既是搜集统计资料的方法，又是对现象总体进行科学估计和判断的方法，所以不论在统计调查还是在统计分析中都有广泛的应用。

在现实社会经济生活中，对未知的总体数量特征进行全面调查，需要花费很大的代价，甚至是无法实现的。抽样推断为现象的数量分析提供了一个有效利用样本的有限信息，抽样推断方法将逐步成为我国新的统计调查方法体系的主体。

二、抽样推断的特点

① 抽样推断建立在随机抽样原则基础上。所谓随机抽样原则，是指在抽取样本时排除人们主观意图的作用，使得总体中的各单位均有相等的机会被抽中。随机抽样意味着总体中某个单位被抽中与否不会受到调查者和被调查者主观愿望的影响，从而保证了样本对总体的代表性。

② 抽样推断运用概率论的理论与方法，用样本指标去估计和推断总体指标。

③ 抽样推断中的抽样误差是不可避免的，但事先是可以计算并加以控制的。

三、抽样推断的作用

① 抽样调查具有破坏性，为了测算全面资料，必须采用抽样推断的方法。

② 某些理论上可以进行全面调查的，采用抽样推断可以达到事半功倍的效果。

③ 抽样推断可以对全面调查的结果进行评价和修正。

④ 抽样推断可以用于工业生产过程中的质量控制。

四、抽样推断中的几个基本概念

（一）全及总体和样本总体

1. 全及总体

所研究对象的全体称作全及总体，简称总体。全及总体包括的单位数一般以 N 表示。

抽样推断首先要弄清全及总体的范围、单位的含义，从而构成明确的抽样框，作为抽样的母体。对于一定的问题，全及总体是唯一确定的。

2．样本总体

按随机抽样方法从全及总体中抽出的部分单位所组成的集合体，称作样本总体或抽样总体，简称样本。

（二）样本容量和样本个数

1．样本容量

样本容量是指一个样本总体包含的单位数。样本容量用 n 表示，一般要求 $n \geqslant 30$。相对 N 来说，n 是很小的数，以很小的样本来推断很大的总体，这是抽样推断的重要特征。一般来说，样本单位数达到或超过 30 个称为大样本，30 个以下称为小样本。社会经济现象的抽样推断多采取大样本。

2．样本个数

样本个数是指从一个全及总体中可能抽取的样本数目。当样本容量给定时，样本的可能数目便由抽样方法决定。

（三）总体指标和样本指标

1．总体指标

总体指标又称全及指标、总体参数，是根据总体各单位的标志值或标志属性计算的，反映总体某种数量特征的综合指标。

由于全及总体是唯一确定的，所以根据全及总体计算的总体指标也是唯一确定的。常用的总体指标有总体平均数、总体成数、总体标准差或总体方差等。

2．样本指标

样本指标又称样本统计量，是根据样本总体各单位的标志值或标志属性计算的，反映样本的数量特征。与总体指标相对应，常用的样本指标有样本平均数、样本成数、样本标准差或样本方差等。

由于从一个全及总体中可以抽取多个样本，样本不同样本的数值就不同，所以样本指标的数值就不是唯一确定的。因此，样本指标是一个随机变量，它的取值随样本的不同而发生变化。

（四）抽样框

抽样框就是总体单位的名单。

1．抽样框的分类

抽样框可以分为两类：一类是总体单位的名称表；另一类是地段抽样框，一般依据地图，划分成若干个有明确边界的地段即单位。

2．编制抽样框的作用

编制抽样框的作用有以下两点。

① 将总体所有单位置于可以被抽中的位置上，易于贯彻随机原则和进行抽选工作，提高抽样推断的效率。

② 编制抽样框就是确定抽样推断对象及全及总体的范围，否则无法确定抽样推断的总体是谁。

3. 抽样框的编制

编制抽样框时要根据对总体单位了解的程度而定，如果对总体单位不甚了解，则往往只能编制总体单位清单或地段抽样框；如果对总体单位情况比较了解，甚至掌握与调查内容有关的标志表现的资料，就可以按有关标志值的高低有序排队。

（五）重复抽样和不重复抽样

抽样方法按抽取样本的方式不同，分为重复抽样和不重复抽样。

1. 重复抽样

重复抽样也称重置抽样、回置抽样，是从总体 N 个单位中随机抽取容量为 n 的样本时，每次从总体中抽取的样本单位经检验之后又重新放回总体，参加下次抽样。这种抽样的特点是总体中每个样本单位被抽中的概率是相等的。

从总体 N 个单位中随机抽取 n 个单位，构成样本的可能数目为 N^n 个。

2. 不重复抽样

不重复抽样也称无放回抽样、不回置抽样，是从全及总体中抽取第一个样本单位，记录该单位有关标志表现后，该样本单位不再放回全及总体中参加下一次抽选的方法。可见，不重复抽样时，总体单位数在抽选过程中是逐渐减少的，每个总体单位只能被抽取一次，没有被重复抽中的可能，且先后抽取出来的各个单位被抽中的机会是不相等的。

从总体 N 个单位中，随机不重复抽取 n 个单位构成一个样本，则样本的可能数目为 $N(N-1)(N-2)(N-3)\cdots(N-n+1)$ 个。在实际工作中一般多采用不重复抽样。

五、抽样的组织形式

抽样的组织形式主要有纯随机抽样、等距抽样、类型抽样和整群抽样。不同的抽样组织形式意味着对总体信息不同程度的利用、意味着不同的调查成本，它们的抽样效果存在较大的差异。

（一）纯随机抽样

纯随机抽样又称简单随机抽样，是抽样调查中最基本的组织形式。这种方式是对总体的全部单位不做任何排队或分类，完全按随机原则从总体中抽出样本单位，保证总体中每个单位被抽中的机会相等。

（二）等距抽样

等距抽样又称机械抽样，是将总体中的全部单位按某种标志的顺序予以排队编号，然后按相等的间距（时间、空间或次序）机械地抽取所需的样本数目。

（三）类型抽样

类型抽样又称分层抽样，是先将总体中各单位按其属性特征（不是数量大小）划分为若干不同类型或层次的组,然后再从各组中用简单随机抽样法或等距抽样法抽取样本单位。

例如,调查一个城市居民收入分配状况,如果历史资料反映了该城市居民的贫富结构——高收入者、中等收入者与低收入者的比例结构,则可以按此结构分类分别从高收入者、中等收入者与低收入者中按一定的比例抽取样本。这样就可以避免样本全来自某一收入阶层所产生的系统偏差。

(四)整群抽样

整群抽样就是将总体各单位分成若干群,然后从其中随机抽取部分群,对中选的群进行全面调查的抽样组织方式。在总体单位数很大时,如果直接从总体中抽取总体单位,则有时是很困难的。例如,从一个大城市中的所有大学生中抽样了解大学生的基本情况,而这个城市的大学生人数有几十万之众,直接抽取样本单位有许多困难。如果按整群抽样,以班级为抽样单位,从全部学校的所有班级中抽出部分班级,调查抽中的班级就方便多了。

任务二 计算抽样误差

一、抽样误差的概念

抽样误差又称为随机误差,是由于随机抽样的偶然因素使样本各单位的结构不足以代表总体各单位的结构,而引起抽样指标和全及指标之间的绝对离差。例如,抽样平均数与总体平均数的绝对离差$(\bar{x}-\bar{X})$;抽样成数与总体成数的绝对离差$(p-P)$。

凡进行抽样就一定会产生抽样误差,这种误差虽然是不可避免的,但可以控制,所以又称为可控制误差。抽样误差与另外两种误差不同:一种是登记误差,即在调查过程中,由于观察测量、登记、计算上的差错所引起的误差;另一种偏差,即由于违反随机原则,有意地选择较好或较差的单位进行调查,造成样本代表性不足所引起的误差。这两种误差是可以防止和避免的。抽样误差是不可避免的,既不包括登记误差,也不包括偏差。

二、抽样平均误差

(一)抽样平均误差的概念

抽样平均误差是所有可能出现的样本指标的标准差,是由于抽样的随机性而产生的样本指标和总体指标之间的平均离差。

抽样平均误差是反映抽样误差一般水平的指标,实质含义是指抽样平均数(或成数)的标准差,即反映了样本指标与总体指标的平均离差程度。

按相同的抽样单位数对同一总体进行抽样时,可以抽取很多不同的样本,而每个样本都可以计算出抽样的平均数和成数,从而使得样本平均数和总体平均数之间、样本成数和总体成数之间的误差也有很多。这些抽样误差带有偶然性，有的可能为正、有的可能为负，为了从总体上衡量样本的代表性高低，就需要计算抽样误差的一般水平，即抽样平均误差。

例如，从 1 万人中抽取 500 人作为样本，如果采用考虑顺序的重复抽样，就有 $10\,000^{500}$ 个可能样本，这在实践中显然是无法将它们全部抽取出来加以计算的。为了解决抽样平均误差的计算问题，数理统计证明了以下计算公式。

（二）抽样平均误差的计算

1. 平均指标的抽样平均误差

重复抽样：

$$\mu_{\bar{x}} = \sqrt{\frac{\sigma^2}{n}} = \frac{\sigma}{\sqrt{n}}$$

不重复抽样：

$$\mu_{\bar{x}} = \sqrt{\frac{\sigma^2}{n}\left(\frac{N-n}{N-1}\right)}$$

式中，$\mu_{\bar{x}}$ 为平均指标的抽样平均误差；N 为总体单位总数；n 为样本容量；σ 为总体标准差，由于 σ 的真值是未知的，所以一般可用过去掌握的总体标准差或抽样得到的样本标准差代替；$\frac{N-n}{N-1}$ 为修正系数，当 N 较大时，可忽略分母中的 1，上式可写为：

$$\mu_{\bar{x}} = \sqrt{\frac{\sigma^2}{n}\left(1 - \frac{n}{N}\right)}$$

例 6-1 A 公司从生产的 100 000 只电子元件中随机抽取 100 只进行耐用时间检测。假如该电子元件以往抽样中平均使用寿命的标准差为 100 小时，试计算该公司电子元件平均使用寿命的抽样平均误差。

采用重复抽样：

$$\mu_{\bar{x}} = \sqrt{\frac{\sigma^2}{n}} = \frac{\sigma}{\sqrt{n}} = \frac{100}{\sqrt{100}} = 10 \text{（小时）}$$

采用不重复抽样：

$$\mu_{\bar{x}} = \sqrt{\frac{\sigma^2}{n}\left(1 - \frac{n}{N}\right)} = \sqrt{\frac{100^2}{100} \times \left(1 - \frac{100}{100\,000}\right)} \approx 9.995 \text{（小时）}$$

从计算结果看，当总体数目足够大时，两种抽样方法计算的结果很相近。

2. 成数的抽样平均误差

重复抽样：

$$\mu_p = \sqrt{\frac{p(1-p)}{n}}$$

不重复抽样：

$$\mu_P = \sqrt{\frac{P(1-P)}{n}\left(\frac{N-n}{N-1}\right)}$$

式中，μ_P 为成数的抽样平均误差；P 为总体成数，由于 P 的真值是未知的，所以一般可用过去掌握的总体成数或抽样得到的样本成数代替；$\frac{N-n}{N-1}$ 为修正系数，当 N 较大时，可忽略分母中的 1，上式可写为：

$$\mu_P = \sqrt{\frac{P(1-P)}{n}\left(1-\frac{n}{N}\right)}$$

例 6-2 某种电子元件，按正常生产经验，产品的一级品率一般为 70%。现在从 10 000 件产品中随机抽取 100 件进行检验，试计算根据抽样检验结果推断该批产品一级品率的抽样平均误差。

根据已知条件：$P=0.7$

采用重复抽样：

$$\mu_P = \sqrt{\frac{P(1-P)}{n}} = \sqrt{\frac{0.21}{100}} \times 100\% \approx 4.58\%$$

采用不重复抽样：

$$\mu_P = \sqrt{\frac{P(1-P)}{n}\left(1-\frac{n}{N}\right)} = \sqrt{\frac{0.21}{100}\times\left(1-\frac{100}{10\,000}\right)} \times 100\% \approx 4.56\%$$

从计算结果看，两种方法计算的误差相差无几。因此，在实际工作中，当总体数目很大时，为简便计算，一般采用不重复抽样方法，而用重复抽样公式计算。

（三）影响抽样平均误差大小的因素

1．总体标志值的差异程度

总体标志变动程度越大，抽样平均误差就越大；反之，总体标志变动程度越小，则抽样误差越小。两者成正比关系的变化。

2．样本单位数的多少

在其他条件不变的情况下，抽取的单位数越多，抽样平均误差越小；样本单位数越少，抽样平均误差越大。

3．抽样方法

抽样方法不同，抽样误差也不相同。一般来说，重复抽样比不重复抽样误差要大些。

4．抽样调查的组织形式

抽样调查的组织形式不同，其抽样误差也不相同，而且同一组织形式的合理程度也会影响抽样误差。

三、抽样极限误差

（一）抽样极限误差的概念

在组织抽样推断时，我们实际只抽取了一个样本，用一个样本指标去推断总体指标。由于按随机原则进行抽样时所有不同的样本组合都有可能被抽到，这样所得到的每个样本实际误差既有可能小于抽样平均误差，也有可能大于抽样平均误差，因此包括在抽样平均误差范围内的只有一部分样本，而不是所有的样本组合。这样，我们在用一个样本指标推断计算总体指标时，两者之间有多大的误差就不能完全肯定，需要研究和计算抽样极限误差。

抽样极限误差也称允许误差，是抽样指标和总体指标之间在一定概率保证程度下的抽样误差的最大可能范围。

总体指标虽然是一个确定的量，但它是未知的，而样本指标是一个随机变量，其取值是不定的，是围绕着总体指标左右变动的。因此，我们只能在一定的概率保证程度下，用一定的范围来控制误差。

抽样极限误差是在进行抽样估计时，根据研究对象的变异程度与分析任务的要求所确定的样本指标和总体指标之间可允许的最大误差范围。它等于样本指标可允许变动的上限或下限与总体指标之差的绝对值。

（1）抽样平均数极限误差

$$\Delta_{\bar{x}} = |\bar{x} - \bar{X}|$$

（2）抽样成数极限误差

$$\Delta_P = |p - P|$$

通常用 Δ 表示抽样极限误差。

（二）抽样极限误差的计算方法

在抽样推断中，总体指标和样本指标之间的误差范围不超过 $\Delta_{\bar{x}}$ 或 Δ_p，需要以一定程度的概率作为保证。概率度是测量抽样估计可靠程度的一个参数，抽样估计的概率度也称抽样推断的置信度，用符号 t 表示。概率度与极限误差、抽样平均误差三者之间的关系为：

$$极限误差 = 概率度 \times 抽样误差$$

即：
$$\Delta = t\mu$$

1. 平均指标的抽样极限误差

重复抽样：

$$\Delta_{\bar{x}} = t\mu_{\bar{x}} = t\sqrt{\frac{\sigma^2}{n}}$$

不重复抽样：

$$\Delta_{\bar{x}} = t\mu_{\bar{x}} = t\sqrt{\frac{\sigma^2}{n}\left(1-\frac{n}{N}\right)}$$

2．成数的抽样极限误差

重复抽样：

$$\Delta_P = t\mu_P = t\sqrt{\frac{P(1-P)}{n}}$$

不重复抽样：

$$\Delta_P = t\mu_P = t\sqrt{\frac{P(1-P)}{n}\left(1-\frac{n}{N}\right)}$$

式中，$\Delta_{\bar{x}}$ 为用样本平均数推断总体平均数的极限误差；Δ_P 为用样本成数推断总体成数的极限误差。

抽样极限误差是 t 倍的抽样平均误差，概率度 t 的大小要根据对抽样推断结果的概率保证程度来确定。概率论和数理统计证明，概率度 t 和概率保证程度 $F(t)$ 之间存在着一定的数量关系，给出一定的概率保证程度 $F(t)$，就可以确定概率度 t 的大小。两者之间常用的对应数值如表 6.1 和图 6.1 所示。

表 6.1　常用概率度 t 与对应概率保证程度 $F(t)$ 数值

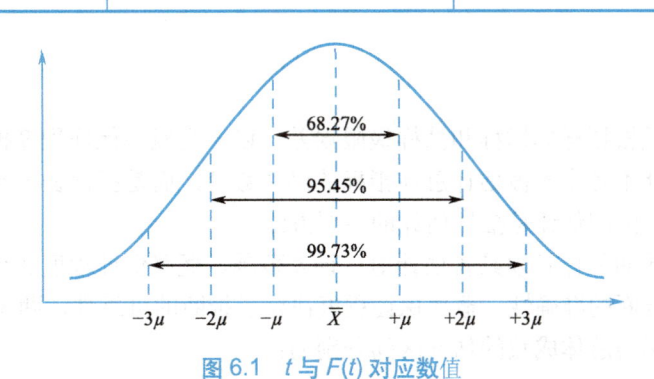

概率度 t	误差范围 Δ	概率保证程度 $F(t)$
1.00	1.00 μ	0.682 7
1.645	1.645 μ	0.900 0
1.96	1.96 μ	0.950 0
2.00	2.00 μ	0.954 5
3.00	3.00 μ	0.997 3

图 6.1　t 与 $F(t)$ 对应数值

抽样极限误差 Δ 与概率度 t 和抽样平均误差 μ 三者之间存在如下关系。

① 在 μ 值保持不变的情况下，增大 t 值，概率保证程度相应增加，抽样极限误差 Δ 也随之扩大，这时估计的精确度将降低；反之，要提高估计的精确度，就得缩小 t 值，此时概率保证程度也相应降低。

② 在 t 值保持不变的情况下，如果 μ 值小，则抽样极限误差 Δ 就小，估计的精确度就高；反之，如果 μ 值大，则抽样极限误差 Δ 就大，估计的精确度就低。

可见，估计的精确度与概率保证程度是一对矛盾，进行抽样估计时必须在两者之间慎重选择。

任务三　抽样估计

抽样推断的目的是通过样本信息来推断总体的数量特征，而总体的数量特征的集中体现就是总体参数。利用样本信息推断总体参数的统计方法称为抽样估计，也称参数估计，即对总体平均数 $\bar{X}$、总体成数 P 的推断估计。参数估计有点估计和区间估计两种方法。

一、点估计

点估计的特点就是用样本指标的实际值直接作为相应总体指标的估计值，即：

$$\bar{x} = \bar{X} \quad \text{或} \quad p = P$$

由于抽样的随机性，所以抽出的样本得到的估计值一般不能真实反映总体的真实水平。点估计的优点是计算简单、原理直观，且能提供总体参数的具体估计值。但不足之处在于没有说明估计的概率保证程度有多大，是一种粗略的估计。要解决这一问题，必须采用区间估计。例如，气象部门预报天气情况，某地气温为 -12℃，这就是点估计。但这个点估计是不够准确的，因为在不同的时间段气温是不一样的，所以需要预报一个区间。

二、区间估计

区间估计就是根据样本指标和抽样极限误差，以一定概率保证程度推断总体指标的可能范围。区间估计不是指出被估计总体指标的确切数值，而是指出在一定概率保证程度下估计的可能范围。区间估计是抽样估计的主要方法。

总体指标的区间估计必须具备估计值、误差范围、概率保证程度 3 个基本要素。抽样误差范围决定了推断的准确性，概率保证程度决定了推断的可靠性，两者是一对矛盾。

总体平均指标与总体成数的估计区间分别为：

$$\bar{x} - \Delta_{\bar{x}} \leqslant \bar{X} \leqslant \bar{x} + \Delta_{\bar{x}} \quad \Rightarrow \quad \bar{x} - t\mu_{\bar{x}} \leqslant \bar{X} \leqslant \bar{x} + t\mu_{\bar{x}}$$

$$P - \Delta_P \leqslant P \leqslant P + \Delta_P \quad \Rightarrow \quad P - t\mu_P \leqslant P \leqslant P + t\mu_P$$

例 6-3　A 公司对所生产的一批电子元件进行耐用性能检查，按随机重复抽样方法抽取 100 个做了耐用测试，所得结果如表 6.2 所示。

表 6.2　100 个电子元件耐用时数的测试结果

耐用时数 / 小时	组中值 / x	电子元件数 / 个
900 以下	875	1
900 ~ 950	925	2
950 ~ 1 000	975	6
1 000 ~ 1 050	1 025	35
1 050 ~ 1 100	1 075	43
1 100 ~ 1 150	1 125	9
1 150 ~ 1 200	1 175	3
1 200 以上	1 225	1
合　计	—	100

要求在 95.45% 的概率保证程度下对该批电子元件的平均耐用时数做出估计。同时，对耐用时数在 1 000 小时以上的电子元件进行区间估计。

计算过程如下。

$$\bar{x} = \frac{\sum xf}{\sum f} \approx 1\,055.5 \text{（小时）}$$

$$S_x = \sqrt{\frac{\sum(x-\bar{x})^2 f}{\sum f}} \approx 51.91 \text{（小时）}$$

$$\mu_{\bar{x}} = \sqrt{\frac{\sigma^2}{n}} \approx 5.191 \text{（小时）}$$

概率保证程度要求为 95.45%，查标准正态分布概率表得其对应的 t 值为 2，所以：

$$\Delta_{\bar{x}} = t\mu_{\bar{x}} = 2 \times 5.191 = 10.382 \text{（小时）}$$

$$\bar{x} - t\mu_{\bar{x}} \leqslant \bar{X} \leqslant \bar{x} + t\mu_{\bar{x}}$$

$$1\,055.50 - 2 \times 5.191 \leqslant \bar{X} \leqslant 1\,055.50 + 2 \times 5.191$$

$$1\,045.12 \leqslant \bar{X} \leqslant 1\,065.88$$

即：该批电子元件的平均耐用时数在 1 045.12 小时至 1 065.88 小时之间，概率保证程度为 95.45%。

耐用时数在 1 000 小时以上的电子元件所占比重 $= \dfrac{35+43+9+3+1}{100} \times 100\% = 91\%$

$$\mu_p = \sqrt{\frac{P(1-P)}{n}} = \sqrt{\frac{91\% \times (1-91\%)}{100}} \times 100\% \approx 2.86\%$$

$$\Delta_p = t\mu_p = 2 \times 2.86\% = 5.72\%$$

$$P - t\mu_p \leqslant P \leqslant P + t\mu_p$$

$$91\% - 5.72\% \leqslant P \leqslant 91\% + 5.72\%$$

$$85.28\% \leqslant P \leqslant 96.72\%$$

即：耐用时数在1 000小时以上的电子元件在85.28%至96.72%之间，概率保证程度为95.45%。

任务四　确定必要样本容量

在进行实际的抽样推断之前，还需要解决一个非常重要的问题，那就是应该抽取多少个样本数目组成一个样本。在参数区间估计的讨论中，估计值和总体参数之间存在着一定的差异，这种差异是由样本的随机性产生的。在样本容量不变的情况下，如果要增加估计的可靠程度，则置信区间就会扩大，估计的精度就降低了；如果要在不降低可靠程度的前提下增加估计的精确度，就只有扩大样本容量，而增大样本容量要受到人力、物力和时间等条件的限制。因此，需要在满足一定精确度的条件下，尽可能恰当地确定必要样本容量。必要的样本单位数目是保证抽样误差不超过某一给定范围的重要因素之一。

一、确定必要样本容量的意义

所谓必要样本容量，是指既能满足抽样推断精确性和可靠性的要求，又不会造成过于浪费的样本单位数目。

样本容量过大，会增加调查工作量，造成人力、物力、财力、时间的浪费；样本容量过小，则样本对总体缺乏足够的代表性，从而难以保证抽样推断结果的精确度和可靠程度。样本容量确定的科学合理，一方面，可以在既定的调查费用下，使抽样误差尽可能小，以保证抽样推断的精确度和可靠程度；另一方面，可以在既定的精确度和可靠程度下，使费用尽可能少，从而保证抽样推断的最大效果。

二、影响样本容量的主要因素

（一）总体中各单位标志变异的程度

总体中各单位标志变异的程度，就是总体方差 σ^2 和 $P(1-P)$ 的大小。

在总体参数的估计中，抽样平均误差为 $\sigma/\sqrt{n}$ 反映了样本平均指标相对于总体平均指标的离散程度。因此，当总体方差较大时，样本的容量也相应要大，这样才会使 $\sigma/\sqrt{n}$ 较小，以保证估计的精确度。总体方差小，抽取的样本单位数目就可以少一些。

（二）允许的误差范围

允许的误差范围，就是 Δ 值的大小。

允许误差以绝对值的形式表现了抽样误差的可能范围，即 $\Delta_{\bar{x}} = |\bar{x} - \bar{X}|$。允许误差说

明了估计的精确度，在其他条件不变情况下，如果要求估计的精确度高，允许误差就小，那么样本容量就要大一些；如果要求的精确度不高，允许误差可以大些，则样本容量就可以小一些。

（三）概率保证程度的大小

概率保证程度说明了估计的可靠程度。在其他条件和要求相同的情况下，对抽样推断结果的可靠程度要求高，就需要多抽取一些样本单位；反之，则可少抽取一些样本单位。

（四）抽样方法和抽样组织方式

在相同的条件下，重复抽样的抽样平均误差比不重复抽样的抽样平均误差大，所需要的样本容量也就不同。重复抽样需要更大的样本容量，而不重复抽样的样本容量则可小一些。

必要的抽样数目还要受抽样组织方式的影响，这也是因为不同的抽样组织方式有不同的抽样平均误差。

三、必要样本容量的计算公式

（一）总体平均指标的必要样本容量

1. 重复抽样条件下

由于 $\Delta_{\bar{x}} = t\sqrt{\dfrac{\sigma^2}{n}}$ ⟹ $\Delta_{\bar{x}}^2 = \dfrac{t^2\sigma^2}{n}$ 所以：

$$n = \dfrac{t^2\sigma^2}{\Delta_{\bar{x}}^2}$$

2. 不重复抽样条件下

由于 $\Delta_{\bar{x}} = t\mu_{\bar{x}} = t\sqrt{\dfrac{\sigma^2}{n}\left(1-\dfrac{n}{N}\right)}$ 所以：

$$n = \dfrac{t^2\sigma^2 N}{N\Delta_{\bar{x}}^2 + t^2\sigma^2}$$

例 6-4 某市拟对职工家庭收入状况进行抽样推断。根据历史资料已知本市职工家庭平均每人每月生活费收入的标准差为 120.00 元，如果要求推断的概率保证程度为 0.95，允许误差范围为 10 元，则需要抽取的样本单位数为：

已知：$\sigma = 120.00$　　$t = 1.96$　　$\Delta_{\bar{x}} = 10$

得：$n = \dfrac{t^2\sigma^2}{\Delta_{\bar{x}}^2} = \dfrac{1.96^2 \times 120^2}{10^2} = 553$（户）

（二）总体成数的必要样本容量

1. 重复抽样条件下

由于 $\Delta_P = t\mu_P = t\sqrt{\dfrac{P(1-P)}{n}}$ ⟹ $\Delta_P^2 = \dfrac{t^2 P(1-P)}{n}$ 所以：

$$n = \dfrac{t^2 P(1-P)}{\Delta_P^2}$$

2. 不重复抽样条件下

由于 $\Delta_P = t\mu_P = t\sqrt{\dfrac{P(1-P)}{n}\left(1 - \dfrac{n}{N}\right)}$ 所以：

$$n = \dfrac{t^2 P(1-P) N}{N\Delta_P^2 + t^2 P(1-P)}$$

例 6-5 某公司欲对一批产品抽样检验其合格率，已知其过去的合格品率曾有过 99%、97%、95% 三种情况，现在要求推断的极限误差不超过 1%、概率保证程度为 95.45%，则需要抽检的产品数量为：

已知：$P(1-P) = 0.95 \times 0.05 = 0.0475$（取按 3 种合格品率分别计算方差的最大值）

$\Delta_P = 0.01$ $t = 2$

得：$n = \dfrac{t^2 P(1-P)}{\Delta_P^2} = \dfrac{2^2 \times 0.0475}{0.01^2} = 1\,900$（件）

即需要抽检 1 900 件产品才能满足要求。

四、确定必要的样本容量时需要注意的问题

第一，必要的样本容量受允许误差范围 Δ 的制约，Δ 要求越小，则样本容量 n 就要越大，但两者并不是保持等比例变化。以重复抽样来说，在其他条件不变的情况下，误差范围 Δ 缩小一半，则样本容量 n 必须扩大到原来的 4 倍；而误差范围 Δ 扩大一倍，则样本容量只需要原来的 1/4。因此，在抽样方案设计中对抽样误差的允许范围必须要十分谨慎地抉择。

第二，有时需要对一个总体的平均数和成数同时做出推断，但由于它们的方差和允许的误差范围或要求的可靠性不同，因此需要的样本容量也可能不同。为了满足平均数推断和成数推断的共同需要，必须按较大的样本容量来抽取样本。

例 6-6 对某企业生产的某种型号的电池进行电流强度检验。根据以往正常的生产经验，该电池电流强度的标准差 $\sigma = 0.4$ 安培，合格率一般在 90% 左右。现在拟采用纯随机重复抽样的方式进行抽样检验，要求在 95% 的概率保证程度下，平均电流强度推断的极限误差不超过 0.06 安培、产品合格率推断的极限误差不超过 5%。试确定必要的样本容量应为多少。

估计电池平均电流强度需要的样本容量为：

$$n = \frac{t^2 \sigma^2}{\Delta_{\bar{x}}^2} = \frac{1.96^2 \times 0.4^2}{0.06^2} \approx 171 \text{（只）}$$

估计电池合格率需要的样本容量为：

$$n = \frac{t^2 P(1-P)}{\Delta_P^2} = \frac{1.96^2 \times 0.9 \times 0.1}{0.05^2} \approx 139 \text{（只）}$$

根据以上结果应选择能够满足两项估计共同需要的样本容量，即 171 只。

将抽样极限误差与必要样本数目计算公式列表汇总如表 6.3 所示。

表6.3　Δ 与 n 计算公式

抽样方式	抽样极限误差		必要样本数目	
	平均指标	成　数	平均指标	成　数
重复抽样	$\Delta_{\bar{x}} = t\mu_{\bar{x}} = t\sqrt{\dfrac{\sigma^2}{n}}$	$\Delta_P = t\sqrt{\dfrac{P(1-P)}{n}}$	$n = \dfrac{t^2 \sigma^2}{\Delta_{\bar{x}}^2}$	$n = \dfrac{t^2 P(1-P)}{\Delta_P^2}$
不重复抽样	$\Delta_{\bar{x}} = t\sqrt{\dfrac{\sigma^2}{n}\left(1-\dfrac{n}{N}\right)}$	$\Delta_P = t\sqrt{\dfrac{P(1-P)}{n}\left(1-\dfrac{n}{N}\right)}$	$n = \dfrac{t^2 \sigma^2 N}{N\Delta_{\bar{x}}^2 + t^2 \sigma^2}$	$n = \dfrac{t^2 P(1-P) N}{N\Delta_P^2 + t^2 P(1-P)}$

项目小结

本项目主要讨论了抽样推断的一般问题，对抽样的结果如何计算抽样误差、如何进行点估计和区间估计，以及必要样本容量的确定方法进行了讲解。

① 抽样推断是按照随机原则从总体中抽取部分单位作为样本进行实际调查，并依据调查所得的样本数据，对总体的特征值做出具有一定可靠程度的估计与推断。

② 抽样平均误差是所有可能出现的样本指标的标准差，是由于抽样的随机性而产生的样本指标和总体指标之间的平均离差。

③ 抽样极限误差也称允许误差，是抽样指标和总体指标之间在一定概率保证程度下的抽样误差的最大可能范围。概率度是测量抽样估计可靠程度的一个参数，概率度 t 的大小要根据对推断结果的概率保证程度来确定，极限误差 = 概率度 × 抽样误差。

④ 点估计的特点就是用样本指标的实际值直接作为相应总体指标的估计值。

⑤ 区间估计就是根据样本指标和抽样极限误差以一定概率保证程度推断总体指标的可能范围。区间估计不是指出被估计总体指标的确切数值，而是指出在一定概率保证程度下估计的可能范围。区间估计是抽样估计的主要方法。

⑥ 必要的样本容量是指既能满足抽样推断精确性和可靠性的要求，又不会造成过于浪费的样本单位数目。

⑦ 必要的样本容量受允许误差范围 Δ 的制约，Δ 要求越小，则样本容量 n 就要越大，但两者并不是保持等比例的变化的。

拓展阅读

非医用口罩产品质量专项监督抽查合格率达 84.3%

新冠肺炎疫情发生以来，口罩需求量呈几何级倍数增长。从市场监管总局了解到，经过各有关部门的共同努力，口罩等防疫物资产能迅速扩大，口罩市场供应和产品质量得到了充分保障。数据显示，2020 年 11 月我国非医用口罩产品质量专项监督抽查合格率已达 84.3%，全国 12315 平台日均受理口罩投诉数量较 1 月下旬降低 96.1%，口罩质量违法案件大幅下降，产品质量趋势向好。

非医用口罩根据防护颗粒物的标准不同，主要分为两大类：一类是自吸过滤式口罩，执行的是强制性国家标准 GB 2626《呼吸防护用品 自吸过滤式防颗粒物呼吸器》，日常最常见的是 KN90 和 KN95 随弃式面罩，它们对非油性颗粒的过滤效果可以分别达到 90% 和 95% 以上，主要适用于防护生产生活中的各类颗粒物；另一类是日常防护型口罩，执行的是推荐性国家标准 GB/T 32610《日常防护型口罩技术规范》，可以有效滤除空气污染环境下的颗粒物，适合日常佩戴。近几年，随着雾霾天气的频繁出现，以及发生的新冠肺炎疫情，使得口罩已经成了我们的日常用品。但你知道吗？你戴的口罩很可能是不合格的。

2020 年 6 月 13 日，山东省市场监督管理局网站公布的《2020 年非医用口罩产品质量省级监督抽查结果不合格批次公示》显示，38 家企业非医用口罩产品质量监督抽查不合格，涉及的不合格问题几乎全部为过滤效率及防护效果不达标。

据悉，滤材的优劣决定了过滤效率的高低。同时，滤材及口罩周边贴合度等因素，还决定了日常防护型口罩的另一个关键性能——防护效果。《日常防护型口罩技术规范》中将口罩的防护效果分为 A、B、C、D 四个等级，其对应的防护能力分别为 90%、85%、75% 和 65%，不同的等级适用于不同程度的污染环境。

央视《每周质量报告》报道的一份数据显示，随机对市面上购买的 6 款口罩进行检测，结果显示其中没有标明任何执行标准的 3 款口罩，以及 1 款执行卫生标准的口罩的过滤效率在 30%、40% 左右，防护效果在 30% 到 60% 之间。这样的结果意味着，这 4 款口罩产品在中度及以下污染环境下都难以起到有效的防护效果。

日常防护型口罩的构造关键在于滤布和鼻夹金属条这几个部件。日常防护型口罩所使用的主要是熔喷布，但是这种滤材存在不同的价格，从而带来了不同的质量。

任务实施

项目六　A 公司产品净重的抽样测定

（一）领取并填写项目实施资料

领取项目六任务工作单（见附表）

（二）操作步骤

步骤 1　仔细阅读"项目情境""情境分析"，领会"工作任务"。

步骤 2　认真学习教材中"知识引入"的内容。

步骤 3　查阅图书馆、资料室等处的相关学习资源。

步骤 4　参考网络资源：中国统计信息网 http://www.cnstats.org/；中国教育统计网 http://www.stats.edu.cn/。

步骤 5　以小组为单位，共同完成 A 公司产品净重的抽样测定。既可自行完成，也可选择与抽样推断内容有关的其他题目。

（三）任务汇报

任务完成后，各小组提交 A 公司产品净重的抽样测定的计算分析过程，选出一名代表用 PPT 汇报发言并展示。

汇报发言的主要内容是：

1．介绍 A 公司产品净重的抽样测定的计算及测定情况。

2．展示 A 公司净重的抽样测定的主要内容。

（四）学生互评

其他小组根据汇报展示情况提出自己的想法和建议、展开讨论并进行互评。建议从以下几方面去评价。

1．抽样误差、极限误差、置信区间的计算过程及结果是否正确。

2．计算过程中涉及统计表格中的运算过程是否正确、公式符号表达是否准确。

3．应用 Word、Excel、PPT 等相关计算机基础技能的熟练程度。

（五）教师点评及其他

教师对学生的计算过程、计算结果、分析过程及应用 Word、Excel、PPT 等计算机基础技能的熟练程度等进行点评，并提出修改建议。

附表　任务工作单

项目六		班级		小组	
		姓名		日期	
		电话		评分	
成果描述 （如字数、是否下厂实践、走访企业或人员等）					
成果形式 （电子文档、PPT、其他）					
操作中涉及的相关知识点（以前、现在，可以跨专业）					
完成任务时间/天数					
完成任务需要的人力资源（团队人员名称、个人或其他人员）					
完成任务需要的物力资源					

(续表)

学生建议 (或感受)	
教师点评	

思考与练习

一、填空题

1. 为推断总体的某些重要特征，从总体中按一定抽样技术抽取若干个体，这一过程称为_____。

2. 概率抽样最基本的组织方式有纯随机抽样、分层抽样、机械抽样和_____。

3. 只要使用非全面调查方法，即使遵循随机原则，_____也不可避免地会产生。

4. 抽样估计有两种形式：一是_____；二是_____。

5. 抽样的极限误差是指_____与_____最大绝对误差范围。

6. 对于纯随机重复抽样，如果其他条件不变，则允许误差范围 Δ 扩大一倍时，抽样单位数为原来的_____。

7. 如果总体平均数落在区间 960～1 040 的概率是 95.45%，则抽样平均数是_____、极限误差是_____。

8. 在同样的进度要求下，不重复抽样比重复抽样需要的样本容量_____。

二、判断题

1. 抽样误差的产生是由于破坏了随机原则所造成的。（　）
2. 当总体中的个体很多但分布不均匀时，不宜采用抽样调查法。（　）
3. 样本指标是一个客观存在的常数。（　）
4. 抽样推断的可靠程度要求越高，估计得准确程度就越低。（　）
5. 抽样平均误差就是抽样平均数标准差。（　）

三、单项选择题

1. 抽样调查的主要目的是（　）。
   A. 计算和控制误差　　　　　　B. 修正普查资料
   C. 用样本来推断总体　　　　　D. 对调查单位做深入的研究

2. 在重复抽样条件下，纯随机抽样的平均误差取决于（　）。
   A. 样本单位数　　　　　　　　B. 总体方差
   C. 抽样比例　　　　　　　　　D. 样本单位数和总体方差

3. 计算抽样平均误差时，若有多个样本标准差的资料，则应选择（　）计算。
   A. 最小的一个　　B. 最大的一个　　C. 中间的一个　　D. 平均值

4. 抽样误差是指（　）。
   A. 计算过程中产生的误差　　　B. 调查中产生的登记性误差

C. 调查中产生的系统性误差　　　　　　D. 随机性的代表性误差

5. 根据重复抽样的资料，一年级优秀生比重为10%、二年级为20%。如果抽样人数相等，则优秀生比重的抽样误差（　　）。

A. 一年级大　　　B. 二年级大　　　C. 误差相同　　　D. 不能做出结论

四、多项选择题

1. 抽样调查中的抽样误差（　　）。

A. 是不可避免要产生的　　　　　　B. 是可以通过改进调查方法来避免的
C. 是可以计算出来的　　　　　　　D. 只能在调查结束之后才能计算
E. 其大小是可以控制的

2. 重复抽样的特点是（　　）。

A. 各次抽选相互影响　　　　　　　B. 各次抽选互不影响
C. 每次抽选时，总体单位数始终不变　D. 每次抽选时，总体单位数逐渐减少
E. 各单位被抽中的机会在各次抽选中相等

3. 抽样调查所需的样本容量取决于（　　）。

A. 总体方差　　　　B. 允许误差　　　　C. 样本个数
D. 置信度　　　　　E. 抽样方法

4. 抽样方法根据取样的方式不同可分为（　　）。

A. 重复抽样　　　　B. 等距抽样　　　　C. 整群抽样
D. 分类抽样　　　　E. 不重复抽样

5. 在其他情况不变的条件下，抽样极限误差的大小和可靠性的关系是（　　）。

A. 允许误差范围愈小，可靠性愈大　　B. 允许误差范围愈小，可靠性愈小
C. 允许误差范围愈大，可靠性愈大　　D. 成正比关系
E. 成反比关系

五、简答题

1. 什么是抽样推断？它有哪些特点和作用？
2. 确定必要的抽样数目有何意义？必要抽样数目受哪些因素影响？

六、计算题

1. 某快餐店想要估计顾客午餐的平均花费金额，在为期3周的时间里选了81名顾客组成了简单随机样本。

要求：（1）假定总体标准差为15元，计算平均花费金额的抽样误差。

（2）在95%的置信水平下，计算极限误差。

（3）假定平均花费金额为120元，计算总体平均数95%的置信区间。

2. 某养殖场共养家禽5 000只，为了了解家禽感染某种疾病的情况，不重复抽取60只家禽进行检查，发现有7只感染某种疾病。

要求：假设概率保证程度为99.73%，估计该养殖场全部家禽患某种疾病的置信区间。

3. 对一批产品按不重复抽样方法抽选200件，其中废品8件。同时，知道抽样总体是成品总量的1/20。

要求：当概率为0.954 5时，能否判断这一批成品的废品率低于5%？

4. 为了测定某批显像管的平均使用寿命，抽检其中的 100 只，测得其平均使用时数为 8 000 小时、标准差为 72 小时。

要求：（1）以 95.45% 的概率保证，计算该批灯泡的平均使用寿命的可能范围。

（2）假定其他条件不变，允许误差缩小一半，那么应该抽选多少只显像管作为样本？

5. 某公司生产了一批袋装食品，规定每袋质量不低于 150 克，现用不重复抽样的方法抽取 1% 进行检验，其结果如下表所示。

每袋质量 / 克	袋数 / 袋
148～149	10
149～150	20
150～151	50
151～152	20

要求：（1）以 99.73% 的概率保证程度估计这批袋装食品平均每袋的质量范围，以确定平均质量是否达到规定要求。

（2）以同样的概率保证程度估计这批袋装食品包装合格率范围。

模块四　剖析数据，把握动向

项目七　A公司产量和单位成本之间的相关与回归关系测定

项目情境

2020年突如其来的新型冠状病毒肺炎疫情扰乱了市场，对各个行业都产生了影响。对于钢铁行业，影响主要体现在开工延后、春节农民工返工滞后、不少建筑项目开工延后。这就使得钢铁企业钢材库存增加，尤其在原材料运输和钢材发货方面面临较大困难。物流运输受限、原料供应紧张，加之年前协议户因物流不畅发货受阻，进一步加大了库存压力。

2020年第二季度，A公司努力解决因疫情防控、交通管制带来的影响，抓住钢铁需求阶段性释放的机会，狠抓成本管理，在降低原材料和能源消耗、提高劳动生产率，以及增收节支等方面取得了显著成绩，单位成本有明显下降，基本扭转了亏损局面，如表7.1所示。但是各月单位成本起伏很大，有的月份盈利，有的月份盈利少甚至亏损。为了控制成本波动，财务、统计部门会同生产技术部门进行了产品成本的波动分析，为指导今后的生产经营工作提供了依据。

表 7.1　A公司 2020 年各月产量与单位成本资料

月　份	铸铁件产量/吨	单位成本/（元/吨）	出厂价格/（元/吨）
1	810	670	750
2	547	780	750
3	900	790	750
4	530	800	750
5	540	780	750
6	800	700	750
7	820	680	730
8	850	640	730
9	600	725	730
10	690	720	730
11	700	715	730
12	860	610	730

从表7.1可以看出：一季度出现亏损，二季度末出现回升迹象，三、四季度开始盈利；全年有4个月成本高于出厂价格，出现亏损。

情境分析

单位成本波动除了受疫情影响还与产量有关，4月成本最高，而产量最低；12月成本最低，而产量仅次于 3 月的产量；亏损的 4 个月中，产量普遍偏低。这显然是个规模效益问题。

在成本构成中，可以分为变动成本和固定成本两部分。根据 A 公司的实际生产情况，变动成本主要包括原材料及能源消耗、工人工资、销售费用、税金等；固定成本主要包括折旧费用、管理费用和财务费用。在财务费用中，绝大部分是贷款利息，由于贷款余额大，在短期内无力偿还，所以每个月的贷款支出基本是一项固定支出，不可能随产量的变动而变动。从目前情况看，在成本构成中，固定成本所占比重较大，每月产量大，分摊在单位产品中的固定成本就小；如果产量小，则分摊在单位产品中的固定成本就大。因此，每月产量的多少直接影响单位成本的波动。结合本项目讲述的方法，对公司 2020 年各月铸铁件产量和单位成本两个指标进行相关与回归分析，并找出其内在规律以指导今后的工作。

工作任务

1. 计算铸铁件产量和单位成本之间的相关系数，判断两者之间相关关系的密切程度。
2. 建立一元线性回归模型，确定每增加一吨产量，单位成本平均增加多少。
3. 测定单位成本的估计标准误差，预测 2021 年 1 月铸铁件产品单位成本的置信区间。

知识引入

相关与回归

知识目标
◇ 了解相关关系与回归关系的区别。
◇ 掌握相关系数的测定及作用。
◇ 掌握一元线性回归模型的建立及预测。
◇ 掌握估计标准误差的计算与作用。

能力目标
◇ 能正确判断现象之间是否具有相关关系。
◇ 能够选择适当的回归模型建立现象之间的回归方程并进行预测。
◇ 能在一定概率和一定估计标准误差条件下外推预测。

思政元素

有一种奇迹——"中国速度"

模块四　剖析数据，把握动向

内容结构

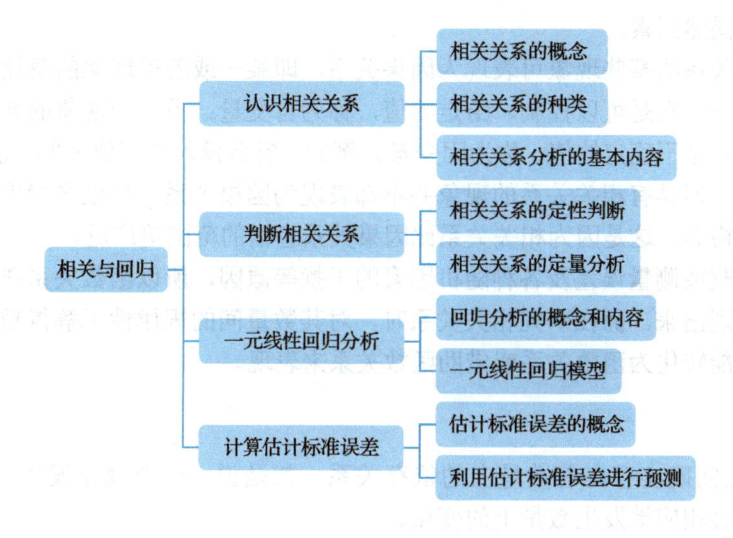

```
相关与回归 ─┬─ 认识相关关系 ─┬─ 相关关系的概念
           │               ├─ 相关关系的种类
           │               └─ 相关关系分析的基本内容
           ├─ 判断相关关系 ─┬─ 相关关系的定性判断
           │               └─ 相关关系的定量分析
           ├─ 一元线性回归分析 ─┬─ 回归分析的概念和内容
           │                   └─ 一元线性回归模型
           └─ 计算估计标准误差 ─┬─ 估计标准误差的概念
                               └─ 利用估计标准误差进行预测
```

任务一　认识相关关系

一、相关关系的概念

在现实世界中，任何事物或现象都不是孤立存在的，而是相互联系、相互制约、相互依存的。当某些现象发生变化时，另一现象也会随之发生变化。例如，商品价格的变化会刺激或抑制商品销售量的变化；家庭收入的高低决定着消费支出；劳动力素质的高低会影响企业的效益；广告费支出和商品销售收入之间有着直接的影响关系，等等。研究和解释现象彼此之间的依存度、关联度与因果关系，找出它们之间的变化规律，以便进行统计推算和预测。

现象之间的依存关系大致可以分成两种类型：一类是函数关系；另一类是相关关系。

（一）函数关系

函数关系反映现象之间存在着严格的依存关系。在这种关系中，对于某一变量的每一个数值，都有另一个变量的确定值与之相对应，并且这种关系可以用一个数学表达式反映出来。例如，圆的面积和半径之间的关系是 $S = \pi r^2$。

（二）相关关系

相关关系是反映现象之间确实存在的，但关系数值不固定的相互依存关系。

在这种关系中，对于某一现象的每一数值，可以有另一现象的若干数值与之相对应。例如，成本的高低与利润的多少有密切关系，但某一确定的成本与相对应的利润的数量关系却是不确定的。这是因为影响利润的因素除了成本外，还有价格、供求平衡、消费嗜好等因素及其他偶然因素。

具有相关关系的某些现象可表现为因果关系，即某一或若干现象的变化是引起另一现象变化的原因——它是可以控制、给定的值，称为自变量；另一个现象的变化是自变量变化的结果——它是不确定的值，称为因变量。例如，资金投入和产值之间，前者为自变量，后者为因变量。但具有相关关系的现象并不都表现为因果关系，如生产费用和生产量、商品的供求和价格等。这是因为相关关系比因果关系包括的范围更广泛。

由于有观察或测量误差及各种随机因素的干扰等原因，所以函数关系在实际中往往通过相关关系表现出来。而在研究相关关系时，对其数量间的规律性了解得越深刻，其相关关系就越有可能转化为函数关系或借助函数关系来表现。

（三）相关关系的两个特点

① 现象之间确实存在着数量上的依存关系。就是说，一个现象发生数量上的变化，另一个现象也会相应地发生数量上的变化。

② 现象间的数量依存关系值是不确定的。就是说，一个现象发生数量上的变化，另一个现象会有几个可能值与之对应，而不是唯一确定的值。

二、相关关系的种类

现象之间的相关关系从不同的角度可以区分为不同类型。

（一）按相关的方向分

现象之间的相关关系按相关的方向分，可分为正相关和负相关。

① 当一个变量的值增加或减少，另一个变量的值也随之增加或减少，就是正相关。例如，工人劳动生产率提高，产品产量也随之增加；居民的消费水平随个人所支配收入的增加而增加，等等。

② 当一个变量的值增加或减少时，另一变量的值反而减少或增加，就是负相关。例如，商品流转额越大，商品流通费用越低；利润随单位成本的降低而增加，等等。

（二）按相关的形式分

现象之间的相关关系按相关的形式分，可分为线性相关和非线性相关。

① 线性相关又称直线相关，是指当一个变量变动时，另一变量随之发生大致均等的变动。从图形上看，其观察点的分布近似地表现为一条直线。例如，人均消费水平与人均收入水平通常呈线性关系。

② 非线性相关是指一个变量变动时，另一变量也随之发生变动，但这种变动不是均等的。从图形上看，其观察点的分布近似地表现为一条曲线，如抛物线、指数曲线等，因此也称为曲线相关。例如，工人加班加点在一定数量界限内可使产量增加，但一旦超过一定限度，产量反而可能下降，这就是一种非线性关系。

（三）按所研究的变量多少分

现象之间的相关关系按所研究的变量多少分，可分为单相关、复相关和偏相关。

① 单相关又称一元相关，是指两个变量之间的相关关系。例如，广告费支出和产品销售量之间的相关关系。

② 复相关又称多元相关，是指 3 个或 3 个以上变量之间的相关关系。例如，商品销售额和居民收入、商品价格之间的相关关系。

③ 偏相关是指在一个变量与两个或两个以上的变量相关的条件下，当假定其他变量不变时，其中两个变量的相关关系。例如，在假定商品价格不变的条件下，该商品的需求量与消费者收入水平的相关关系即为偏相关。

（四）按相关的程度分

现象之间的相关关系按相关的程度分，可分为完全相关、不完全相关和不相关。

① 完全相关是指当一个变量的数量完全由另一个变量的数量变化所确定时，二者之间即为完全相关。例如，在价格不变的条件下，销售额和销售量之间的正比例函数关系即为完全相关，此时相关关系便成为函数关系。因此，也可以说函数关系是相关关系的一个特例。

② 不相关又称零相关，当变量之间彼此互不影响，其数量变化各自独立时，变量之间即为不相关。例如，股票价格的高低与气温的高低一般情况下是不相关的。

③ 不完全相关是指如果两个变量的关系介于完全相关和不相关之间，就称为不完全相关。由于完全相关和不相关的数量关系是确定的或相互独立的，因此统计学中相关分析的主要研究对象是不完全相关。

各类相关关系的表现形态如图 7.1 所示。

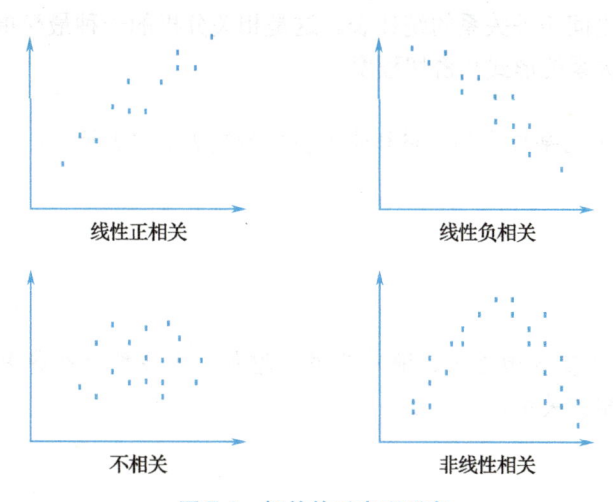

图 7.1 相关关系表现形态

三、相关关系分析的基本内容

现象之间的相关关系分析主要从两个方面进行：一个是测定变量之间相关关系的密切

程度，称为相关分析；另一个是根据变量之间的关系形式，用一个数学表达式来反映有相关关系的变量之间的数值变化关系，据此由一个或若干个自变量的数值推断出因变量的可能值，称为回归分析。相关分析与回归分析既有区别又有联系，两种分析构成了相关关系分析的基本内容。

任务二　判断相关关系

一、相关关系的定性判断

相关关系的定性判断主要包括一般判断、编制相关表和绘制相关图。

（一）一般判断

分析现象之间相关关系的具体数量表现，前提条件是现象之间客观存在相关关系，而对现象的这种质的规定性的认识和分析，就是对现象相关关系的定性分析。对客观现象进行定性分析，需要依据研究者的有关理论知识、专业技能和实践经验等，对客观现象之间是否存在相关关系，以及有何种相关关系做出判断。定性分析是定量分析的基础，如果判明现象之间没有什么关系，就不需要进行进一步的相关分析了。

（二）编制相关表

在对现象之间的相关关系做出定性分析之后，一般要根据相关资料编制相关表。相关表是一种反映变量之间相关关系的统计表。这是相关分析的一种最简单的方法，可以粗略反映现象之间相关关系的形式和密切程度。

例 7-1　A 公司某种产品产量和生产费用资料如表 7.2 所示。

表 7.2　A 公司某种产品产量和生产费用

产量／万件	1.26	2.20	3.10	4.10	5.00	6.30	7.10	8.20
生产费用／万元	63	87	82	110	120	132	136	162

从表 7.2 中可以直观地看出，随着产量的增加，大多数生产费用也随之增加，两者之间存在一定的正相关关系。

（三）绘制相关图

相关图又称散点图，是用直角坐标系的 x 轴代表自变量，y 轴代表因变量，将两个变量间相对应的变量值用坐标点的形式描绘出来，用以表明相关点分布状况的图形。以表 7.2 所示资料绘制的相关图如图 7.2 所示。通过对相关图的观察，还可以大致判断两个变量之间是否存在着相关及相关的形态、方向和大致的相关程度。

产品产量与生产费用相关图

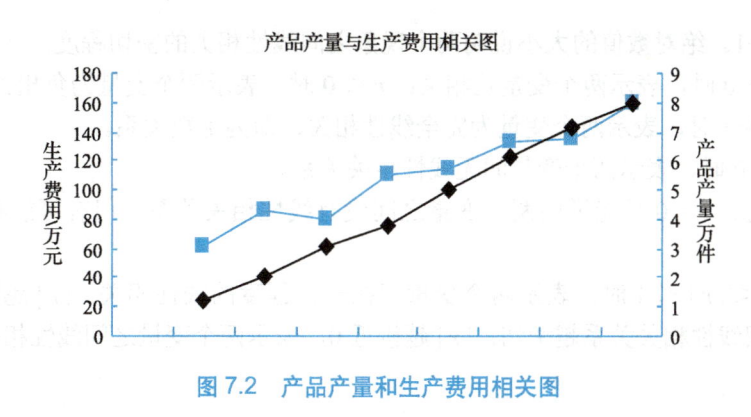

图 7.2　产品产量和生产费用相关图

二、相关关系的定量分析

相关关系的定量分析主要通过相关系数分析进行。相关表和相关图可反映两个变量之间的相互关系的形式及其相关方向，但无法确切地表明两个变量之间相关的程度。英国著名统计学家卡尔·皮尔逊提出的相关系数可以比较精确地计算和测定两个变量之间的相关程度。

（一）相关系数的定义

相关系数是用来说明两个变量之间在直线相关条件下相关关系密切程度和方向的统计分析指标。相关系数通常用 r 表示，定义公式为：

$$r=\frac{\dfrac{\sum(x-\bar{x})(y-\bar{y})}{n}}{\sqrt{\dfrac{\sum(x-\bar{x})^2}{n}}\sqrt{\dfrac{\sum(y-\bar{y})^2}{n}}}$$

式中，n 为数据项数；x 为相关关系的一个变量；y 为相关关系中的另一个变量。

相关系数公式的含义是：

① 两个变量之间的相关程度和方向取决于两个变量离差乘积之和 $\sum(x-\bar{x})(y-\bar{y})$，当它为 0 时，$r$ 为 0；当它为正时，r 为正；当它为负时，r 为负。

② 相关程度的大小与计量单位无关。

（二）相关系数的计算

根据相关系数定义的公式，可推导出简化公式：

$$r=\frac{n\sum xy-\sum x\sum y}{\sqrt{n\sum x^2-(\sum x)^2}\sqrt{n\sum y^2-(\sum y)^2}}$$

（三）相关系数的意义

相关系数 r 表示两个变量 x 和 y 之间线性相关关系的密切程度，其值介于 –1 至 +1 之间，

即 $-1 \leqslant r \leqslant +1$。绝对数值的大小说明两个现象之间线性相关的密切程度。

① 当 $r > 0$ 时，表示两个变量正相关；$r < 0$ 时，表示两个变量为负相关。

② 当 $|r|=1$ 时，表示两个变量为完全线性相关，即为函数关系。

③ 当 $r = 0$ 时，表示两个变量间无线性相关关系。

应当注意，$r = 0$ 只能说明两个变量之间没有线性相关关系，但有可能存在着某种曲线相关关系。

④ 当 $0 < |r| < 1$ 时，表示两个变量存在一定程度的线性相关。$|r|$ 越接近 1，表示两个变量之间线性相关关系越密切；$|r|$ 越接近 0，表示两个变量之间线性相关关系越弱。

（四）相关系数的判定标准

① $0 < |r| < 0.3$ 为弱线性相关。

② $0.3 \leqslant |r| < 0.5$ 为低度线性相关。

③ $0.5 \leqslant |r| < 0.8$ 为显著线性相关。

④ $0.8 \leqslant |r| < 1$ 一般称为高度线性相关。

（五）相关系数的计算实例

以表 7.2 为例，计算相关系数如表 7.3 所示。

表 7.3　A 公司某种产品产量和生产费用相关系数计算

年　份	产品产量 x / 万件	生产费用 y / 万元	x^2	y^2	xy
2004	1.26	63	1.587 6	3 969	79.38
2005	2.20	87	4.84	7 569	191.40
2006	3.10	82	9.61	6 724	254.20
2007	4.10	110	16.81	12 100	451.00
2008	5.00	120	25.00	14 400	600.00
2009	6.30	132	39.69	17 424	831.60
2010	7.10	136	50.41	18 496	965.60
2011	8.20	162	67.24	26 244	1 328.40
合　计	37.26	892	215.187 6	106 926	4 701.58

$$r = \frac{8 \times 4\,701.58 - 37.26 \times 892}{\sqrt{8 \times 215.19 - 37.26^2} \times \sqrt{8 \times 106\,926 - 892^2}} \approx 0.981\,1$$

计算结果表明，产品产量和生产费用之间存在着高度正相关。

任务三　一元线性回归分析

相关分析中的相关系数指标可以从数量上说明在直线相关的条件下变量之间相关关系

的方向和密切程度。但不能说明一个现象发生了一定量的变化，另一个变量会相应地发生多大量的变化。为解决这一问题，就必须进行回归分析。

一、回归分析的概念和内容

（一）回归分析的概念

回归分析是在相关分析的基础上，对具有相关关系的变量，通过一个合适的数学模型把变量之间不确定、不规则的数量关系模型化、规范化，并据此进行估计和推算。回归分析是一种应用很广的数量分析方法，用于分析事物之间的统计关系，侧重于数量关系变化。回归分析在数据分析中占有比较重要的位置。

（二）回归分析的特点

① 回归分析的两个变量是非对等关系。回归分析是研究两个变量之间的因果关系，两个变量之间哪一个是因变量、哪一个是自变量要根据研究目的的具体情况来确定，自变量、因变量不同，得出的分析结果也就不同；而相关分析则是两个变量之间的关系，相关关系的两个变量是对等的，没有自变量和因变量之分。

② 在回归分析中，因变量是随机变量，自变量是可控变量；在相关分析中，被研究的两个变量都是随机变量。

（三）回归分析的类型

由于相关关系的形式有多种，所以回归分析的种类也有多种。

1. 按回归变量的个数不同

在回归分析中，根据自变量的个数，分为一元回归分析和多元回归分析：当研究的因果关系只涉及因变量和一个自变量时，叫作一元回归分析；当研究的因果关系涉及因变量和两个或两个以上自变量时，叫作多元回归分析。

2. 按回归变量的表现形式不同

在回归分析中，根据相关变量之间关系的表现形式不同，分为线性回归分析和非线性回归分析：自变量和因变量之间因果关系的函数表达式是线性的称为线性回归分析，也称直线回归分析；自变量和因变量之间因果关系的函数表达式是非线性的称为非线性回归分析，也称曲线回归分析。

通常线性回归分析法是最基本的分析方法；遇到非线性回归问题时，可以借助数学手段转化为线性回归问题处理。本教材只介绍一元线性回归分析的有关理论和方法。

（三）相关分析和回归分析的联系与区别

1. 相关分析和回归分析的联系

① 相关分析是回归分析的基础和前提；回归分析是相关分析的深入和继续。

② 相关分析需要依靠回归分析来表现变量之间数量相关的具体形式；回归分析则需要依靠相关分析来表现变量之间数量变化的相关程度。

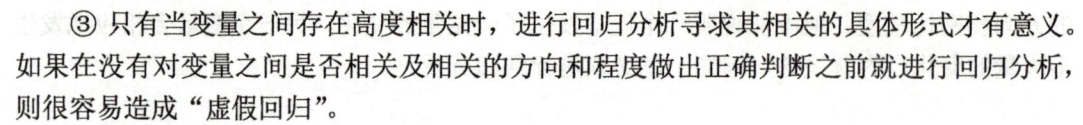

③ 只有当变量之间存在高度相关时，进行回归分析寻求其相关的具体形式才有意义。如果在没有对变量之间是否相关及相关的方向和程度做出正确判断之前就进行回归分析，则很容易造成"虚假回归"。

2. 相关分析和回归分析的区别

① 在相关分析中，涉及的变量不存在自变量和因变量的划分问题，变量之间的关系是对等的；在回归分析中，必须根据研究对象的性质和研究分析的目的，对变量进行自变量和因变量的确定，因此在回归分析中，变量之间的关系是不对等的。

② 在相关分析中，所有的变量都必须是随机变量，如果其中的一个变量不是随机变量，就不能进行相关分析，这是相关分析方法本身所决定的；在回归分析中，自变量是确定的，因变量是随机变量，即将自变量的给定值代入回归方程后，所得到的因变量的估计值不是唯一确定的，而会表现出一定的随机波动性。

③ 在相关分析中，主要是通过一个指标，即相关系数来反映变量之间相关程度的大小，由于变量之间是对等的，因此相关系数是唯一确定的；在回归分析中，对于互为因果的两个变量（如人的身高与体重、商品的价格与需求量），有可能存在多个回归方程。

需要指出的是，变量之间是否存在"真实相关"是由变量之间的内在联系所决定的。相关分析和回归分析只是定量分析的手段，通过相关分析和回归分析，虽然可以从数量上反映变量之间的联系形式及其密切程度，但是既无法准确判断变量之间内在联系的存在与否，也无法判断变量之间的因果关系。因此，在具体应用过程中，一定要注意把定性分析和定量分析结合起来，在定性分析的基础上开展定量分析。

与此同时，相关分析只研究变量之间相关的方向和程度，既不能推断变量之间相互关系的具体形式，也无法从一个变量的变化来推测另一个变量的变化情况。因此，在具体应用过程中，只有把相关分析和回归分析结合起来，才能达到研究和分析的目的。

（四）回归分析的主要内容

回归分析就是通过一个变量来解释另一变量的变化。其主要内容和步骤如下。

步骤1　依据经济学理论并且通过对问题的分析判断，将变量分为自变量和因变量。一般情况下，自变量表示原因，因变量表示结果。

步骤2　设法找出合适的数学方程式（即回归模型）来描述变量之间的关系。

步骤3　估计模型的参数，得出样本回归方程。

步骤4　应用回归模型进行推算预测。

步骤5　测定因变量的估计值和实际值之间的差异，反映因变量估计值的准确程度，从而将误差控制在一定范围内。

二、一元线性回归模型

（一）一元线性回归模型的建立

一元线性回归模型又称简单直线回归模型、一元线性回归方程，是根据两个变量相对应的一系列数据资料配合出的直线方程，根据自变量的变动，来推算因变量平均发展水平的一种数学关系式。

设有两个变量 x 和 y，变量 y 的取值随变量 x 取值的变化而变化，我们称 y 为因变量，x 为自变量。将具有线性相关关系的两个变量用一条直线方程来表示它们之间的关系，这条直线就是回归直线，也叫回归方程。回归方程可表示为：

$$\hat{y} = a + bx \quad \text{或} \quad y_c = a + bx$$

式中，$\hat{y}$ 或 y_c 为估计值，或者称为趋势值、理论值；a 为直线的截距或回归直线的起点值；b 为直线的斜率或称回归系数。

a、b 是待定参数，通常采用最小平方法计算。a 的经济意义是，当 x 为 0 时 y 的估计值；b 的经济意义是，当自变量 x 每增加一个单位时，因变量 y 的平均增加值。

（二）配合回归直线的前提条件

① 现象之间确实存在数量上的相互依存关系。从数学上说，没有相关关系的两个变量之间也可以配合一条直线，但这条直线是没有什么价值的。相反，可能会给人们一个错觉，认为两个现象之间具有相关关系，即统计上所谓的虚假相关。

② 现象之间存在着直线相关关系。

③ 要有一定数量上的自变量与因变量的对应资料，且确定哪个是自变量、哪个是因变量。

（三）最佳回归直线的判定标准

在相关图上可以画出许多条直线，但哪一条才是最佳的呢？

高等数学证明"符合离差平方和最小"这个条件的直线最合理，即：

$$\sum(y - \hat{y})^2 = 最小值$$

根据"离差平方和最小"这个条件去求解最合理的直线，这个方法叫作最小平方法或最小二乘法。

（四）求解 a、b 参数确定回归模型

a、b 都是待定的参数，需要根据实际资料求解数值。

由于 $\sum(y - \hat{y})^2 = 最小值$

而 $\hat{y} = a + bx$

所以 $\sum y - a - bx^2 = 最小值$

令 $Q(a,b) = \sum(y - \hat{y})^2 = \sum(y - a - bx)^2$

要使函数 $Q(a,b)$ 有最小值，则必须满足函数对参数 a、b 的一阶偏导数等于 0，即：

$$\begin{cases} \dfrac{\partial Q}{\partial a} = \sum 2(y - a - bx)(-1) = 0 \\ \dfrac{\partial Q}{\partial b} = \sum 2(y - a - bx)(-x) = 0 \end{cases}$$

整理得标准方程组：$\begin{cases} \sum y = na + b\sum x \\ \sum xy = a\sum x + b\sum x^2 \end{cases}$

解该方程组，求得参数 a、b 的计算公式为：

$$\begin{cases} b = \dfrac{n\sum xy - \sum x \sum y}{n\sum x^2 - (\sum x)^2} \\ a = \dfrac{\sum y}{n} - b\dfrac{\sum x}{n} = \bar{y} - b\bar{x} \end{cases}$$

例 7-2　用表 7.3 的资料计算 a、b 参数，建立一元线性回归模型，并计算因变量的估计值。计算过程如表 7.4 所示。

表 7.4　A 公司某种产品产量与生产费用参数计算

年　份	产品产量 x / 万件	生产费用 y / 万元	x^2	y^2	xy	$\hat{y}$
2004	1.26	63	1.587 6	3 969	79.38	66.86
2005	2.20	87	4.84	7 569	191.40	79.21
2006	3.10	82	9.61	6 724	254.20	90.73
2007	4.10	110	16.81	12 100	451.00	104.17
2008	5.00	120	25.00	14 400	600.00	116.00
2009	6.30	132	39.69	17 424	831.60	132.78
2010	7.10	136	50.41	18 496	965.60	143.29
2011	8.20	162	67.24	26 244	1 328.40	158.05
合　计	37.26	892	215.187 6	106 926	4 701.58	891.09

根据表 7.4 的计算数据，代入参数 a、b 的求解公式中：

$$b = \frac{8 \times 4\,701.58 - 37.26 \times 892}{8 \times 215.19 - 37.26^2} \approx 13.14$$

$$a = \frac{892}{8} - 13.14 \times \frac{37.26}{8} \approx 50.3$$

得到一元线性回归模型：$\hat{y} = 50.3 + 13.14x$

以上模型表明：产品产量每增加 1 万件，生产费用平均增加 13.14 万元。当产品产量达到 10 万件时，预测生产费用为：

$\hat{y} = 50.3 + 13.14x = 50.3 + 13.14 \times 10 = 181.70$（万元）

任务四　计算估计标准误差

建立的回归模型是对客观实际情况的一般描述，回归模型的一个重要作用在于根据自变量进行外推预测，而作为变化根据的自变量，很难完全解释因变量的变动。从表 7.4 中可以看出，因变量的估计值与实际值是不相等的，其误差为 $y-\hat{y}$。其估计误差的大小反映估计值的准确性，但是我们观察的不是某一个变量值与估计值的误差，而是整体的差别情况。因此，在运用已建立的回归模型进行预测时，还需要测算估计标准误差。

一、估计标准误差的概念

回归方程的代表性如何，一般是根据估计标准误差来检验的。估计标准误差是用来说明回归方程推算结果准确程度的统计指标，或者说，是反映回归方程代表性大小的统计指标。估计标准误差越小，表明回归方程（或估计值 $\hat{y}$）推算结果的准确程度就高，估计值的代表性就大；估计标准误差越大，表明回归方程（或估计值 $\hat{y}$）推算结果的准确程度就低，估计值的代表性就小。估计标准误差的计算原理及经济意义与标准差基本相同。

估计标准误差的计算公式一般有两种，通常用 $S_{y.x}$ 代表估计标准误差。其计算公式为：

根据估计标准误差的定义计算：

$$S_{y.x} = \sqrt{\frac{\sum(y-\hat{y})^2}{n-2}}$$

根据 a、b 参数计算：

$$S_{y.x} = \sqrt{\frac{\sum y^2 - a\sum y - b\sum xy}{n-2}}$$

式中，估计标准误差 $S_{y.x}$ 为给定自变量 x 一个值时，y 观测值分布的标准差；$n-2$ 为自由度，由于在一元线性回归方程中计算了 a、b 两个参数，所以失去了两个自由度。

上述两个计算公式计算形式不同，实质是一个公式。

将表 7.4 的数据代入参数公式，求得估计标准误差为：

$$S_{y.x} = \sqrt{\frac{106\,926 - 50.3 \times 892 - 13.14 \times 4\,701.58}{8-2}} \approx 6.83\,(万元)$$

统计理论已证明，相关系数与回归估计标准误差的变化方向是相反的。

当相关系数 r 越大时，回归估计标准误差 $S_{y.x}$ 越小，即相关密切程度越高，回归直线的代表性就越大；当相关系数 r 越小时，回归估计标准误差 $S_{y.x}$ 越大，即相关密切程度越低，回归直线的代表性就越小。

二、利用估计标准误差进行预测

（一）点预测

点预测不考虑估计标准误差，当产量达到 10 万件时，生产费用估计为：
$\hat{y} = 50.3 + 13.14x = 50.3 + 13.14 \times 10 = 181.70$（万元）

（二）区间预测

根据回归模型 $\hat{y}=50.3+13.14x$，在概率保证程度为 95% 的条件下，预测产品产量达到 10 万件时，生产费用是多少？

概率回归模型：$\hat{y}=50.3 \pm tS_{y \cdot x}+13.14x$

$$\hat{y}'=50.3-1.96\times 6.83+13.14\times 10=168.31（万元）$$
$$\hat{y}''=50.3+1.96\times 6.83+13.14\times 10=195.09（万元）$$

因此，在概率保证程度为 95%，即概率度 $t=1.96$，产品产量达到 10 万件时，预计生产费用在 168.31 万元至 195.09 万元之间，估计标准误差为 6.83 万元。

项目小结

本项目讨论了相关与回归的基本问题，主要讲述相关关系的判断、一元线性回归分析及利用估计标准误差进行外推预测等问题。

① 相关关系是反映现象之间确实存在的，但关系数值不固定的相互依存关系。

② 相关关系按相关的方向不同分为正相关和负相关；按相关的形式可分为线性相关和非线性相关；按所研究的变量多少可分为单相关、复相关和偏相关；按相关的程度可分为完全相关、不完全相关和不相关。

③ 相关关系的定性判断主要包括一般判断、编制相关表和绘制相关图。相关关系的定量分析主要通过相关系数分析进行。

④ 相关系数是用来说明两个变量之间在直线相关条件下相关关系密切程度和方向的统计分析指标。

⑤ 相关系数 r 表示两个变量 x 和 y 之间线性关系的密切程度，其值介于 -1 与 1 之间，即 $-1 \leqslant r \leqslant 1$。绝对数值的大小说明了两个现象之间线性相关的密切程度。

⑥ 回归分析是在相关分析的基础上，对具有相关关系的变量，通过一个合适的数学模型把变量之间不确定、不规则的数量关系模型化、规范化，并据此进行估计和推算。

⑦ 回归分析中，根据自变量的个数，分为一元回归分析和多元回归分析；根据相关变量之间关系的表现形式不同，分为线性回归分析和非线性回归分析。

⑧ 一元线性回归模型又称简单直线回归模型、一元线性回归方程，是根据两个变量相对应的一系列数据资料配合出的直线方程。

⑨ 估计标准误差是用来说明回归方程推算结果准确程度的统计指标，或者说是反映回归方程代表性大小的统计指标。

拓展阅读

科技进步与经济发展的关系

一、科技与经济的协调发展

随着知识经济的兴起，科技进步与经济发展呈现相互依存、相互促进、相互融合、协同发展的总趋势。科学技术对经济发展的作用比以往任何时候都更加显著,知识、技术与经济的结合将更加密切,科学物化的速度越来越快,知识、技术转化为生产力的周期越来越短,科技进步成为经济发展中第一重要的决定性因素。科技进步提高了生产率,改变着世界经济结构,带来了生产方式、生活方式、思维方式的变革,促进了经济的繁荣。同时,经济的发展使得各国纷纷重视增加对科技要素的投入,投资大规模流向科技领域,强大的社会需求促进与刺激了科技进步,经济积累中分配给科技的份额更为科技发展注入了强大的活力。

二、科技进步是促进经济发展的内生动力

新经济增长理论揭示了科技与经济的内在联系,从经济学的角度揭示了知识的积累是经济增长的动力,是经济长期增长的保证。科技进步被视为经济增长的内生变量,不是可有可无、随机出现的外在因素,而是影响经济增长的关键。科技进步使等量资源投入产出更多的产品组合,为人类突破资源供给的限制带来了希望,从而使生产可能性边界向外扩张。从世界科技发展史来看,科学技术在推动经济增长中所占的比重不断上升,对经济增长的贡献率越来越大。20世纪70年代初期,在西方主要发达国家,科技进步对经济增长的贡献率为50%,现在已达到80%。我国的资源状况决定了经济发展不可能走高耗、浪费、粗放经营的道路,所以经济增长更加需要科技进步的推动来实现。

三、科技进步促进经济结构的优化调整

科技创新是优化产业结构的主导力量。产业结构的升级意味着高技术的产业化,传统技术得到适当的更替和改造,意味着劳动生产率和产出投入比例的不断提高。每当有科技创新出现和创新不断扩散到生产领域的各个方面,劳动对象、生产手段、生产结果都会发生质的变化,生产要素、生产条件、生产组织都要重新组合,其结果会进一步形成积累效应,必然造就、培育出新的高新技术组合,或者取代某些传统部门,从而使一个国家的产业结构趋于高级化。

实践证明,科技进步推动现代产业发展和经济增长的效用,已经逐渐超越了依靠资本、劳动力等资源的投入,科技进步成为产业优化升级的强大动力。科技进步扩展了人们认识和利用自然资源要素的能力,提高了原有自然资源的使用效果;改进了劳动力质量,提高了劳动力要素的边际生产率,提高了资本的边际生产率;改变了资本的结构和数量,改变了产业间生产要素流动的格局,使得产业结构不断向合理化、高级化发展,从而带动了整个经济的协调发展,使宏观结构效益和资源配置效率得到提高。

任务实施

项目七　A公司产量和单位成本之间的相关与回归关系测定

(一) 领取并填写项目实施资料

领取项目七任务工作单(见附表)

附表　任务工作单

项目七		班级		小组	
		姓名		日期	
		电话		评分	
成果描述 （如字数、是否下厂实践、走访企业或人员等）					
成果形式 （电子文档、PPT、其他）					
操作中涉及的相关知识点（以前、现在，可以跨专业）					
完成任务时间 /天数					
完成任务需要的人力资源（团队人员名称、个人或其他人员）					
完成任务需要的物力资源					
学生建议 （或感受）					
教师点评					

（二）操作步骤

步骤 1　仔细阅读"项目情境""情境分析"，领会"工作任务"。

步骤 2　认真学习教材中"知识引入"的内容。

步骤 3　查阅图书馆、资料室等处的相关学习资源。

步骤 4　参考网络资源：中国统计信息网 http://www.cnstats.org/；中国教育统计网 http://www.stats.edu.cn/。

步骤 5　以小组为单位，共同完成 A 公司产量和单位成本之间的相关与回归关系测定。既可自行完成，也可选择同相关与回归关系内容有关的其他题目。

（三）任务汇报

任务完成后，各小组提交 A 公司产量和单位成本之间的相关与回归关系测定的计算分析过程，选出一名代表用 PPT 汇报发言并展示。

汇报发言的主要内容是：

1．介绍相关系数、一元线性回归方程的建立及计算分析情况。

2．介绍单位成本的预测过程及预测结果、预测误差的大小等情况。

3．展示 A 公司产量和单位成本之间的相关与回归关系测定的主要内容。

（四）学生互评

其他小组根据汇报展示情况提出自己的想法和建议、展开讨论并进行互评。建议从以下几方面去评价。

1．相关系数、一元线性回归方程、估计标准误差的计算过程及结果是否正确。
2．计算过程中涉及统计表格中的运算过程是否正确、公式符号表达是否准确。
3．应用 Word、Excel、PPT 等相关计算机基础技能的熟练程度。

（五）教师点评及其他

教师对学生的计算过程、计算结果及应用 Word、Excel、PPT 等计算机基础技能的熟练程度等进行点评，并提出修改建议。

思考与练习

一、填空题

1．现象之间的相关关系按相关的程度分为 _____、_____ 和 _____；按相关的形式分为 _____ 和 _____；按影响因素的多少分为 _____、_____ 和 _____。

2．相关系数的取值范围是 _____。

3．完全相关即是 _____ 关系，其相关系数为 _____。

4．相关系数是用于反映 _____ 条件下，两变量相关关系的密切程度和方向的统计指标。

5．直线相关系数等于 0，说明两变量之间 _____；直线相关系数等 1，说明两变量之间 _____；直线相关系数等于 −1，说明两变量之间 _____。

6．对现象之间变量的研究，统计是从两个方面进行的：一方面是研究变量之间关系的 _____，这种研究称为相关关系；另一方面是研究关于自变量和因变量之间的变动关系，用数学方程式表达，称为 _____。

7．回归方程 $y = a + bx$ 中的参数 a 是 _____，b 是 _____。在统计中估计待定参数的常用方法是 _____。

8．用来说明回归方程代表性大小的统计分析指标是 _____。

二、判断题

1．相关关系和函数关系都属于完全确定性的依存关系。　　　　　　（　）
2．当直线相关系数 $r=0$ 时，说明变量之间不存在任何相关关系。　（　）
3．相关系数 r 有正负、有大小，因而它反映的是两现象之间具体的数量变动关系。（　）
4．在进行相关和回归分析时，必须以定性分析为前提，判断现象之间有无关系及其作用范围。　　　　　　　　　　　　　　　　　　　　　　　（　）
5．回归系数 b 的符号与相关系数 r 的符号，可以相同也可以不相同。（　）
6．工人的技术水平提高，使得劳动生产率提高。这种关系是一种不完全的正相关关系。
　　　　　　　　　　　　　　　　　　　　　　　　　　　　　（　）
7．回归分析和相关分析一样所分析的两个变量都一定是随机变量。　（　）
8．相关的两个变量，只能算出一个相关系数。　　　　　　　　　　（　）

三、单项选择题

1. 下面的关系是函数关系的是（　　）。
   A. 设备使用年限与维修费用多少的关系　　B. 圆的面积决定于它的半径
   C. 家庭的收入和消费的关系　　D. 子女身高与父母身高的关系
2. 如果要证明两变量之间的线性相关程度是高的，则计算出的相关系数应接近于（　　）。
   A. +1　　　　B. 0　　　　C. 0.5　　　　D. ±1
3. 下列关系中，属于正相关关系的有（　　）。
   A. 合理限度内，施肥量和平均单产量之间的关系
   B. 产品产量和单位产品成本之间的关系
   C. 商品的流通费用和销售利润之间的关系
   D. 流通费用率和商品销量之间的关系
4. 相关分析是研究（　　）。
   A. 变量之间的数量关系　　　　　　B. 变量之间的变动关系
   C. 变量之间的相互关系的密切程度　　D. 变量之间的因果关系
5. 年劳动生产率 x（千元）和工人工资 $y=10+70x$，这意味着年劳动生产率每提高 1 000 元时，工人工资平均（　　）。
   A. 增加 70 元　　　B. 减少 70 元　　　C. 增加 80 元　　　D. 减少 80 元
6. 进行相关分析，要求相关的两个变量（　　）。
   A. 都是随机的　　　　　　　　　B. 都不是随机的
   C. 一个是随机的，一个不是随机的　　D. 随机或不随机都可以
7. 回归直线 $\hat{y}=a+bx$，$b<0$，则 x 和 y 之间的相关系数（　　）。
   A. $r=0$　　　　B. $r=1$　　　　C. $0<r<1$　　　　D. $-1<r<0$
8. 在回归直线 $\hat{y}=a+bx$ 中，b 表示（　　）。
   A. 当 x 增加一个单位时，y 增加 a 的数量
   B. 当 y 增加一个单位时，x 增加 b 的数量
   C. 当 x 增加一个单位时，y 的平均增加量
   D. 当 y 增加一个单位时，x 的平均增加量
9. 下列现象的相关密切程度最高的是（　　）。
   A. 某商店的职工人数和商品销售额之间的相关系数为 0.87
   B. 流通费用水平和利润率之间的相关关系为 -0.94
   C. 商品销售额和利润率之间的相关系数为 0.51
   D. 商品销售额和流通费用水平之间的相关系数为 -0.81
10. 估计标准误差是反映（　　）。
    A. 平均数的代表性指标　　　　B. 相关关系的代表性指标
    C. 回归直线的代表性指标　　　D. 序时平均数的代表性指标
11. 回归估计的估计标准误差的计量单位与（　　）相同。

A. 自变量 　　　　　　　　　　　　B. 因变量
C. 自变量及因变量 　　　　　　　　D. 相关系数

四、多项选择题

1. 下列（　　　）为相关关系。
   A. 家庭收入与消费支出的关系 　　B. 圆的面积与它的半径的关系
   C. 广告支出与商品销售额的关系 　D. 单位产品成本与利润的关系
   E. 在价格固定情况下，销售量与商品销售额的关系

2. 相关系数表明了两个变量之间的（　　　）。
   A. 线性关系 　　　B. 因果关系 　　　C. 变异程度
   D. 相关方向 　　　E. 相关的密切程度

3. 对于一元线性回归分析来说（　　　）。
   A. 两变量之间必须明确哪个是自变量，哪个是因变量
   B. 回归方程是据以利用自变量的给定值来估计和预测因变量的平均可能值
   C. 可能存在着 y 依 x 和 x 依 y 的两个回归方程
   D. 回归系数只有正号
   E. 确定回归方程时，尽管两个变量也都是随机的，但要求自变量是给定的

4. 可用来判断现象相关方向的指标有（　　　）。
   A. 相关系数 　　　B. 回归系数 　　　C. 回归方程参数 a
   D. 估计标准误差 　E. x、y 的平均数

5. 单位成本（元）与产量（千件）变化的回归方程为 $\hat{y} = 78 - 2x$，这表示（　　　）。
   A. 产量为 1 000 件时，单位成本 76 元
   B. 产量为 1 000 件时，单位成本 78 元
   C. 产量每增加 1 000 件时，单位成本下降 2 元
   D. 产量每增加 1 000 件时，单位成本下降 78 元
   E. 当单位成本为 72 元时，产量为 3 000 件

6. 估计标准误差的作用是表明（　　　）。
   A. 回归方程的代表性 　　　　　　B. 样本的变异程度
   C. 估计值与实际值的平均误差 　　D. 样本指标的代表性
   E. 总体的变异程度

7. 在直线相关和回归分析中，（　　　）。
   A. 依据同一资料，相关系数只能计算一个
   B. 依据同一资料，相关系数可以计算两个
   C. 依据同一资料，回归方程只能配合一个
   D. 依据同一资料，回归方程随自变量与因变量的确定不同，可能配合两个
   E. 回归方程和相关系数均与自变量和因变量的确定无关

8. 确定直线回归方程必须满足的条件是（　　　）。
   A. 现象间确实存在数量上的相互依存关系 　B. 相关系数 r 必须等于 1
   C. 现象间存在着较密切的直线相关关系 　　D. y 与 x 必须同方向变化

E. 相关系数 r 必须大于 0

9. 配合直线回归方程是为了（　　　　）。
   A. 确定两个变量之间的变动关系　　　B. 用因变量推算自变量
   C. 用自变量推算因变量　　　　　　　D. 两个变量相互推算
   E. 确定两个变量间的相关程度

10. 在直线回归方程中（　　　　）。
    A. 在两个变量中须确定自变量和因变量　　B. 一个回归方程只能做一种推算
    C. 回归系数只能取正值　　　　　　　　　D. 要求两个变量都是随机变量
    E. 要求因变量是随机的，而自变量是给定的

五、计算题

1. 某种产品的产量与单位成本的资料如下表所示。

产量 x / 千件	单位成本 y /（元 / 件）
2	73
3	72
4	71
3	73
4	69
5	68

要求：（1）计算相关系数 r，判断其相关方向和程度。

（2）建立直线回归方程。

（3）指出产量每增加 1 000 件时，单位成本平均下降了多少元。

2. 有 10 个同类企业的生产性固定资产的年平均价值和工业总产值资料如下表所示。

企业编号	生产性固定资产价值 / 万元	工业总产值 / 万元
1	318	524
2	910	1 019
3	200	638
4	409	815
5	415	913
6	502	928
7	314	605
8	1 210	1 516
9	1 022	1 219
10	1 225	1 626
合　计	6 525	9 801

要求：（1）说明两变量之间的相关方向。

（2）建立直线回归方程。

（3）计算估计标准误差。

（4）在概率保证程度为 95% 的条件下，预测生产性固定资产为 1 100 万元时总产值的可能值。

附录

标准正态概率双侧临界值概率表

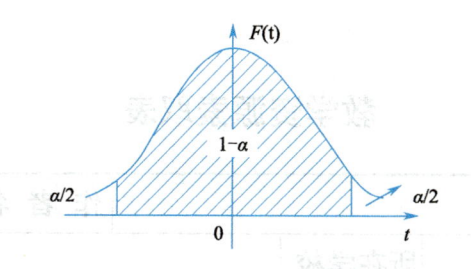

t	0.00	0.01	0.02	0.03	0.04	005	0.06	0.07	0.08	0.09
0.0	0.000 0	0.008 0	0.016 0	0.023 9	0.031 9	0.039 9	0.047 8	0.055 8	0.063 8	0.071 7
0.1	0.079 7	0.087 6	0.095 5	0.103 4	0.111 3	0.119 2	0.127 1	0.135 0	0.142 8	0.150 7
0.2	0.158 5	0.166 3	0.174 1	0.181 9	0.189 7	0.197 4	0.205 1	0.212 8	0.220 5	0.228 2
0.3	0.235 8	0.243 4	0.251 0	0.258 6	0.266 1	0.273 7	0.281 2	0.288 6	0.296 1	0.303 5
0.4	0.310 8	0.318 2	0.325 5	0.332 8	0.340 1	0.347 3	0.354 5	0.361 6	0.368 8	0.375 9
0.5	0.382 9	0.389 9	0.396 9	0.403 9	0.410 8	0.417 7	0.424 5	0.431 3	0.438 1	0.444 8
0.6	0.451 5	0.458 1	0.464 7	0.471 3	0.477 8	0.484 3	0.490 7	0.497 1	0.503 5	0.509 8
0.7	0.516 1	0.522 3	0.528 3	0.534 6	0.540 7	0.546 7	0.552 7	0.558 7	0.564 6	0.570 5
0.8	0.576 3	0.582 1	0.587 8	0.593 5	0.599 1	0.604 7	0.610 2	0.615 7	0.621 1	0.626 5
0.9	0.631 9	0.637 2	0.642 4	0.647 6	0.652 8	0.657 9	0.662 9	0.668 0	0.672 9	0.677 8
1.0	0.682 7	0.687 5	0.692 3	0.697 0	0.701 7	0.706 3	0.710 9	0.715 4	0.719 9	0.724 3
1.1	0.728 7	0.733 0	0.737 3	0.741 5	0.745 7	0.749 9	0.754 0	0.758 0	0.762 0	0.766 0
1.2	0.769 9	0.773 7	0.777 5	0.781 3	0.785 0	0.788 7	0.792 3	0.795 7	0.799 5	0.803 0
1.3	0.806 4	0.809 8	0.813 2	0.816 5	0.819 8	0.823 0	0.826 2	0.829 3	0.832 4	0.835 5
1.4	0.838 5	0.841 5	0.844 4	0.847 3	0.850 1	0.852 9	0.855 7	0.858 4	0.861 1	0.863 8
1.5	0.866 4	0.869 0	0.871 5	0.874 0	0.876 4	0.878 9	0.881 2	0.883 6	0.885 9	0.888 2
1.6	0.890 4	0.892 6	0.894 8	0.896 9	0.899 0	0.901 1	0.903 1	0.905 1	0.907 0	0.909 0
1.7	0.910 9	0.912 7	0.914 6	0.916 4	0.918 1	0.919 9	0.921 6	0.923 3	0.924 9	0.926 5
1.8	0.928 1	0.929 7	0.931 2	0.932 8	0.934 2	0.935 7	0.937 1	0.938 5	0.939 9	0.941 2
1.9	0.942 6	0.943 9	0.945 1	0.946 4	0.947 6	0.948 8	0.950 0	0.951 2	0.952 3	0.953 4
2.0	0.954 5	0.955 6	0.956 6	0.957 6	0.958 7	0.959 6	0.960 6	0.961 6	0.962 5	0.963 4
2.1	0.964 3	0.965 5	0.966 0	0.966 8	0.967 6	0.968 4	0.969 2	0.970 0	0.970 7	0.971 4
2.2	0.972 2	0.972 8	0.973 6	0.974 2	0.974 9	0.975 6	0.976 2	0.976 8	0.977 4	0.978 0
2.3	0.978 6	0.979 2	0.979 7	0.980 2	0.980 7	0.981 2	0.981 7	0.982 2	0.982 7	0.983 2
2.4	0.983 6	0.984 0	0.984 5	0.985 0	0.985 3	0.985 8	0.986 1	0.986 4	0.986 9	0.987 2
2.5	0.987 6	0.988 0	0.988 3	0.988 6	0.988 9	0.989 2	0.989 5	0.989 8	0.990 1	0.990 4
2.6	0.990 7	0.991 0	0.991 2	0.991 4	0.991 7	0.992 0	0.992 2	0.992 4	0.992 6	0.992 8
2.7	0.993 1	0.993 2	0.993 5	0.993 6	0.993 9	0.994 1	0.994 2	0.994 4	0.994 6	0.994 8
2.8	0.994 9	0.995 0	0.995 2	0.995 4	0.995 5	0.995 6	0.995 8	0.995 9	0.996 0	0.996 7
2.9	0.996 2	0.996 4	0.996 5	0.996 6	0.996 7	0.996 8	0.996 9	0.997 0	0.997 1	0.997 2
3.0	0.997 3	0.997 4	0.997 5	0.997 6	0.997 7	0.997 8	0.997 8	0.997 8	0.998 0	0.998 0

尊敬的老师：

　　您好。

　　请您认真、完全地填写以下表格的内容(务必填写每一项)，索取相关图书的教学资源。

教学资源索取表

书　名				作者名	
姓　名		所在学校			
职　称		职　　务		讲授课程	
联系方式 电话：			E-mail：		
地址(含邮编)					
贵校已购本教材的数量(本)					
所需教学资源					
系／院主任姓名					

　　　　　　　　　　系／院主任：_____(签字)

　　　　　　　　　　　　　　(系／院办公室公章)

　　　　　　　　　　　　20____年____月____日

注意：

① 本配套教学资源仅向购买了相关教材的学校老师免费提供。

② 请任课老师认真填写以上信息，并**请系／院加盖公章**，然后传真到(010)80115555转718438上索取配套教学资源。也可将加盖公章的文件扫描后，发送到 fservice@126.com 上索取教学资源。

电子工业出版社

PUBLISHING HOUSE OF ELECTRONICS INDUSTRY